QA로 풀어낸
소교리문답 해설

QA로 풀어낸
소교리문답 해설

찍은 날 2025년 8월 29일
펴 낸 날 2025년 9월 5일
지 은 이 정두성
펴 낸 이 장상태
펴 낸 곳 디다스코
            경기도 파주시 와석순환로 87, 205호
이 메 일 jangsstt@naver.com

등   록 2007년 4월 19일
신고번호 제2007-000076호

Copyright@디다스코

ISBN 979-11-89397-13-5 (93230)

값은 표지에 있습니다.

QA로 풀어낸
소교리문답 해설

정두성 지음

Catechism for the Contemporary Christians
on the 1647 Shorter Catechism

"1647년 원문을 정확히 번역해 본래 뜻을 보전하고,
교리별로 명료한 성경 증거를 제시하는 해설"

저자 서문

필자는 웨스트민스터 신앙고백서와 대·소교리문답을 교리 표준으로 삼는 한국 장로교 고신 교단 소속입니다. 중고등부 시절에는 '우리는 전통적 웨스트민스터 신앙고백서 및 대·소교리문답을 우리의 신조로 한다'를 첫째 강령으로 삼는 교단 소속 학생 신앙운동 단체인 SFC Student for Christ에 속해서 활동했습니다. 이어서 동 교단 소속 대학인 고신대학교 신학과에서 학사 과정을, 그리고 기독교교육학과에서 석사 과정을 이수했습니다.

필자가 신학의 여러 분야 중에 특히 교리 교육에 관심을 갖기 시작한 때는 바로 석사 과정을 이수할 때였습니다. 기독교 교육의 역사를 정리하던 중, 초대 교회에서는 세례 준비를 위해 새신자들을 3년간 교육시켰다는 사실이 신선한 충격으로 다가왔습니다. 그에 따라 관련된 교부들의 기록을 정리했고, 이를 바탕으로 「고대 교회 신앙교육에 관한 연구」라는 제목으로 석사 논문을 집필했습니다. 그러나 이때까지만 해도 필자의 관심은 기독교 교육 역사와 세례 교육의 중요성에 국한되어 있었고, 웨스트민스터 문서들을 본격적으로 연구하겠다는 생각은 하지 못했습니다.

필자가 웨스트민스터 문서의 원문 표현에 관심을 갖게 된 계기는, 영국 웨일즈 대학교에서 박사 논문을 쓰던 중이었습니다. 기독교 역사 전반에 걸친 교리 교육의 흐름을 정리하면서 자연스럽게 웨스트민스터 문서들을 좀 더 세밀하게 살펴보게 되었습니다. 필자의 논문 주제는 교리 교육의 역사가 한국 교회에 주는 함의점을 정리하는 것이었습니다. 이를 위해 필자는 서양에서 출판된 서적뿐 아니라, 한국에서 출판된 교리 교육 관련 자료들도 함께 참고하며 논문을 작성했습니다.

그런데 연구를 진행하면 할수록 필자를 답답하게 하는 점들이 있었습니다. 한국어로 출판된 웨스트민스터 신앙고백서, 대교리문답, 소교리문답의 번역과 해설을 검토하는 과정에서, 원문이 담고 있는 의미와 괴리가 느껴지는 부분이 자주 발견되었기 때문입니다. 필자는 이에 직접 원문을 분석하고 번역하며, 정확한 표현과 의미를 담아 정리해야 할 필요성을 절감하게 되었습니다.

그렇게 분석하고 정리한 결과물들이 이후 다듬어져 『1647 대교리 2, 교리교사 카테키즘』(서울: SFC, 2023), 『1647 대교리 1, 교리교사 카테키즘』(2023), 『1646 신앙고백 2, 원문으로 정리하고 성경으로 설명하기』(2022), 『1646 신앙고백 1』(2022), 『1647 소교리, 원문 분석』(2021)으로 출간되었습니다. 감사하게도 이 책들은 원문의 의미를 보다 정확하게 알고 싶어 하는 목회자들과 성도들에게 유익한 참고서가 되고 있다는 평가를 받고 있습니다.

그리고 이어서 이번에 출간하게 되는 『QA로 풀어낸 소요리문답 해설』은 소교리문답, 대교리문답, 신앙고백서를 문답 형식으로 풀어낸 해설서 시리즈 중 첫 번째 책입니다. 필자가 이렇게 문답 형식의 해설서를 쓰게 된 데에는, 지금까지의 연구와 집필, 강의 전반을 가까이에서 지켜본 아내의 조언이 결정적인 계기가 되었습니다. 아내의 조언은 단순했지만 본질적이었습니다. "지금까지는 목사님들이 참고할 교리서를 쓰셨다면, 이제는 성도들이 쉽게 읽을 수 있는 책을 써 주세요." 저는 "그렇다면, 내가 어떻게 풀어내야 당신이 쉽게 읽을 수 있을까?"라고 물었고, 아내는 '읽기 쉬운 교리 해설서'에 대한 자신의 생각을 조목조목 들려주었습니다.

아내가 제시한 조건은 다음과 같았습니다. 첫째, 교회에서 두루 사용할 수 있는 해설서일 것. 둘째, 쉽게 읽히지만 그 표현과 내용이 유치하지 않을 것. 셋째, 성경 묵상과 함께 읽기 좋은 구성일 것. 넷째, 신자가 하나님 앞에서 자신의 삶을 스스로 평가할 수 있는 지표를 제공할 것. 다섯째, 다른 책을 참고하지 않아도 교리서 자체의 내용을 충분히 이해할 수 있을 것. 여섯째, 자녀들과 함께 읽으며 가정 신앙교육의 교재로 활용할 수 있을 것. 일곱째, 소교리문답을 읽으며 대교리문답과 신앙고백서의 내용을 궁금하게 만드는 해설서일 것. 여덟째, 시리즈 간 용어와 표현 방식이 일관성을 유지할 것.

이러한 조언을 바탕으로 필자는 새로운 형식의 해설서를 고민하게 되었고, 약 2년에 걸친 집필 끝에 소교리문답, 대교리문답, 신앙고백서를 문답 형식으로 풀어낸 해설서들을 완성하게 되었습니다. 이번에 디다스코 출판사를 통해 출간되는 『QA로 풀어낸 소교리문답 해설』을 시작으로, 『QA로 풀어낸 대교리문답 해설』, 『QA로 풀어낸 신앙고백서 해설』도 곧이어 출간될 예정입니다. 물론 『QA로 풀어낸 소교리문답 해설』을 포함한 이 시리즈가 아내가 제안한 모든 조건을 완벽하게 충족했다고 자신할 수는 없습니다. 그러나 다음의 몇 가지 점에서만큼은 분명한 강점이 있다고 확신합니다.

첫째, 원문의 의미를 충실히 살렸습니다. 특히 이 시리즈는 세 문서에 사용된 단어들의 용례를 수년에 걸쳐 직접 비교·분석한 작업을 바탕으로 쓰였습니다. 둘째, 장로교 표준 교리를 보다 쉽게 이해할 수 있도록 구성했습니다. 문답 형식을 통해 자연스럽게 따라 읽다 보면 의미가 파악되도록 설계했습니다. 셋째, 해설이 간결합니다. 모든 설명은 가능한 한 문장으로 정리해 담백하게 전했습니다. 넷째, 사용이 간편합니다. 문답 형식 덕분에 학습이나 교육 현장에서 활용하기 좋습니다. 다섯째, 목회자와 교리 교육 강사들에게 유용합니다. 원문 표현을 따라 정리된 해설들은 교리 설교의 대지로, 교육용 요점 정리 자료로 바로 사용할 수 있습니다.

마지막으로, 이러한 글을 쓸 수 있도록 옆에서 묵묵히 내조하고, 격려하며, 때로는 도전도 주었던 아내에게 깊이 감사드립니다. 이 책이 지혜로운 교리 교사들과 현명한 독자들의 손을 통해, 부족한 저자의 글을 넘어서는 유익과 열매로 각 교회와 가정에 풍성히 드러나기를 소망합니다.

편집자 서문

　정두성 교수님을 만나게 된 것은 참으로 놀라운 하나님의 은혜입니다. 교수님과 처음 연락하게 된 계기는 『세례를 위한 소교리문답 9주 교육』을 편집할 때였습니다. 표지에 쓸 문구를 찾기 위해 자료를 검색하고 있었습니다. 우연히 세례에 관한 논문 중에서 교수님의 논문을 발견하게 되었습니다. 이미 오래전 교수님께서는 초대교회에서 세례가 가지는 매우 중요한 의미를 현대 교회의 현실과 비교하며 논문을 쓰셨습니다. 이 논문을 통해, 초대교회 당시 세례가 얼마나 중요한 신앙의 본질로 다루어졌는지를 알게 되었습니다. 저는 그 논문에 나오는 문구를 책에 사용하기 위해 교수님께 연락을 드렸고, 교수님은 기쁜 마음으로 사용을 허락해 주셨습니다.
　멀리 영국에 계셨지만, 통화로 교제하던 중 저는 교수님께서 국내 여러 출판사에서 책을 출간하셨고, 교리 교육을 주제로 박사학위까지 받으신 분이라는 사실을 늦게야 알게 되었습니다. 그동안 디다스코 출판사는 교리 교육을 위해 십여 년간 꾸준히 노력해 왔으며, 교수님과 같은 교리 교육 전문가를 계속 찾고 있던 중이었습니다. 그런데 교수님과의 통화 중 놀라운 제안을 하나 받게 되었습니다. 교수님께서는 이미 웨스트민스터 소교리문답, 대교리문답, 신앙고백서에 대한 해설을 모두 마친 상태였고, 어떤 출판사에 부탁해야 할지 기도하던 중이라고 하셨습니다. 그러던 중 통화하게 되었고, 자연스럽게 출간이 결정되었습니다. 디다스코에서 출간된 많은 책들이 하나님의 놀라운 인도하심 가운데 연결되어 왔지만, 정두성 교수님과의 만남은 특히 귀하고 특별한 은혜였습니다.

교수님께서 원고를 보내 주셨을 때, 저는 읽으면서 깊은 한숨을 쉬게 되었습니다. 그동안 소교리문답에 대한 오해가 얼마나 많았는지를 절감했기 때문입니다. 그동안 소교리문답에 대한 해설과 각종 도서를 참고하며 공부하였지만, 소교리문답의 영어 원문이 가지는 기본적인 뜻과 뉘앙스를 모르고 소교리문답을 공부해 왔다는 사실이 안타깝게 느껴졌습니다. 또한 소교리문답만의 선별된 신학적 용어들의 의도와 배경을 알게 되면서, 당시 신학자들이 얼마나 깊은 의도를 가지고 문답을 작성했는지 깨닫게 되었습니다. 이 원고가 이제 한국 교회에 소개되어 다소 늦은 감이 있지만, 지금이라도 출간되어 얼마나 감사한지 모르겠습니다. 현재 한국 교회에서 교리 문답에 대한 관심이 점점 높아지고 있는 중에, 이 원고는 소교리문답에 대한 이해와 지경을 더 넓혀 줄 것이라고 확신합니다.

앞으로 소교리문답뿐만 아니라, 교수님의 대교리문답과 신앙고백서까지 모두 출간되어 교회에 소개된다면, 하나님을 아는 지식을 위한 신앙에 매우 큰 도움이 될 것이라고 생각합니다. 지금까지 디다스코 출판사를 통해 발행된 도서들이 적절한 때에 허락하신 하나님의 인도였듯이, 본 원고 또한 하나님의 섭리였음을 다시 한번 고백하며 하나님께 영광을 올려 드립니다. 디다스코의 모든 도서들이 하나님을 바르게 알고자 하는 모든 하나님의 신실한 성도님들과 사역자님들에게 큰 유익이 되기를 간절히 바라고 기도합니다.

편집자 장상태 목사

목차

저자 서문 4
편집자 서문 8

[사람] 제1문답   15
제1문답 15

[성경] 제2-3문답   20
제2문답 20   제3문답 25

[하나님] 제4-6문답   28
제4문답 28   제5문답 33   제6문답 35

[창조] 제7-12문답   37

- 제7-8문답: **작정** ································· 37

  제7문답 37   제8문답 43

- 제9-10문답: **창조** ································· 44

  제9문답 44   제10문답 47

- 제11-12문답: **섭리** ································ 52

  제11문답 52   제12문답 57

[타락] 제13-19문답　　　　　　　　　　　　　　　　61

- 제13-15문답: **아담의 죄** ·· 61

    제13문답 61　　제14문답 64　　제15문답 68

- 제16-17문답: **죄의 전가** ·· 70

    제16문답 70　　제17문답 73

- 제18-19문답: **인류의 상태, 죄와 비참함** ······················· 75

    제18문답 75　　제19문답 79

[구속] 제20-28문답　　　　　　　　　　　　　　　　85

- 제20문답: **예정** ·· 85

    제20문답 85

- 제21-22문답: **구속자 그리스도** ····································· 91

    제21문답 91　　제22문답 97

- 제23-26문답: **그리스도의 직무** ··································· 102

    제23문답 102　　제24문답 103　　제25문답 105　　제26문답 108

- 제27-28문답: **그리스도의 사역** ··································· 110

    제27문답 110　　제28문답 116

[믿음] 제29-38문답 — 121

- 제29문답: **구속의 참여** ⋯⋯⋯⋯⋯⋯⋯⋯⋯⋯⋯⋯⋯⋯⋯⋯⋯ 121

  제29문답 121

- 제30문답: **성령님의 구속 적용** ⋯⋯⋯⋯⋯⋯⋯⋯⋯⋯⋯⋯ 124

  제30문답 124

- 제31문답: **효력 있는 부르심** ⋯⋯⋯⋯⋯⋯⋯⋯⋯⋯⋯⋯⋯ 127

  제31문답 127

- 제32문답: **부르심 받은 자들이 참여하는 은덕들** ⋯⋯⋯⋯ 131

  제32문답 131

- 제33문답: **칭의** ⋯⋯⋯⋯⋯⋯⋯⋯⋯⋯⋯⋯⋯⋯⋯⋯⋯⋯⋯⋯ 134

  제33문답 134

- 제34문답: **양자삼음** ⋯⋯⋯⋯⋯⋯⋯⋯⋯⋯⋯⋯⋯⋯⋯⋯⋯ 137

  제34문답 137

- 제35문답: **성화** ································· 139

    제35문답 139

- 제36문답: **성도의 견인** ································· 144

    제36문답 144

- 제37문답: **신자들이 죽을 때 받는 은덕들** ································· 146

    제37문답 146

- 제38문답: **신자들이 부활 때 받는 은덕들** ································· 149

    제38문답 149

[사랑] 제39–87문답 153

- 제39-81문답: **십계명** ································· 153

    | 제39문답 153 | 제40문답 156 | 제41문답 160 | 제42문답 162 |
    | 제43문답 163 | 제44문답 164 | 제45문답 166 | 제46문답 169 |
    | 제47문답 172 | 제48문답 175 | 제49문답 177 | 제50문답 179 |
    | 제51문답 181 | 제52문답 184 | 제53문답 186 | 제54문답 187 |
    | 제55문답 189 | 제56문답 192 | 제57문답 193 | 제58문답 196 |
    | 제59문답 198 | 제60문답 202 | 제61문답 208 | 제62문답 211 |
    | 제63문답 213 | 제64문답 216 | 제65문답 219 | 제66문답 223 |
    | 제67문답 226 | 제68문답 227 | 제69문답 230 | 제70문답 232 |
    | 제71문답 233 | 제72문답 236 | 제73문답 237 | 제74문답 239 |
    | 제75문답 242 | 제76문답 244 | 제77문답 245 | 제78문답 248 |
    | 제79문답 250 | 제80문답 253 | 제81문답 255 | |

- 제82-84문답: **율법과 죄 그리고 보응** ·· 258

  제82문답 258　　　제83문답 261　　　제84문답 264

- 제85-87문답: **회심(믿음과 회개)** ··· 266

  제85문답 266　　　제86문답 273　　　제87문답 276

[소망] 제88-107문답　　　　　　　　　　　　　　　　　　　280

- 제88문답: **은혜의 외적방편** ·· 280

  제88문답 280

- 제89-90문답: **말씀** ·· 283

  제89문답 283　　　제90문답 286

- 제91-97문답: **성례들** ··· 288

  제91문답 288　　　제92문답 290　　　제93문답 293　　　제94문답 294
  제95문답 298　　　제96문답 300　　　제97문답 304

- 제98-107문답: **기도(주기도문)** ··· 308

  제98문답 308　　　제99문답 311　　　제100문답 313　　　제101문답 317
  제102문답 320　　　제103문답 323　　　제104문답 328　　　제105문답 331
  제106문답 334　　　제107문답 336

미주 340

◆ 제1문답 ◆

Question: What is the chief end of man?

Answer: Man's chief end is to glorify God, and to enjoy him forever.

문: 사람의 제일 되는 목적은 무엇입니까?

답: 사람의 제일 되는 목적은 하나님을 영화롭게 하는 것과, 그로 인해 그분을 영구히 즐거워하는 것입니다.

● 사람의 목적은 신자들만의 목적인가요?

하나님께서는 만물을 창조하실 때 자신의 선하신 뜻을 따라 모든 피조물에게 그 각각의 의미와 목적을 부여하셨습니다. 그것은 사람도 마찬가지입니다. 하나님께서는 하나님의 형상을 따른 인격적인 존재인 사람을 창조하시면서 그에게 다양한 목적들을 부여하셨습니다. 이 첫 문답은 그 목적들 중에서 가장 핵심적인 내용을 다루고 있습니다. 그것은 바로 영화로우신 하나님을 누리는 것입니다. 그리고 여기서 말하는 '사람의 제일 되는 목적'은 그리스도인들에게만 해당되는 것이 아닙니다. 왜냐하면 이 목적은 하나님께서 사람을 창조하신 목적이기 때문입니다.

"이 백성은 내가 나를 위하여 지었나니 나의 찬송을 부르게 하려 함이니라"(사 43:21)

● 사람의 목적이 곧 인생의 목적인가요?

웨스트민스터 대교리문답과 소교리문답의 첫 문항에서 말하는 '사람의 제일 되는 목적'을 '인생의 제일 되는 목적'으로 오해하는 이들이 많이 있습니다. 이 문답을 각각의 사람이 자신의 인생을 살아갈 동안 추구하고 성취해야 하는 목적을 다루고 있다고 오해하고 있습니다. 그러나 문답의 원문을 보면 '인생의 목적'이 아니라 '사람의 목적' the end of man 이라는 것을 분명히 알 수 있습니다. 참고로, 우리가 신뢰하는 교리 교육서 중에 '인생의 목적'을 다루고 있는 곳이 있습니다. 바로 칼뱅의 제네바 교리문답(1545)입니다. 이 교리문답에서 칼빈은 첫 번째 문항을 '인생의 제일되는 목적은 무엇인가요?' What is the chief end of human life? 로 묻고, '하나님을 아는 것입니다.' To know God 으로 답하고 있습니다. 즉, 칼뱅에 따르면 인생의 제일되는 목적은 하나님을 아는 것에 있습니다.

또한 여기서 말하는 목적은 하나님에 의해 사람에게 부여된 목적이지, 사람이 스스로 추구하는 목적이 아닙니다. 이 또한 이 교리문답이 이 목적을 end로 표현한 것으로 확실해집니다. end는 분명 '목적'이라는 뜻이 있습니다. 그런데 이는 추구하고 지향해야 할 방향을 말하는 aim이나, 도전하고 성취해야 할 목표치를 말하는 goal과는 다릅니다. end는 끝을 강조하는 표현으로 우리가 도달하게 되는 최종 목적지를 의미합니다. 즉, end는 인간에 대한 하나님의 이 목적이 우리가 추구하거나, 성취해야 하는 목적이 아니라, 하나님께서 자기의 백성들을 인도하셔서 도달하게 하시는 최종 목적지라는 것을 잘 드러내는 표현이라고 할 수 있습니다.[1]

"이는 만물이 주에게서 나오고 주로 말미암고 주에게로 돌아감이라 그에게 영광이 세세에 있을지어다 아멘"(롬 11:36)

● 하나님을 향한 사람의 목적과 사람을 향한 사람의 목적은 각각 무엇을 말하나요?

하나님께서 사람에 대해 부여하신 목적은 하나님을 향한 것과 사람을 향한 것으로 구분해 볼 수 있습니다. 하나님을 향한 사람 창조의 목적은 하나님의 영광을 적극적으로 알리는 것입니다. 이는 우리가 하나님을 영광스러운 분으로 만들어 드리는 것이 아닙니다. 하나님께서 영광스런 분이라는 것을 알리는 것입니다. 하나님은 스스로 영광스러운 분이십니다. 따라서 우리의 존재 목적은 하나님의 영광에 기쁨으로 반응하는 것입니다.

"하늘에서는 주 외에 누가 내게 있으리요 땅에서는 주밖에 내가 사모할 이 없나

이다 내 육체와 마음은 쇠약하나 하나님은 내 마음의 반석이시요 영원한 분깃이시라"(시 73:25,26)

"우리가 살아도 주를 위하여 살고 죽어도 주를 위하여 죽나니 그러므로 사나 죽으나 우리가 주의 것이로다"(롬 14:8)

그리고 사람을 향한 하나님의 사람 창조 목적은 하나님을 영구히 즐거워하는 것입니다. 이는 우리의 삶의 모든 기쁨이 우리 자신이 아니라, 하나님께로부터 온다는 것을 생각과 말과 행동으로 항상 고백하는 것을 말합니다. 그뿐만 아니라 그 하나님을 우리의 하나님으로 온 일생을 통해 충만히 누리는 것을 말합니다.

"오직 네 하나님 여호와께서 택하실 곳에서 네 하나님 여호와 앞에서 너는 네 자녀와 노비와 성중에 거주하는 레위인과 함께 그것을 먹고 또 네 손으로 수고한 모든 일로 말미암아 네 하나님 여호와 앞에서 즐거워하되"(신 12:18)

● '영구히'는 어떤 의미인가요?

한글에서 '영원'의 의미로 번역되는 영어는 forever, eternal, everlasting 등이 있습니다. 모두 한글에서 '영원'이라는 한글로 번역되지만, 의미가 전혀 다릅니다. '영구히'for ever 와 '영속적인'everlasting 은 주로 시간 안에서 어떤 사건이나 진리의 영속성을 말합니다. everlasting은 시작된 사건이나 상황이 영속적으로 지속되는 것을 말합니다. for ever는 윤리나 도덕적으로 옳은 명제가 어떤 시대에도 영구히 참이라는 것입니다. 이러한 차원에서 소교리문답과 대교리문답은 사람의 목적의 영구함을 분명히 밝히는 뜻으로 for ever를 사용했습니다. 그래서 하나님을 영구히 즐거워하는 것은 창세 이후로 모든 사람에게 공통적으로 적용되는 참된 목적인 것입니다. 참고로, eternal은 '시간을 넘어서는' 혹은 '창조된 시간에 속하지 않는'이라는 의미입니다. eternal은 하나님께서 영원하시다고 할 때 사용됩니다. 'God is eternal'은 '하나님께서는 시간을 넘어서 영원하시다'는 뜻입니다. 'God's salvation is eternal'은 하나님의 구원 사역이 시간과 시대를 추월하신다는 뜻입니다.

"영광이 그에게 세세토록 있을지어다 아멘"(갈 1:5)

● 사람은 누구나 다 이 목적을 이룰 수 있나요?

이 목적이 그리스도인만이 아니라 모든 사람을 위한 하나님의 목적이라면 불신자들도 이 목적을 이룰 수 있을까요? 그렇지는 않습니다. 신자는 창조주를 알기에 창조주께서 자신을 창조하신 목적대로 살지만, 불신자는 자신이 존재하는 목적대로 살지 않습니다. 심지어 그들은 하나님을 창조주로 인정하지 않기에 그분이 자기에게 부여하신 존재 목적을 알지도 못합니다.

"우리 주 하나님이여 영광과 존귀와 권능을 받으시는 것이 합당하오니 주께서 만물을 지으신지라 만물이 주의 뜻대로 있었고 또 지으심을 받았나이다 하더라"(계 4:11)

[성경]
제2~3문답

◆ **제2문답** ◆

Question: What rule hath God given to direct us how we may glorify and enjoy him?

Answer: The Word of God, which is contained in the Scriptures of the Old and New Testaments, is the only rule to direct us how we may glorify and enjoy him.

문: 하나님께서는 우리가 어떻게 그를 영화롭게 하고 즐거워할 수 있는지를 지도하기 위해 어떠한 법칙을 우리에게 주셨나요?

답: 하나님의 말씀은 신약과 구약의 성경전서에 포함되어 있는데, 그것은 우리가 어떻게 그를 영화롭게 하고 즐거워할 수 있는지를 지

도하는 유일한 법칙입니다.

● **하나님께서 사람에게 부여하신 목적을 이루는 법칙은 어디서 알 수 있나요?**

모든 사람은 하나님께 영광을 돌리고, 그로 인해 그분을 즐거워할 것을 목적으로 부여 받았습니다. 그러나 사람은 스스로 하나님의 영광에 이를 수 없기에, 자기의 능력과 노력으로는 이 목적에 맞는 삶을 살아낼 수가 없습니다. 그러나 하나님께서는 자기가 목적으로 부여하여 창조한 사람들을 그냥 그대로 내버려 두지 않으셨습니다. 그들이 이 목적대로 살 수 있는 방법 또한 자세히 알려주셨습니다. 즉, 하나님께 영광을 돌리고, 그로 인해 그분을 영구히 즐거워 할 수 있는 믿음과 순종의 법칙을 제공해 주셨습니다.

> "여호와여 내가 알거니와 사람의 길이 자신에게 있지 아니하니 걸음을 지도함이 걷는 자에게 있지 아니하니이다"(렘 10:23)

● **그렇다면 그 법칙은 어디에 있을까요?**

우리는 믿음과 순종의 법칙으로서 필요한 모든 하나님의 말씀을 기록된 성경전서[Scriptures]로 이미 받아 가지고 있습니다.

> "오직 이것을 기록함은 너희로 예수께서 하나님의 아들 그리스도이심을 믿게 하려 함이요 또 너희로 믿고 그 이름을 힘입어 생명을 얻게 하려 함이니라"(요 20:31)

따라서 우리는 모든 구약과 신약의 성경전서[Scriptures]를 하나님의 말씀으로 받아야 합니다.

"이러므로 우리가 하나님께 끊임없이 감사함은 너희가 우리에게 들은 바 하나님의 말씀을 받을 때에 사람의 말로 받지 아니하고 하나님의 말씀으로 받음이니 진실로 그러하도다 이 말씀이 또한 너희 믿는 자 가운데에서 역사하느니라"(살전 2:13)

성경전서의 각 권[scripture]은 성령의 감동하심을 받은 사람에 의해 기록되었기에 하나님의 말씀입니다. 따라서 전체 66권으로 구성된 구약과 신약의 성경전서[Scriptures]는 성령의 감동하심을 받은 자들에 의해 기록된 성경[scripture]의 모음이기에 하나님의 말씀입니다.

"예언은 언제든지 사람의 뜻으로 낸 것이 아니요 오직 성령의 감동하심을 받은 사람들이 하나님께 받아 말한 것임이라"(벧후 1:21)

성경전서의 각 권[scripture]이 다 하나님의 말씀이기에 구약과 신약의 한 권 한 권이 모두 믿음과 순종의 법칙으로서 완전하고 충분합니다. 그뿐만 아니라 66권 모두가 우리를 하나님의 사람으로 지도하기에 충분한 법칙을 포함하고 있습니다.

"여호와의 율법은 완전하여 영혼을 소성시키며 여호와의 증거는 확실하여 우둔한 자를 지혜롭게 하며"(시 19:7)

"모든 성경은 하나님의 감동으로 된 것으로 교훈과 책망과 바르게 함과 의로 교육하기에 유익하니 이는 하나님의 사람으로 온전하게 하며 모든 선한 일을 행할 능력을 갖추게 하려 함이라"(딤후 3:16,17)

우리의 성경전서[Scriptures]는 믿음과 순종의 유일한 법칙입니다. 따라서 우리에게 더 이상 새로운 성경[scripture]은 필요하지 않습니다.

"마땅히 율법과 증거의 말씀을 따를지니 그들이 말하는 바가 이 말씀에 맞지 아니하면 그들이 정녕 아침빛을 보지 못하고"(사 8:20)

● 왜 대교리문답과 소교리문답은 성경을 표현할 때 '성경[Scripture]'을 사용하지 않고, '성경전서[Scriptures]'를 사용하나요?[2]

바울이 디모데후서 3:16에서 성경에 관해 사용한 표현인 '모든 성경'(헬. 파사 그라페)는 복수가 아니라 단수입니다. 대부분의 영어 성경도 바울의 표현을 그대로 살려서 단수로 표현하고 있습니다.[3] 벨기에 신앙고백서도 성경을 단수로 설명합니다. 벨기에 신앙고백서는 성경을 단수로 설명하면서 '66권이 하나로 묶여 있는 하나의 성경'만이 하나님께서 주신 유일한 정경임을 강조합니다. 이는 외경과 구분하여 정경의 권위를 부각시키는 효과를 기대함과 동시에 66권으로 정리된 정경에 어떠한 내용도 새로 첨부하거나 삭제할 수 없다는 것을 신앙으로 고백함을 의미합니다.[4]

웨스트민스터 신앙고백서도 성경을 단수로 표현합니다. 웨스트민스터 신앙고백서 제1장의 제목이 '성경에 관해서'Of the Holy Scripture 라는 것만 보아도 잘 알 수 있습니다. 그런데 웨스트민스터 대교리문답과 소교리문답은 성경을 단수가 아닌 복수로 가르칩니다. 이 두 교리교육서는 모두 성경을 표현할 때 '성경 Scripture'을 사용하지 않고, '성경전서 Scriptures'를 사용합니다. 이를 통해 이 두 개의 교리교육서는 성경 66권 각 권들을 모두 동일한 권위로 다루고 있습니다. 앞서 언급한 것처럼 웨스트민스터 신앙고백서는 분명 성경을 단수로 표현합니다. 그러나 구약 39권과 신약 27권의 목록을 제시하면서 이를 '하나님의 영감으로 주어진 믿음과 생활의 법칙이 되는 모든 것들' All which are given by inspiration of God to be the rule of faith and life 이라고 표현함으로써 성경 66권 모두가 각각 하나님의 영감으로 되었을 뿐 아니라, 신앙과 삶의 법칙이 된다는 것을 말합니다.5)

신앙고백서들과 교리교육서들의 이러한 설명을 통해 우리는 '모든 성경'이 한 권으로 정리된 신구약 전체를 말하는 것임과 동시에 66권 각 권을 모두 말한다는 것을 알 수 있습니다. 다시 말해 우리의 신앙고백서와 교리교육서는 성경 66권 각 권이 모두 다 하나님의 영감으로 기록된 것임을 말해줍니다. 그뿐만 아니라 이 문서들은 신구약 전체가 한 권으로 묶인 성경전서 the Bible 는 물론이거니와, 66권 각 권 하나하나가 모두 우리의 신앙과 삶의 법칙이 된다고 가르칩니다. 이는 66권 중 어느 한 권도 우리의 신앙과 삶의 법칙을 가르치는 데 전혀 부족함이 없다는 뜻이기도 합니다. 따라서 우리는 성경을 대할 때 창세기나 이사야 혹은 예레미야 같이 그 분량이 많은 성경은 우리의 신앙과 삶의 법칙을 충분히 다루고 있지만 학개나 요한3서 혹은 유다서처럼 분량이 적은 성경은 그 부분에서 다소 부족함이 있다고 생각해서는 안 됩니다. 또한 예수님과 사도들의 가르침이 대부분인 신약은 우리의 믿음의 법칙을 다루고, 율법에 대한 언급이 많은 구약은 우리의 삶의 법칙을 각각 다루고 있다는 식으로 이해해서도 안 됩니다.

66권 모든 성경은 우리의 믿음과 삶의 법칙을 가르치기에 충분합니다. 다시 말해 성경전서 중 어느 권을 통해서도 우리는 우리의 믿음과 삶의 법칙을 충분히 배울 수 있습니다. 예를 들어 어느 선교 지역에 성경이 번역될 때 아직 66권이 완전히 번역되지 않고 창세기와 누가 복음만 번역되었다고 가정해 봅시다. 이러한 상황에서 선교지에서 처음 복음을 접한 자들에게는 성경이라고 하면 자신들의 언어로 번역된 창세기와 누가복음뿐입니다. 따라서 이들은 이 두 성경의 내용만 듣고 읽고 묵상할 수밖에 없습니다. 그렇다면 이 두 권만으로 배우는 신앙과 삶의 법칙이 성경 66권이 다 번역되어 전체를 가지고 신앙생활을 하는 이들에 비해 다소 균형적이지 않거나 부족할까요? 결코 그렇지 않습니다. 물론 이들은 두 권을 제외한 나머지 64권의 내용을 접할 수는 없습니다. 그러나 복음의 핵심이 되는 믿음과 삶의 법칙을 배우는 데는 아무런 문제가 없습니다. 왜냐하면 그들이 하나님의 영감으로 기록되었으며, 믿음과 삶의 법칙을 충분히 포함한 성경을 두 권이나 가지고 있기 때문입니다. 이러한 원리로 볼 때 비록 66권 중에 한 권만 번역되었다 하더라도 그 성경은 그 지역의 성도들에게 믿음과 삶의 법칙을 충분히 제공해 주기에 전혀 부족함이 없습니다.

"모든 성경은 하나님의 감동으로 된 것으로 교훈과 책망과 바르게 함과 의로 교육하기에 유익하니"(딤후 3:16)

◆ 제3문답 ◆

Question: What do the Scriptures principally teach?

Answer: The Scriptures principally teach what man is to believe concerning God, and what duty God requires of man.

문: 성경전서는 주로 무엇을 가르치나요?

답: 성경전서는 주로 사람이 하나님에 대하여 무엇을 믿어야 할 지와, 하나님께서 사람에게 어떠한 의무를 요구하시는지를 가르칩니다.

● 왜 성경전서가 무엇을 가르치는지를 알아야 하나요?

전체 66권으로 구성된 성경전서 Scriptures 는 각 권 Scripture 이 모두 하나님의 감동으로 기록되었습니다. 이렇게 기록된 성경전서를 통해 하나님께서는 자신의 뜻을 사람들에게 드러내십니다. 따라서 우리는 하나님의 말씀인 이 성경전서가 우리에게 무엇을 가르치는지를 알아야 합니다.

> "우리가 이것을 말하거니와 사람의 지혜가 가르친 말로 아니하고 오직 성령께서 가르치신 것으로 하니 영적인 일은 영적인 것으로 분별하느니라 육에 속한 사람은 하나님의 성령의 일들을 받지 아니하나니 이는 그것들이 그에게는 어리석게 보임이요, 또 그는 그것들을 알 수도 없나니 그러한 일은 영적으로 분별되기 때문이라"(고전 2:13-14)

● 하나님께서 성경전서를 자기의 백성들에게 주신 이유는 무엇인가요?

하나님께서 성경전서를 자기의 백성들에게 제공하신 목적은 구원에 관한 필수적인 지식을 더 잘 보존하고, 전파할 뿐만 아니라, 육체의 부패와 사탄과 세상의 악의에 대항하여 교회를 세우고 위로하기 위함입니다(WCF 1.1).

> "그 모든 일을 근원부터 자세히 미루어 살핀 나도 데오빌로 각하에게 차례대로

써 보내는 것이 좋은 줄 알았노니 이는 각하가 알고 있는 바를 더 확실하게 하려 함이로라"(눅 1:3-4)

● 66권의 성경전서가 주로 가르치는 것은 무엇인가요?

66권의 성경전서가 주로 우리에게 가르치는 것은 크게 두 가지로 정리될 수 있습니다. 하나님에 대해서 우리가 알아야 할 것과 하나님께서 우리에게 요구하시는 의무가 바로 그것입니다. 그래서 우리는 이 두 가지를 보통 '믿음과 삶의 법칙'이라고 말합니다. 그리고 성경전서의 66권 모두가 가르치는 '믿음과 삶의 법칙'의 핵심은 바로 사랑입니다.

"예수께서 이르시되 네 마음을 다하고 목숨을 다하고 뜻을 다하여 주 너의 하나님을 사랑하라 하셨으니 이것이 크고 첫째 되는 계명이요 둘째도 그와 같으니 네 이웃을 네 자신 같이 사랑하라 하셨으니 이 두 계명이 온 율법과 선지자의 강령이니라"(마 22:37-40)

● 66권의 성경전서 중에서 빼도 되는 책이 있나요?

성경전서 66권 중에 어느 한 권도 하나님에 대하여 알아야 하는 것과 하나님께서 요구하시는 의무를 가르치는데 충분하지 않은 것이 없습니다.

"모든 성경은 하나님의 감동으로 된 것으로 교훈과 책망과 바르게 함과 의로 교육하기에 유익하니 이는 하나님의 사람으로 온전하게 하며 모든 선한 일을 행할 능력을 갖추게 하려 함이라"(딤후 3:16,17)

◆ 제4문답 ◆

Question: What is God?

Answer: God is a Spirit, infinite, eternal, and unchangeable, in his being, wisdom, power, holiness, justice, goodness, and truth.

문: 하나님은 어떠한 분이신가요?

답: 하나님은 영이신데, 그의 존재, 지혜, 능력, 거룩함, 정의, 선함, 그리고 진실함에 있어서 무한하시고, 영원하시고, 불변하십니다.

● 왜 소교리문답에서는 하나님을 'who'가 아니라, 'what'으로 묻고 답하나요?

이 문답은 하나님이 어떤 분이신지에 대해 다루고 있습니다. 그런데 이 문답은 하나님을 'who'가 아닌, 'what'으로 묻고 있습니다. 'What is God?'을 단순히 직역하면 '하나님은 무엇인가요?'입니다. 이렇게 보면 하나님을 인격 person 이 아닌 하나의 사물 a thing 로 여기는 것처럼 보일 수 있습니다.[6] 그러나 여기서 사용된 'What'은 사물이 어떠한 종류인지를 묻는 것이 아닙니다. 인격을 사물 취급하는 것도 아닙니다. 이는 어떠한 인격이 가진 속성이나 성향을 묻는 것입니다. 따라서 이 질문은 하나님께서 어떠한 속성을 가지신 분인지를 묻는 것입니다. 'who'가 다른 이들과 구별되는 그 만의 인격에 대한 질문이라면, 'what'은 그 인격이 지닌 속성이나 성향에 대한 표현이라고 할 수 있습니다. 이 질문을 '하나님은 어떤 분이신가요?'라고 번역하는 이유가 바로 여기에 있습니다.

● '하나님은 영이시다'라는 것은 무엇을 의미하나요?

하나님은 영이십니다. 여기서 하나님께서 영적인 존재라는 것은, 우리가 흔히 상상하는 유령 같은 것을 말하는 것이 아닙니다. 분명 실제로 존재하시는 분이시지만, 사람의 이해를 넘어서는 방식으로 존재하는 분이라는 뜻입니다. 따라서 사람은 하나님께서 어떠한 방식으로 존재하시는지를 스스로의 능력으로는 절대 알 수 없습니다. 이러한 이유로 사람이 하나님의 존재에 대해 알거나 이해할 수 있는 유일한 방법은 하나님께서 사람에게 자신을 알려 주시는 것을 그대로 받아들이는 것뿐입니다.

"하나님은 영이시니 예배하는 자가 영과 진리로 예배할지니라"(요 4:24)

● 하나님께서 변함이 없으신 존재인 이유는 무엇인가요?

하나님께서는 사람이 측량할 수 있는 한계를 넘어 존재하시는 분이십니다. 왜냐하면 하나님께서 그의 존재와 완전함에 있어서 무한하신 분이시기 때문입니다.

"네가 하나님의 오묘함을 어찌 능히 측량하며 전능자를 어찌 능히 완전히 알겠느냐"(욥 11:7)

하나님께서는 시간 안에 제한되지 않는 분이십니다. 다시 말해 시간을 초월하여 존재하시는 분이십니다. 왜냐하면 하나님은 그의 존재와 완전함에 있어서 영원하신 분이시기 때문입니다.

"산이 생기기 전, 땅과 세계도 주께서 조성하시기 전 곧 영원부터 영원까지 주는 하나님이시니이다"(시 90:2)

변화는 시간 속에 한정된 존재에게만 발생하는 현상입니다. 하나님께서는 시간 속에 한정되시는 분이 아니시기에, 그분에게 있어서 변화는 있을 수 없습니다. 하나님은 그의 존재와 완전함에 있어서 변함이 없으신 분이십니다.

"나 여호와는 변하지 아니하나니 그러므로 야곱의 자손들아 너희가 소멸되지 아니하느니라"(말 3:6)

● '하나님께서 무한하다'는 것은 무엇을 의미하나요?

첫째, 하나님의 지혜는 무한합니다. 여기서 무한하다는 것은 단지 끝이 없이 계속되는 것이 아니라, 사람과 같이 어떠한 한계에 한정되지 않는다는 뜻이며, 하나님 자신이 모든 지혜의 근원이라는 의미입니다.

> "우리 주는 위대하시며 능력이 많으시며 그의 지혜가 무궁하시도다"(시 147:5)

둘째, 하나님의 능력은 무한합니다. 이는 창조자 하나님의 능력이 사람이 측량할 수 있는 수준을 넘어선다는 뜻입니다. 이러한 이유로 피조물인 인간은 창조자 하나님의 능력을 평가할 수 없습니다. 인간이 하나님의 능력에 대해 보일 반응은 오직 그 능력의 위대하심에 감탄하는 것뿐입니다.

> "주께서는 못 하실 일이 없사오며 무슨 계획이든지 못 이루실 것이 없는 줄 아오니"(욥 42:2)

셋째, 하나님은 진리 안에서 무한하십니다. 이는 하나님께서 무한한 양의 진리를 다 알고 계신다는 뜻이 아닙니다. 이는 하나님의 뜻이 곧 진리 그 자체라는 것을 의미합니다. 이는 동시에 하나님의 뜻에 부합하지 않는 것은 그것이 무엇이라도 결단코 진리가 될 수 없음을 의미합니다.

> "그는 반석이시니 그가 하신 일이 완전하고 그의 모든 길이 정의롭고 진실하고 거짓이 없으신 하나님이시니 공의로우시고 바르시도다"(신 32:4)

● '하나님께서 거룩하시다'는 것은 무엇을 의미하나요?

하나님께서는 지극히 거룩하신 분이십니다. 이는 하나님 자체가 거룩함의 본질이라는 뜻입니다. 다시 말해, 하나님의 성품이 거룩함의 기준이라는 뜻입니다. 그뿐만 아니라 이는 하나님께서 그의 피조물들과 명백히 구별되시는 분이시라는 뜻이기도 합니다.

"주여 누가 주의 이름을 두려워하지 아니하며 영화롭게 하지 아니하오리이까 오직 주만 거룩하시니이다 주의 의로우신 일이 나타났으매 만국이 와서 주께 경배하리이다 하더라"(계 15:4)

● '하나님께서 공의로우시다'는 것은 무엇을 의미하나요?

하나님께서는 지극히 공의로우신 분이십니다. 이는 하나님께서 공의의 유일한 기준이 되신다는 뜻입니다. 하나님의 선하신 뜻 자체가 곧 공의입니다.

"그 가운데에 계시는 여호와는 의로우사 불의를 행하지 아니하시고 아침마다 빠짐없이 자기의 공의를 비추시거늘 불의한 자는 수치를 알지 못하는도다"(습 3:5)

● '하나님께서 선하고 자비하시다'는 것은 무엇을 의미하나요?

하나님께서는 지극히 선하시며 자비로우신 분이십니다. 이는 하나님께서 선의 표본이라는 뜻입니다. 그리고 하나님께서 자비하시다는 것은 하나님께서는 가치가 없는 존재에게도 공평과 평등을 넘어 자신의 선을 베푸실 수 있으시다는 뜻입니다.

"여호와께서 그의 앞으로 지나시며 선포하시되 여호와라 여호와라 자비롭고 은혜롭고 노하기를 더디하고 인자와 진실이 많은 하나님이라"(출 34:6)

◆ 제5문답 ◆

Question: Are there more Gods than one?
Answer: There is but one only, the living and true God.
문: 한 분 보다 더 많은 하나님들이 있나요?
답: 오직 한 분만 계신데, 그분은 살아있고 참되신 하나님입니다.

● 세상에는 왜 이렇게 신들이 많나요?

이 세상에는 다양한 종류의 종교가 있습니다. 그리고 그 각각의 종교에는 그 나름의 다양한 신들이 존재합니다. 세상에는 왜 이렇게 많은 종교가 있을까요? 다시 말해, 시대와 지역, 심지어 문명을 망라하고 사람들은 왜 이렇게 여러 신들을 찾을까요?

왜냐하면, 사람은 자기 안에 있는 본성의 빛 the light of nature 에 의해 신들을 찾기 때문입니다. 하나님께서는 사람을 자기의 형상으로 창조하시면서 그에게 본성의 빛을 주셨습니다. 이는 하나님을 찾을 만한 마음으로 주로 종교심이나 양심으로 드러납니다. 이 본성의 빛을 통해 사람은 하나님이라는 분, 곧 신이 존재한다는 것은 본성적으로 알고 그분을 찾고자 합니다(WLC 2).

"이는 하나님을 알 만한 것이 그들 속에 보임이라 하나님께서 이를 그들에게 보이셨느니라 창세로부터 그의 보이지 아니하는 것들 곧 그의 영원하신 능력과 신성이 그가 만드신 만물에 분명히 보여 알려졌나니 그러므로 그들이 핑계하지 못할지니라"(롬 1:19,20)

● 믿음을 가진 사람도 다른 신을 찾을 수 있나요?

타락한 사람은 본능적으로 여러 신들을 찾습니다. 하나님께서 자기 백성들에게 십계명을 주시면서 첫 번째로 제시하신 계명이 바로 '너는 나 외에는 다른 신들을 네게 두지 말라'입니다. 이렇듯이 하나님께서 자신 외에 다른 신을 찾지도, 섬기지도 말 것을 자기의 백성들이 항상 명심하고 지켜야 할 계명으로 주신 것은 심지어 그들조차도 유일하신 창조주 하나님 말고도 다른 신들을 찾는 오류를 범할 수 있기 때문입니다.

"너는 나 외에는 다른 신들을 네게 두지 말라"(출 20:3)

● 정말로 여러 신들이 존재하나요?

'그러므로 우상의 제물을 먹는 일에 대하여는 우리가 우상은 세상에 아무것도 아니며 또한 하나님은 한 분밖에 없는 줄 아노라'(골 8:4)에서도 분명히 밝히고 있듯이 실제로 존재하시는 하나님은 오직 한 분이십니다. 살아계시고 참된 유일한 하나님은 오직 한 분이십니다.

"오직 여호와는 참 하나님이시요 살아 계신 하나님이시요 영원한 왕이시라 그 진노하심에 땅이 진동하며 그 분노하심을 이방이 능히 당하지 못하느니라"

(렘 10:10)

◆ 제6문답 ◆

Question: How many persons are there in the Godhead?

Answer: There are three persons in the Godhead: the Father, the Son, and the Holy Ghost; and these three are one God, the same in substance, equal in power and glory.

문: 하나님의 신격 안에 몇 개의 위격이 있나요?

답: 하나님의 신격 안에는 세 개의 위격이 있습니다. 아버지, 아들, 성령이신데, 이 셋은 한 하나님이시며, 실체에서 동일하며, 능력과 영광에서 동등하십니다.

● 하나님의 신격에는 몇 위의 격이 있나요?

하나님의 신격에는 아버지와, 아들과, 성령의 세 위격이 계십니다. 아버지, 아들, 성령은 각각 독특한 위격으로 서로 분명히 구별됩니다.

"[하늘에] 증언하는 이가 셋이니 [곧 아버지와 말씀과 성령이시라 또 이 셋은 하나이니라]"(요일 5:7) [7]

"예수께서 세례를 받으시고 곧 물에서 올라오실새 하늘이 열리고 하나님의 성령이 비둘기 같이 내려 자기 위에 임하심을 보시더니 하늘로부터 소리가 있어 말씀하시되 이는 내 사랑하는 아들이요 내 기뻐하는 자라 하시니라"(마 3:16,17)

● 아버지와 아들과 성령의 실체, 그리고 능력과 영광은 서로 어떠한가요?

첫째, 아버지와 아들과 성령은 실체에 있어서 동일하십니다.
"나와 아버지는 하나이니라 하신대"(요 10:30)

둘째, 아버지와 아들과 성령은 그 능력과 영광에 있어서 동등하십니다.
"아버지께서 죽은 자들을 일으켜 살리심 같이 아들도 자기가 원하는 자들을 살리느니라"(요 5:21)
"그러므로 너희는 가서 모든 민족을 제자로 삼아 아버지와 아들과 성령의 이름으로 세례를 베풀고"(마 28:19)

셋째, 한 신격 안에서 아버지와 아들과 성령은 각각의 위격으로 구별되나, 그 존재나 실체, 그리고 능력과 영광에 있어서 구분되지 않고 신비하게 연합하신 한 하나님이십니다.
"주 예수 그리스도의 은혜와 하나님의 사랑과 성령의 교통하심이 너희 무리와 함께 있을지어다"(고후 13:13)

제7-8문답: 작정

◆ **제7문답** ◆

Question: What are the decrees of God?

Answer: The decrees of God are his eternal purpose, according to the counsel of his will, whereby, for his own glory, he hath foreordained whatsoever comes to pass.

문: 하나님의 작정들은 무엇인가요?

답: 하나님의 작정들은 그의 뜻의 협의를 따른 그의 영원한 목적인데, 그것으로써 하나님께서는 자신의 영광을 위하여 발생하는 모든

것들을 미리 정하셨습니다.

● 하나님의 작정의 때는 언제인가요?

하나님께서는 영원 전에 그의 마음에 모든 피조물들에 대한 어떠한 목적들을 세우셨습니다. 그뿐만 아니라, 하나님께서는 그 목적들을 이루는 수단과 방법들도 다 정하셨습니다. 이것을 하나님의 작정이라고 합니다. 여기서 '영원 전'이란 하나님께서 세상을 창조하시기 그 이전을 뜻합니다. 그래서 우리는 이를 '창세 전'이라고도 부릅니다. 그런데 '영원 전'과 '창세 전'은 논리적으로 맞지 않는 표현입니다. 왜냐하면 과거, 현재, 미래를 나타내는 시간도 하나님께서 세상을 창조하실 때 함께 생겨났기 때문입니다. 따라서 아직 시간이 존재하지도 않는 상태를 '영원 전'이나 '창세 전'으로 표현하는 것은 그 자체가 모순입니다. 그러나 우리는 작정에 대해서는 그 시점을 '영원 전'이나 '창세 전'으로 표현할 수밖에 없습니다. 왜냐하면 창조된 시간 속에 사는 우리가 시간을 넘어서 존재하시는 하나님의 영원한 사역에 대해 이렇게 말고는 표현할 길이 없기 때문입니다.

"곧 영원부터 우리 주 그리스도 예수 안에서 예정하신 뜻대로 하신 것이라"(엡 3:11)

● 모든 것이 하나님의 작정대로 된다면, 사람의 자유의지는 어떻게 되나요?

하나님께서 모든 것을 작정하셨고 그리고 그 모든 것이 다 하나님께서 작정하신 대로 이루어 진다면 사람의 생각과 의지는 어떻게 될까요?

하나님의 작정과 사람의 자유의지에 대해서는 우리뿐만이 아니라, 우리의 신앙의 선배들도 고민했습니다. 그리고 그들은 나름의 방식으로 다양하게 이 문제의 답을 제시했는데, 아래 표에 정리된 것처럼 이스라엘 백성들이 출애굽하는 과정에서 '하나님께서 바로의 마음을 완악하게 하신 것'(출 9:13)에 대한 해석을 통해 그 다양한 견해들을 알 수 있습니다. 이 다양한 해석들 중에 장로교의 교리표준 문서인 웨스트민스터 신앙고백서, 대교리문답, 소교리문답은 칼뱅주의의 견해가 성경을 통해 하나님께서 우리에게 알려주신 작정과 자유의지에 대한 바른 해석으로 받아들입니다.[8]

펠라기우스주의	바로는 원죄에서 자유롭다. 따라서 바로는 하나님의 뜻을 따르거나 대항할 수 있는 자유의지가 있다. 하나님께서는 이 일에 적극적으로나 소극적으로나 어떠한 간섭도 하지 않으신다. 물론, 하나님의 은혜는 바로가 하나님의 뜻을 따르기로 결심하는 데 도움이 될 수는 있다. 그러나 그 은혜를 받아들일지 거부할지도 바로의 의지에 달려 있다. 따라서 하나님께서 바로의 마음을 완악하게 하셨다는 것은 하나님께서 바로에게 완전한 자유의지를 주셨다는 것을 의미한다.
반펠라기우스주의 (로마 가톨릭)	모세가 이끄는 이스라엘 백성들이 교회라면 바로는 교회 밖의 사람이다. 따라서 바로가 교회에 들어오지 않는 한 그에게는 구원이 없다. 이는 바로가 자신이 행한 일에 대해 회개(고해)와 보속의 기회를 갖지 못하기 때문이다. 따라서 여기서 하나님께서 바로의 마음을 완악하게 하셨다는 것은 그가 회개(고해)와 보속을 통한 죄 용서의 기회에서 그만큼 멀어졌다는 것을 의미한다.
알미니안	바로도 원죄 아래 있는 인간이다. 그러나 바로는 비록 그의 지성과 정서는 타락했으나, 그의 의지만은 여전히 순수하다. 그래서 그는 타락한 존재이긴 하지만,

	전적으로 타락하지는 않았다. 그리고 그리스도가 흘린 구속의 피의 효력은 분명 바로에게도 충분히 미친다. 따라서 바로는 타락하지 않은 의지를 사용하여 그것을 받아들이기만 하면 된다. 이처럼 바로는 이 땅에 있는 모든 사람들처럼 자신의 의지에 따라 하나님 편에 설 수 있는 기회가 분명히 있다. 즉, 바로의 구원은 바로 자신의 결정에 달려 있다. 그러나 성경은 하나님께서 바로의 마음을 완악하게 하셨다고 한다. 하나님께서 이렇게 말씀하신 이유는 영원전에 하나님께서는 바로가 하나님을 거부할 것을 미리 아셨기 때문이다. 이러한 이유로 하나님께서는 바로를 선택하지 않기로 예정하셨다는 것이다. 이것이 바로 하나님께서 바로의 마음을 완악하게 하셨다는 뜻이다. 그 결과 바로는 이스라엘을 향한 하나님의 뜻을 막는 자가 된 것이다.
웨슬리안	바로도 원죄 아래 있는 인간이다. 그리고 이러한 이유로 바로도 죄악된 본성 속에 있는 타락한 인간이다. 전적으로 타락한 인간이다. 그러나 하나님께서는 자신의 보편적인 사랑에 근거하여 바로에게 구원에 관한 예비적인 은혜를 주셨다. 바로는 이 은혜를 통해 구원에 이를 수 있는 가능성이 생겼다. 이스라엘을 향한 하나님의 구원 계획에 참여하게 되면 자신도 구원을 받을 수 있는 가능성이 생긴 것이다. 이러한 차원에서 바로에게 찾아가서 하나님의 뜻을 전하는 모세는 그에게 복음의 기회를 제공하는 전도자였다. 그러나 바로는 모세를 통해 소개되는 하나님과 그의 구원의 소식을 거부하고 말았다. 이 상황에서 하나님께서 바로의 마음을 완악하게 했다는 것은 하나님께서 바로에게 구원의 길을 제공했음에도 불구하고 바로가 그 은혜를 거부하고 악한 길을 선택함으로써 구원의 대열에 들지 못하게 된 것을 의미한다. 다시 말해, 이는 하나님께서 바로에게 구원에 이를 만큼의 충분한 은혜를 주신 것이 아니라, 구원의 과정을 시작할 정도의 은혜만 주셨다는 것을 의미하는 것이다.

초칼뱅주의	바로는 하나님께서 택하신 자에 들지 않는다. 즉, 바로는 하나님께서 유기하신 자이다. 따라서 하나님께서는 적극적으로 바로의 마음에 악을 심어 넣어, 하나님의 뜻을 거역하게 하셨다. 이를 통해 유기된 바로가 구원의 대열에 들어올 수 있는 길을 원천적으로 차단하셨다.
칼뱅주의	바로도 타락한 인간이다. 타락한 인간은 언제나 육체의 정욕인 죄악된 본성을 따라 판단하고 행동한다. 즉, 하나님께서 적극적으로 개입하셔서 죄를 막지 않으시면 그 생각하는 것과 행동하는 것이 언제나 악할 뿐이다. 이러한 차원에서 하나님께서 바로의 마음을 완악하게 하셨다는 것은 하나님께서는 바로에게 은혜를 주지 않으시고 자기의 죄악된 충동에 내버려 두심으로써 스스로 악한 결정을 하도록 하신 것이다. 즉, 하나님께서는 바로에게 소극적인 방법으로 개입하셔서 바로가 자신의 죄에 대해 전적인 책임을 지도록 하신 것이다.

● 하나님의 작정의 근거는 무엇일까요?

하나님께서는 스스로 모든 목적들과, 그 목적들을 이루는 수단과 방법들을 작정하셨습니다. 하나님 한 분 외에 하나님의 작정에 영향을 미친 것은 그 어떤 것도 없습니다. 하나님께서는 자신의 예지의 능력을 통해 일어날 모든 일들을 미리 다 아십니다. 그러나 하나님께서는 작정을 세우시는 부분에 있어서는 이 예지의 능력을 사용하지 않으셨습니다. 그렇게 하시기로 스스로 작정하신 것입니다. 이러한 이유로 피조물의 어떠한 모습도 하나님의 작정에 영향을 준 것은 그 어떤 것도 없습니다.

> "모든 일을 그의 뜻의 결정대로 일하시는 이의 계획을 따라 우리가 예정을 입어 그 안에서 기업이 되었으니"(엡 1:11)

"우리는 그가 만드신 바라 그리스도 예수 안에서 선한 일을 위하여 지으심을 받은 자니 이 일은 하나님이 전에 예비하사 우리로 그 가운데서 행하게 하려 하심이니라"(엡 2:10)

● 하나님의 작정에 영향을 주는 요인은 있나요?

하나님의 작정들에 영향을 주는 외부적인 요소는 하나도 없습니다. 모든 작정들의 유일한 근거는 하나님 자신의 선하고 기쁘신 뜻입니다. 이러한 이유로 하나님께서 스스로 미리 정해 놓으신 것들 중에 자신의 뜻에 부합하지 않는 것은 하나도 없습니다.

"곧 창세 전에 그리스도 안에서 우리를 택하사 우리로 사랑 안에서 그 앞에 거룩하고 흠이 없게 하시려고 그 기쁘신 뜻대로 우리를 예정하사 예수 그리스도로 말미암아 자기의 아들들이 되게 하셨으니"(엡 1:4,5)

"하나님의 권능과 뜻대로 이루려고 예정하신 그것을 행하려고 이 성에 모였나이다"(행 9:28)

● 하나님께서 작정들을 세우신 목적은 무엇인가요?

하나님께서는 오직 자신의 영광을 위해 모든 작정들을 세우셨습니다.

"또한 영광 받기로 예비하신 바 긍휼의 그릇에 대하여 그 영광의 풍성함을 알게 하고자 하셨을지라도 무슨 말을 하리요"(롬 9:23)

◆ 제8문답 ◆

Question: How doth God execute his decrees?

Answer: God executeth his decrees in the works of creation and providence.

문: 하나님께서는 어떻게 그의 작정들을 수행하시나요?

답: 하나님께서는 창조와 섭리의 사역들 안에서 그의 작정들을 수행하십니다.

● 하나님께서 작정을 수행하시는 방법은 무엇인가요?

하나님께서는 크게 두 가지의 방식으로 자신의 작정들을 수행하십니다. 그것은 창조와 섭리입니다. 하나님께서 자신의 작정들을 행하시는 창조와 섭리의 사역들은 창조주 하나님 자신만의 고유한 권한입니다.

> "땅의 모든 사람들을 없는 것 같이 여기시며 하늘의 군대에게든지 땅의 사람에게든지 그는 자기 뜻대로 행하시나니 그의 손을 금하든지 혹시 이르기를 네가 무엇을 하느냐고 할 자가 아무도 없도다"(단 4:35)

● 하나님의 작정 수행에 대해 신자들의 합당한 반응은 무엇인가요?

신자들은 자신에게 일어나는 모든 일들이 하나님께서 작정들을 수행하시는 섭리적인 사역이라는 것을 믿어야 하고, 또한 확신해야 합니다.

> "그런즉 내게 작정하신 것을 이루실 것이라 이런 일이 그에게 많이 있느니라"(욥 23:14)

제9-10문답: 창조

◆ 제9문답 ◆

Question: What is the work of creation?

Answer: The work of creation is, God's making all things of nothing, by the word of his power, in the space of six days, and all very good.

문: 창조의 사역은 무엇입니까?

답: 창조의 사역은 하나님께서 무로부터, 그의 능력의 말씀으로, 6일 간의 시간 안에 모든 것들을 만드시고, 또한 모두를 매우 선한 상태가 되게 하시는 것입니다.

● 하나님께서는 무엇을 창조하셨나요?

하나님께서는 이 세상의 모든 것을 만드셨습니다. 이 세상에 존재하는 것은 그 어떤 것도 하나님께서 만들지 않은 것이 없습니다. 하나님께서는 보이는 것들뿐만 아니라 보이지 않는 것들도 모두를 만드셨습니다. 여기에는 우리가 이미 알고 있는 것뿐만 아니라 우리가 아직 모르는 그 모든 것들도 다 포함됩니다. 따라서 하나님의 지혜와 능력에 따라 그분의 창조를 생각한다면 그분이 창조하신 만물들 중에 우리가 아는 것보다 우리가 아직 알지 못하는 것들이 더 많다는 것을 인정할 수 밖에 없습니다.

"만물이 그로 말미암아 지은 바 되었으니 지은 것이 하나도 그가 없이는 된 것이 없느니라"(요 1:3)

● **하나님의 창조의 재료는 무엇인가요?**

하나님께서는 아무것도 없는 상태에서 모든 것을 만들어 내셨습니다. 하나님께서는 어떠한 재료도 사용하지 않으시고 모든 만물을 만드셨습니다. 여기서 재료 없이 만드셨다는 것은 있는 재료를 사용하지 않으신 것을 말하는 것이 아닙니다. 어떠한 재료도 없는 상태에서 모든 것을 만드셨다는 뜻입니다.

> "믿음으로 모든 세계가 하나님의 말씀으로 지어진 줄을 우리가 아나니 보이는 것은 나타난 것으로 말미암아 된 것이 아니니라"(히 11:3)

● **하나님께서 세상을 창조하신 수단은 무엇인가요?**

하나님께서는 말씀으로 모든 것을 만드셨습니다. 이 말씀은 영원 전부터 아버지 하나님과 함께 하신 바로 아들 하나님을 말합니다. 따라서 하나님께서 창조하신 만물은 하나도 빠짐없이 모두가 다 아버지 하나님께서 아들 하나님을 통해 만드신 것입니다.

> "태초에 말씀이 계시니라 이 말씀이 하나님과 함께 계셨으니 이 말씀은 곧 하나님이시니라 그가 태초에 하나님과 함께 계셨고 만물이 그로 말미암아 지은 바 되었으니 지은 것이 하나도 그가 없이는 된 것이 없느니라"(요 1:1-3)

● **하나님께서 세상을 창조하시기 전에도 시간은 흐르고 있었나요?**

성경은 하나님께서 6일의 시간 동안 세상을 창조하셨다고 말씀하고 있습니다. 그렇다면 이 말은 하나님께서 세상을 창조하시기 전에 이미 시간이 흐르고 있었다는 뜻인가요? 그리고 그 흐르는 시간 안에 6일을 창조하시는 데 사용하였다는 뜻인가요? 그렇지 않습니다. 하나님께서는 세상을 창조하실 때 날과 때를 나타내는 시간을 창조하시고, 자신이 창조한 그 시간에 따라 만물을 창조하셨습니다. 그 안에서 하나님께서는 6일의 시간 동안 모든 것을 창조하셨습니다.

"이는 엿새 동안에 나 여호와가 하늘과 땅과 바다와 그 가운데 모든 것을 만들고 일곱째 날에 쉬었음이라 그러므로 나 여호와가 안식일을 복되게 하여 그날을 거룩하게 하였느니라"(출 20:11)

● 하나님께서는 만물을 어떠한 상태로 만드셨나요?

하나님께서 만물을 창조하실 때 그 모든 만물에 대해 공통적으로 중요하게 여기신 것이 있습니다. 창조된 모든 만물의 상태가 바로 그것입니다. 하나님께서는 모든 것을 아주 좋은 상태로 만드셨습니다. 이러한 면에서 볼 때 좋은 상태란 하나님께서 창조하신 원래의 그 상태를 말한다고 할 수 있습니다.

"하나님이 지으신 그 모든 것을 보시니 보시기에 심히 좋았더라 저녁이 되고 아침이 되니 이는 여섯째 날이니라"(창 1:31)

◆ 제10문답 ◆

Question: How did God create man?

Answer: God created man male and female, after his own image, in knowledge, righteousness, and holiness, with dominion over the creatures.

문: 하나님께서는 사람을 어떻게 창조하셨나요?

답: 하나님께서는 사람을 피조물들에 대한 통치권을 가진 남자와 여자로 창조하셨는데, 그들은 지식과 의와 거룩함에서 그의 형상을 따랐습니다.

● 하나님께서는 어떻게 사람을 창조하셨나요?

하나님께서는 태초로부터 여섯째 날에 사람을 창조하셨습니다. 하나님께서는 사람을 창조하실 때 아무것도 없는 상태에서 말씀으로만 창조하신 것이 아니라, 어떠한 특별한 방식을 사용하셨습니다. 그중에 하나는 이미 창조된 재료를 사용하신 것이고, 다른 하나는 하나님께서 말씀만이 아니라 직접 손으로 무엇인가를 하셨다는 것입니다. 여기서 하나님께서 사용하신 재료는 땅의 흙입니다. 그리고 하나님께서 직접 하신 것은 흙이라는 그 재료를 사용하여 직접 사람의 형태를 빚으신 것입니다. 그리고 그의 코에 생기를 불어 넣으신 것입니다. 그뿐만 아니라 남자에 이어서 여자를 만들 때는 하나님께서는 직접 그 남자를 잠재우신 후 그에게서 갈빗대를 취하여 여자를 만드셨습니다. 그리고 그 여자에게도 생기를 불어 넣으셨습니다.

"여호와 하나님이 땅의 흙으로 사람을 지으시고 생기를 그 코에 불어넣으시니 사

람이 생령이 되니라"(창 1:7)

● **하나님께서는 남자와 여자의 다른 두 성의 사람을 어떻게 한 인류로 창조하셨나요?**

하나님께서는 이 땅에 오직 한 인류만을 창조하셨습니다. 하나님께서 창조하신 사람은 남자와 여자로 두 종류의 사람입니다. 그럼에도 불구하고 남자와 여자는 두 인류가 아니라 한 인류입니다. 이는 하나님께서는 각각 다른 방식으로 남자와 여자를 창조하셨기 때문입니다. 하나님께서 남자에게서 갈빗대를 취해서 여자를 만드시는 방법을 통해 여자도 남자와 같은 인류가 되게 하셨기 때문입니다.

"여호와 하나님이 아담에게서 취하신 그 갈빗대로 여자를 만드시고 그를 아담에게로 이끌어 오시니 아담이 이르되 이는 내 뼈 중의 뼈요 살 중의 살이라 이것을 남자에게서 취하였은즉 여자라 부르리라 하니라"(창 2:22,23)

● **하나님께서는 오직 사람만 흙으로 빚어서 만드셨나요?**

하나님께서 이미 창조된 재료인 흙을 사용하시고, 직접 손으로 그 형상을 빚으신 것은 분명 하나님께서 사람을 창조하신 방법입니다. 그런데 이 부분에서 많은 사람들이 오해하는 것이 있습니다. 하나님께서 흙으로 만든 존재가 오직 사람뿐이라고 생각하는 것입니다. 다시 말해 흙으로 빚어서 만드시는 방법을 하나님께서 오직 사람에게만 사용하신 독특한 방법이라고 생각하는 것입니다. 이러한 오해는 주로 하나님께서 땅의 생물들을 만드시는 장면이 요약되어 있는 창세기 1:24-25에서 '하나님이 이르시되 땅은 생물을 그 종류대로 내되……내라 하시니……'라는 표현을 통해 사람 이외의 모든 생물들은 하나님께서 오직 말씀으로만 창조하신 것으로 생각하기 때문입니다.

> "하나님이 이르시되 땅은 생물을 그 종류대로 내되 가축과 기는 것과 땅의 짐승을 종류대로 내라 하시니 그대로 되니라 하나님이 땅의 짐승을 그 종류대로, 가축을 그 종류대로, 땅에 기는 모든 것을 그 종류대로 만드시니 하나님이 보시기에 좋았더라"(창 1:24,25)

● **각종 짐승과 새들도 흙으로 지으셨나요?**

그런데 하나님께서 땅과 하늘에서 숨 쉬는 동물들을 어떻게 창조하셨는지를 좀 더 자세히 밝힌 부분을 보면 흙이라는 재료를 사용하신 것과 직접 빚어서 만드시는 방법이 오직 사람을 창조하실 때만 사용하신 방법이 아니라는 것을 알 수 있습니다. 하나님께서는 각종 들짐승들과 공중의 각종 새들을 지으실 때도 말씀으로 없던 것들을 있게 하신 것이 아니라, 흙을 재료로 사용하셨습니다. 그리고 사람을 빚어서 만드신 것처럼, 이것들 또한 직접 빚어서 만드셨습니다.

> "여호와 하나님이 흙으로 각종 들짐승과 공중의 각종 새를 지으시고 아담이 무엇이라고 부르나 보시려고 그것들을 그에게로 이끌어 가시니 아담이 각 생물을 부르는 것이 곧 그 이름이 되었더라"(창 1:19)

● **사람의 창조가 다른 피조물들과 다른 점은 무엇인가요?**

그렇다면 하나님의 사람 창조에서 다른 모든 피조물들과 구별되는 가장 독특한 점은 무엇인가요? 그것은 바로 하나님께서 자신의 형상을 따라 사람을 창조하셨다는 것입니다. 하나님께서는 창조하신 모든 피조물들 중에 사람을 제외하고는 그 어떤 존재도 하나님의 형상을 따라 창조하지 않았습니다. 심지어 천사들도 하나님의 형상을 따라 창조되지 않았습니다.

> "하나님이 자기 형상 곧 하나님의 형상대로 사람을 창조하시되 남자와 여자를 창조하시고"(창 1:27)

● **하나님의 형상은 인류 가운데 어떻게 드러나요?**

첫째, 하나님의 형상은 모든 인류가 가진 지식을 통해 드러납니다.

> "새 사람을 입었으니 이는 자기를 창조하신 이의 형상을 따라 지식에까지 새롭게 하심을 입은 자니라"(골 3:10)

둘째, 하나님의 형상은 그 사람이 신자이든 불신자이든 상관없이 모든 사람 안에 있습니다. 하나님께서는 자신의 형상을 인류의 의로움을 통해 드러내시기를 기뻐하셨습니다. 그러나 타락으로 그 형상이 뒤틀리면서 그 형상을 드러내야 할 의로움 또한 망가져 버리고 말았습니다.

> "내가 깨달은 것은 오직 이것이라 곧 하나님은 사람을 정직하게 지으셨으나 사람이 많은 꾀들을 낸 것이니라"(전 7:29)

셋째, 하나님께서는 인류의 거룩함을 통해 자신의 형상이 드러나기를 기뻐하십니다. 그러나 인류는 죄로 인해 하나님으로부터 받은 형상을 오염시키고 말았습니다. 그럼에도 우리에게 여전히 소망이 있는 것은 비록 죄로 인해 우리 안에 있는 하나님의 형상이 오염되긴 했지만, 이 형상은 없어지지 않고 그 상태로나마 여전히 우리 속에 남아 있기 때문입니다. 그뿐만 아니라 하나님께서는 자기의 사랑하는 자들에게는 이렇게 오염된 형상을 회복할 수 있는 길을 열어 주셨습니다.

"하나님을 따라 의와 진리의 거룩함으로 지으심을 받은 새 사람을 입으라"(엡 4:24)

넷째, 하나님께서는 자신의 형상을 따라 창조하신 인류에게 특별한 권세를 주셨습니다. 그것은 다른 피조물을 다스릴 권세입니다. 이 권세는 신자만이 받은 권세가 아닙니다. 이는 모든 인류가 받은 권세입니다.

"하나님이 그들에게 복을 주시며 하나님이 그들에게 이르시되 생육하고 번성하여 땅에 충만하라, 땅을 정복하라, 바다의 물고기와 하늘의 새와 땅에 움직이는 모든 생물을 다스리라 하시니라"(창 1:28)

● 피조물을 다스리는 권세는 창조후 능력을 평가하기 위해 주셨나요?

하나님께서는 피조물을 다스리는 이 권세를, 인류를 창조하신 후 능력을 평가하시고 주신 것이 아닙니다. 처음부터 하나님께서는 피조물을 다스릴 존재로 인류를 창조하신 것입니다. 인류가 피조물을 다스리는 권세와 사명을 갖게 된 것은 전적으로 하나님께서 미리 정하신 것입니다. 하나님의 기쁘신 뜻입니다.

"하나님이 이르시되 우리의 형상을 따라 우리의 모양대로 우리가 사람을 만들고 그들로 바다의 물고기와 하늘의 새와 가축과 온 땅과 땅에 기는 모든 것을 다스리게 하자 하시고"(창 1:26)

제11-12문답: 섭리

◆ 제11문답 ◆

Question: What are God's works of providence?

Answer: God's works of providence are, his most holy, wise, and powerful preserving and governing all his creatures, and all their actions.

문: 하나님의 섭리의 사역들은 무엇들입니까?

답: 하나님의 섭리의 사역들은 그가 그의 모든 피조물들과 그들의 모든 행위들을 가장 거룩하고 지혜롭고 능력 있게 보존하고 통치하는 것입니다.

● **하나님의 작정과 창조와 섭리는 서로 어떻게 연결되나요?**

하나님께서는 영원 전에 앞으로 일어날 모든 일들을 계획하셨습니다. 이것을 하나님의 작정이라고 합니다. 그리고 그 작정에 따라 세상을 창조하셨습니다. 그러나 하나님께서는 창조하신 세상을 그대로 방치하지 않으십니다. 하나님께서는 자신이 창조하신 모든 것들에 계속해서 관심을 쏟으십니다. 그뿐만 아니라 그 모든 것들과 심지어 그것들의 움직임에까지 세심하게 관여하십니다. 이처럼 하나님께서 자신이 창조하신 모든 것에 계속해서 관여하시는 것을 '하나님께서 섭리하신다.'라고 합니다. 이와 같은 하나님의 섭리의 사역 또한 그분의 창조의 사역과 같이 전적으로 하나님의 불변하는 작정을 따릅니다.

> "여호와께서 나라들의 계획을 폐하시며 민족들의 사상을 무효하게 하시도다 여호와의 계획은 영원히 서고 그의 생각은 대대에 이르리로다"(시 33:10,11)

> "사람이 마음으로 자기의 길을 계획할지라도 그의 걸음을 인도하시는 이는 여호와시니라"(잠 16:9)

● 하나님의 섭리는 어떻게 요약되나요?

하나님께서 섭리의 사역을 통해 하시는 일은 크게 두 가지로 요약할 수 있습니다. 첫 번째는 '보존'입니다. 하나님께서는 창조하신 모든 것들을 자신이 작정한 대로 보존하십니다. 또한 하나님께서는 자신이 창조하신 모든 것들을 능력의 말씀으로 붙드심으로 그 어느 것 하나도 작정한 것을 벗어나지 않도록 보존하십니다.

> "이는 하나님의 영광의 광채시요 그 본체의 형상이시라 그의 능력의 말씀으로 만물을 붙드시며 죄를 정결하게 하는 일을 하시고 높은 곳에 계신 지극히 크신 이의 우편에 앉으셨느니라"(히 1:3)

> "모든 사람의 눈이 주를 앙망하오니 주는 때를 따라 그들에게 먹을 것을 주시며"(시 145:15)

하나님의 섭리적인 사역에 대한 두 번째는 '다스림'입니다. 하나님께서는 자신의 섭리의 사역을 통해 창조하신 모든 것들을 다스리십니다. 하나님께서는 자신의 뜻을 따라, 그리고 자신이 기뻐하시는 대로 만물을 다스리십니다.

> "땅의 모든 사람들을 없는 것 같이 여기시며 하늘의 군대에게든지 땅의 사람에게든지 그는 자기 뜻대로 행하시나니 그의 손을 금하든지 혹시 이르기를 네가 무엇을 하느냐고 할 자가 아무도 없도다"(단 4:35)

> "여호와께서 그의 보좌를 하늘에 세우시고 그의 왕권으로 만유를 다스리시도다"(시 103:19)

● 하나님의 섭리의 목적은 무엇인가요?

하나님께서 자신이 창조하신 모든 것들에 지속적으로 관여하시면서 그것들을 보존하고 다스리시는 섭리적인 사역에는 하나의 큰 목적이 있습니다. 그것은 바로 하나님 자신의 영광을 드러내는 것입니다. 이러한 이유로 하나님의 형상으로 지음받은 우리가 하나님의 섭리적인 사역을 더 잘 이해하면 할수록 하나님의 영광은 더 많이 드러나게 됩니다. 하나님의 섭리적인 사역의 구체적인 모습들 하나하나가 모두 우리가 하나님을 찬양하는 재료가 되는 이유도 여기에 있습니다.

> "여호와의 영이 그들을 골짜기로 내려가는 가축 같이 편히 쉬게 하셨도다 주께서 이와 같이 주의 백성을 인도하사 이름을 영화롭게 하셨나이다 하였느니라"(사 63:14)

● 하나님께서는 어떠한 방식으로 섭리하시나요?

하나님께서는 신비하고 다양한 방식으로 섭리적인 사역을 행하실 수 있습니다. 하나님 자신의 능력으로만 보면 모든 일을 충분히 그렇게 하실 수 있습니다. 그럼에도 불구하고 하나님께서는 주로 통상적인 수단을 통해서 자신의 섭리적인 사역을 수행하십니다. 이러한 통상적인 수단을 통해 우리는 하나님께서 섭리하시는 일의 일반적인 원리와 규칙들을 알게 됩니다.

> "여호와께서 이르시되 그 날에 내가 응답하리라 나는 하늘에 응답하고 하늘은 땅에 응답하고 땅은 곡식과 포도주와 기름에 응답하고 또 이것들은 이스르엘에 응답하리라"(호 2:21,22)

● 하나님께서는 어떤 수단으로 섭리하시나요?

우리가 어떠한 일을 하려 하면 그에 따른 재료들이 필요합니다. 이것은 도구와 같이 물질적인 것일 수도 있고, 그 일에 대한 정보나 처리하는 방식과 같이 눈에 보이지 않는 것일 수도 있습니다. 그러나 하나님께서는 이러한 통상적인 수단 없이도 자신의 섭리적인 사역을 행하실 수 있고, 또 실제로 그렇게 하십니다.

> "그러나 내가 유다 족속을 긍휼히 여겨 그들의 하나님 여호와로 구원하겠고 활과 칼이나 전쟁이나 말과 마병으로 구원하지 아니하리라 하시니라"(호 1:7)

● 하나님은 상식을 넘어서는 기적이나 다른 방식으로도 섭리하나요?

하나님의 형상으로 지음 받은 사람은 스스로 생각하고 결정하는 대로 행동할 수 있습니다. 그러나 모든 것을 자기가 생각한 대로 처리할 수 있는 것은 아닙니다. 자신의 능력을 넘는 일은 아무리 생각하고 결정한다고 해서 해낼 수 있는 것이 아닙니다. 그뿐만 아니라 자연의 법칙과 어긋나는 일도 마찬가지입니다. 즉, 통상적인 수단을 초월하거나 그것에 반하는 것들은 그 어떤 것도 할 수 없습니다. 그러나 하나님의 섭리는 이와 같지 않습니다. 하나님께서는 자신이 기뻐하시는 일에 대해서는 통상적인 수단을 초월해서도, 심지어 그것에 반해서도 섭리적인 사역을 행하십니다.

"모세가 바다 위로 손을 내밀매 여호와께서 큰 동풍이 밤새도록 바닷물을 물러가게 하시니 물이 갈라져 바다가 마른 땅이 된지라"(출 14:21)

● 하나님께서는 어떠한 사람들을 통해 섭리하시나요?

하나님께서는 섭리적인 사역을 행하실 때 사람을 통해서 일하시기를 기뻐하십니다. 특히 자기의 사랑하는 자들을 통해 자신의 선하신 뜻이 세상에 드러나도록 하십니다. 이를 위해 하나님께서는 자신의 자녀들을 일꾼으로 부르십니다. 그러나 하나님께서는 섭리적인 일을 행하실 때 항상 선한 자들만을 쓰시는 것은 아닙니다. 하나님께서는 악한 자들을 통해서도 섭리적인 일들을 행하심으로 자신의 이름을 온 땅에 드러내시기도 하십니다.

"성경이 바로에게 이르시되 내가 이 일을 위하여 너를 세웠으니 곧 너로 말미암아 내 능력을 보이고 내 이름이 온 땅에 전파되게 하려 함이라 하셨으니 그런즉 하나님께서 하고자 하시는 자를 긍휼히 여기시고 하고자 하시는 자를 완악하게 하시느니라"(롬 9:17,18)

◆ 제12문답 ◆

Question: What special act of providence did God exercise towards man in the estate wherein he was created?

Answer: When God had created man, he entered into a covenant of life with him, upon condition of perfect obedience; forbidding him to eat of the tree of the knowledge of good and evil, upon pain of death.

문: 사람이 창조되었던 그 상태에서 하나님께서는 어떤 특별한 섭리적 행위를 그를 향하여 행사하셨나요?

답: 하나님께서는 사람을 창조하신 후에 죽음의 고통을 경고로 선악에 관한 지식나무를 먹지 못하게 하시면서, 완전한 순종을 조건으로 사람과 하나의 생명의 언약을 맺으셨습니다.

● 창조자 하나님께서 피조물인 사람에게 찾아오시는 방법은 무엇인가요?

창조주 하나님과 피조물은 그 존재와 가치에 있어서 그 간격이 너무도 큽니다. 이와 같은 간격은 비록 하나님의 형상으로 지음을 받은 사람이라 할지라도 마찬가지입니다. 따라서 그 어떤 사람도 자기 스스로의 힘으로는 결코 하나님께 나아갈 수 없습니다. 그런데 이러한 처지에 있는 사람에게 하나님께서 먼저 찾아오셨습니다. 이때 하나님께서는 사람이 반응할 수 있도록 자발적으로 자신을 사람의 수준으로 낮추어 드러내 주셨습니다. 이렇게 하나님께서 자신을 낮추어 드러내 주실 때 사용하신 방법이 바로 언약입니다(WCF 7.1).

"여호와 우리 하나님과 같은 이가 누구리요 높은 곳에 앉으셨으나 스스로 낮추사 천지를 살피시고"(시 113:5,6)

● 하나님께서 사람과 맺으신 첫 번째 언약은 무엇이었나요?

하나님께서 사람과 맺으신 첫 번째 언약은 행위 언약 a covenant of work 입니다. 이 언약을 행위 언약이라고 하는 것은 이 언약이 유지되는 조건이 이 언약을 받은 사람들의 행위에 달려 있기 때문입니다. 동시에 이 언약은 생명의 언약 a covenant of life 이라고도 합니다. 이는 이 언약의 결과가 삶과 죽음, 즉 생명이기 때문입니다.

"선악을 알게 하는 나무의 열매는 먹지 말라 네가 먹는 날에는 반드시 죽으리라 하시니라"(창 2:17)

● 행위 언약이 특별한 섭리적인 행위인 이유는 무엇인가요?

이 행위 언약은 하나님께서 세상을 창조하시고, 특히 마지막 날에 사람을 창조하신 후 그 사람과 체결하셨습니다. 따라서 이 언약 체결은 하나님의 섭리적인 사역에 해당됩니다. 그러나 이 사역은 하나님의 다른 섭리적인 사역들과는 차이가 있습니다. 그 중 대표적인 두 가지가 바로 하나님께서 스스로 자기 자신을 낮추셨다는 것과 생명을 담보한 행위로 언약이 체결되었다는 것입니다. 이러한 이유로 이 언약을 하나님의 특별한 섭리적인 행위 special act of providence 라고 하는 것입니다.

"여호와 하나님이 그 사람에게 명하여 이르시되 동산 각종 나무의 열매는 네가 임의로 먹되 선악을 알게 하는 나무의 열매는 먹지 말라 네가 먹는 날에는 반드시 죽으리라 하시니라"(창 2:16,17)

● 행위 언약 속에는 무엇이 포함되어 있나요?

이 행위 언약 속에는 조건과 경고가 포함되어 있었습니다. 행위 언약에서 요구하신 조건은 온전한 순종이었습니다. 여기서 말하는 온전한 순종은 하나님께서 정하신 규칙을 말씀하신 대로 이행하는 것을 말합니다. 그리고 하나님께서 행위 언약을 파기할 경우의 대가로 경고하신 것은 사망의 고통이었습니다.

"선악을 알게 하는 나무의 열매는 먹지 말라 네가 먹는 날에는 반드시 죽으리라 하시니라"(창 2:17)

● 행위 언약에서 아담이 인류의 대표라는 말은 어떤 뜻인가요?

하나님께서는 최초의 사람인 아담과 이 언약을 체결하셨습니다. 그러나 하나님과 언약을 체결한 자가 아담이라는 사실이, 이 언약의 대상이 단지 아담 한 사람뿐이라는 것을 의미하지는 않습니다. 이 언약의 대상은 아담 그 자신은 물론, 그의 아내인 하와와 그들의 모든 후손들도 다 포함합니다. 이는 하나님께서 아담을 대표로 모든 인류와 이 언약을 맺으셨기 때문입니다.

"그러나 아담으로부터 모세까지 아담의 범죄와 같은 죄를 짓지 아니한 자들까지

도 사망이 왕 노릇 하였나니 아담은 오실 자의 모형이라"(롬 5:14)

● 인류가 창조된 그 상태에서 행위 언약은 잘 지켜졌나요?

인류에 대한 하나님의 특별한 섭리적인 행위인 행위 언약은, 인류가 창조된 그 상태에 있을 때는 잘 유지되었습니다. 비록 그 기간이 얼마 동안이었는지는 알 수 없지만, 하나님께서 금지하신 그 열매를 따 먹음으로 이 언약을 깨기 전까지는 잘 지켜졌습니다.

> "이것이 천지가 창조될 때에 하늘과 땅의 내력이니 여호와 하나님이 땅과 하늘을 만드시던 날에……여호와 하나님이 땅의 흙으로 사람을 지으시고 생기를 그 코에 불어넣으시니 사람이 생령이 되니라……여호와 하나님이 그 사람에게 명하여 이르시되 동산 각종 나무의 열매는 네가 임의로 먹되……"(창 2:4-17)

제13-15문답: 아담의 죄

◆ 제13문답 ◆

Question: Did our first parents continue in the estate wherein they were created?

Answer: Our first parents, being left to the freedom of their own will, fell from the estate wherein they were created, by sinning against God.

문: 우리 최초의 부모는 그들이 창조된 그 상태에 계속 머물렀나요?

답: 우리의 최초의 부모는 비록 그들의 의지의 자유에 놓여 있었음에

도 불구하고 하나님에 대항하여 죄를 지음으로 창조된 그 상태로부터 타락했다.

● 하나님은 아담과 하와를 불완전하게 창조하셨나요?

하나님께서는 우리 최초의 부모인 아담과 하와에게 이성적인 영혼을 주셔서 스스로 자유롭게 생각하고 행동할 수 있도록 창조하셨습니다. 따라서 최초의 창조된 상태에서 그들의 의지는 언제나 하나님께서 맡기신 사명에 최선을 다하면서, 그 속에서 하나님께서 주시는 행복을 누리는 데 초점이 맞춰져 있었습니다.

> "하나님이 자기 형상 곧 하나님의 형상대로 사람을 창조하시되 남자와 여자를 창조하시고 하나님이 그들에게 복을 주시며 하나님이 그들에게 이르시되 생육하고 번성하여 땅에 충만하라, 땅을 정복하라, 바다의 물고기와 하늘의 새와 땅에 움직이는 모든 생물을 다스리라 하시니라"(창 1:27,28)

● 아담과 하와는 거짓말하는 존재로 만들어졌나요?

그리고 이렇게 창조된 아담과 하와는 그 창조된 상태에서는 하나님 앞에서뿐만 아니라 서로에게도 항상 정직했습니다. 비록 그 기간이 얼마 동안이었는지는 정확히 알 수는 없으나, 그들이 최초의 창조된 상태를 유지하는 동안은 그랬습니다.

> "내가 깨달은 것은 오직 이것이라 곧 하나님은 사람을 정직하게 지으셨으나 사람이 많은 꾀들을 낸 것이니라"(전 7:29)

● 아담과 하와는 최초의 창조된 상태를 잘 유지했나요?

아담과 하와는 최초의 창조된 상태를 계속해서 유지하지 못했습니다. 어느 순간 그들은 그들이 창조된 상태에서 떨어져 나가고 말았습니다. 그들이 이렇게 창조된 상태에서 떨어져 나간 것은 사탄의 유혹에 빠졌기 때문입니다. 그 유혹에 빠져서 하나님 앞에서 죄를 지었기 때문입니다.

> "뱀이 그 간계로 하와를 미혹한 것 같이 너희 마음이 그리스도를 향하는 진실함과 깨끗함에서 떠나 부패할까 두려워하노라"(고후 11:3)

● 타락이란 무엇인가요?

타락 Fall 이란 죄로 인해 하나님께서 창조하신 최초의 상태에 계속 머무르지 못하고, 그 상태에서 떨어져 나간 것을 말합니다. 즉, 원래 창조된 그 상태를 잃어버린 것이 바로 타락입니다. 최초에 부여받은 하나님의 형상이 오염된 것이 바로 타락입니다. 이 타락으로 사람은 그 누구도 더 이상 자기 스스로는 하나님의 영광을 추구할 수 없게 되었습니다.

> "모든 사람이 죄를 범하였으매 하나님의 영광에 이르지 못하더니"(롬 3:23)

● 타락한 후에도 사람은 창조된 원래 모습을 유지했나요?

타락으로 인해 사람은 그 원래 창조된 상태에서는 너무나도 자연스러웠던 모습인 정직한 삶을 더 이상 살아낼 수 없게 되었습니다. 하나님의 형상이 오염되었기 때문에 순수하고 온전한 정직은 그 누구에게도 기대할 수 없게 되었습니다. 이러한 모습은 사람 사이에서뿐만이 아니라 심지어 하나님 앞에서도 마찬가지입니다. 타락한 인간에게는 본성적으로 오직 거짓과 핑계만 있을 뿐입니다.

> "여호와 하나님이 여자에게 이르시되 네가 어찌하여 이렇게 하였느냐 여자가 이르되 뱀이 나를 꾀므로 내가 먹었나이다"(창 3:13)

◆ 제14문답 ◆

Question 14: What is sin?

Answer: Sin is any want of conformity unto, or transgression of, the law of God.

문: 죄는 무엇인가요?

답: 죄는 하나님의 율법에 대한 순응에 조금이라도 부족한 것이나, 그것을 위반하는 모든 것들입니다.

● 죄란 무엇인가요?

하나님의 법을 무시하는 것이 죄입니다. 하나님께서는 자신의 선하신 뜻에 따라 세상을 창조하셨고, 그리고 바로 그 뜻에 따라 자신이 창조하신 세상을 섭리하십니다. 비록 이성적인 존재라고는 하지만 피조물인 사람은 결단코 하나님의 창조와 섭리의 사역 속에 있는 하나님의 뜻을 다 이해할 수는 없습니다. 그러나 하나님께서는 다른 피조물들과는 달리 자신의 형상으로 지음 받은 사람들에게는 자신의 이 선한 뜻을 법이라는 방식으로 알려주셨습니다. 따라서 하나님의 법을 무시하는 것은 그 자체로 하나님의 창조와 섭리의 그 뜻을 무시하는 것이기에, 하나님 앞에서 죄가 아닐 수 없습니다.

> "하나님을 알되 하나님을 영화롭게도 아니하며 감사하지도 아니하고 오히려 그 생각이 허망하여지며 미련한 마음이 어두워졌나니"(롬 1:21)

● 타락한 죄인은 어떤 성향을 가지게 되었나요?

죄로 인해 타락한 사람들은 하나님의 법을 무시하는 것으로 끝나지 않고, 좀 더 적극적으로 그 법에 반응하기도 합니다. 이는 하나님의 법에 정면으로 반기를 드는 것을 말합니다. 하나님께서 명하시는 것들을 무시하고 행하지 않는 것을 넘어, 하나님께서 금하신 것을 의도적으로 행하는 것을 말합니다. 즉, 하나님께서 정하신 법에 대해 불법을 행하는 것들입니다. 이렇게 하나님의 법에 반하여 행하는 모든 것들도 당연히 죄를 범하는 것에 해당됩니다.

> "죄를 짓는 자마다 불법을 행하나니 죄는 불법이라"(요일 3:4)

● '하나님의 법을 온전히 지키지 못한다'는 의미는 무엇인가요?

하나님의 법을 무시하지 않는다고 해서, 혹은 하나님의 법에 반하는 행동을 하지 않는다고 해서 죄에서 자유로울 수 있는 것은 아닙니다. 하나님의 법을 인정하고 따른다고 해도 죄를 온전히 피할 수 있는 것은 아닙니다. 왜냐하면 하나님의 법을 '순응'conformity 하는 데 조금이라도 부족함이 있으면 그 또한 하나님 앞에서 죄를 짓는 것이기 때문입니다. 다시 말해서 하나님의 법을 그 법대로 온전히 지키지 못한다면 얼마나 의지를 가지고 또한 적극적으로 그 법을 지키려 했는지는 상관없이 모두 죄를 짓는 것이 된다는 것입니다. 여기서 하나님의 법을 온전히 지킨다는 것은 크게 두 가지를 의미합니다. 하나는 하나님께서 법으로 명하신 것들 중에서 그 어느 것 하나라도 지키지 못하면, 법을 온전히 지키지 못하는 것으로 죄를 짓는 것이라는 뜻입니다. 그리고 또 하나는 하나님께서 법으로 명하신 것들이 각각 요구하는 그 수준에 맞추지 못하면, 그 또한 법을 온전히 지키지 못하는 것으로 죄를 짓는 것이라는 뜻입니다.

> "무릇 율법 행위에 속한 자들은 저주 아래에 있나니 기록된 바 누구든지 율법 책에 기록된 대로 모든 일을 항상 행하지 아니하는 자는 저주 아래에 있는 자라 하였음이라"(갈 3:10)

● **죄는 '순종'의 부족인가요? 아니면 '순응'의 부족인가요?**

웨스트민스터 대교리문답 24문답도 소교리문답의 14문답과 같이 '죄가 무엇입니까?' What is sin? 를 묻고 답하고 있습니다. 이 질문에 대해 대교리문답은 '죄는 이성적인 피조물에게 규칙으로 주어진 하나님의 어떠한 율법에 대해서도 순응에 있어서 조금이라도 부족한 것이나, 그것을 위반하는 모든 것입니다.' Sin is any want of conformity unto, or transgression of, any law of God, given as a rule to the reasonable creature. 라고 대답합니다. 대교리문답의 이 표현을 소교리문답과 비교해 보면 소교리문답에는 '이성적인 피조물에게 규칙으로 주어진' given as a rule to the reasonable creature 이란 내용이 빠졌다는 것을 쉽게 알 수 있습니다.

그런데 웨스트민스터 대교리문답과 소교리문답이 죄를 정의할 때 공통적으로 사용한 표현에 대해 우리가 좀 더 신중하게 접근할 필요가 있습니다. 그것은 다름 아닌 '순응에 있어서 조금이라도 부족한'any want of conformity 이란 표현입니다. 왜냐하면 많은 번역서들이 이 부분을 '순종에 있어서 조금이라도 부족한'으로 번역하고 있기 때문입니다. 여기서 사용된 '순응'conformity 은 '순종'obedience 과는 그 뜻에 있어서 차이가 있습니다. 어떠한 의무에 대해 마음으로 동의하면서 그것을 이행하는 것을 '순종'obedience 이라고 한다면, '순응'conformity 은 마음으로 동의하든 그렇지 않든 상관없이 그것이 법으로 규정된 규율이기 때문에 지키는 것을 의미합니다. 하나님의 법에는 사람의 동의가 필요하지 않습니다. 그것은 법의 제정에서뿐만 아니라 법을 지키는 것에서도 마찬가지입니다. 따라서 사람에게는 하나님의 법을 지켜야 할 의무만 있을 뿐입니다. 그 의무를 성실히 이행할 때 법을 잘 지킨 것이 됩니다. 반면에 그 의무를 이행함에 있어서 조금이라도 부족할 때 그 법을 어긴 것이 됩니다. 그리고 성경은 이와 같이 그 법을 어긴 경우를 죄를 지었다고 말합니다. 하나님의 법은 분명 사람에게 '순종'obedience 을 요구합니다. 그러나 사람이 행하는 것이 죄인지 아닌지를 판단하는 기준은 '순종'obedience 이 아니라, '순응'conformity 에 있습니다. 이것이 장로교 교리표준이 정리하는 죄의 정의입니다.

◆ 제15문답 ◆

Question: What was the sin whereby our first parents fell from the estate wherein they were created?

Answer: The sin whereby our first parents fell from the estate wherein they were created, was their eating the forbidden fruit.

문: 우리의 최초의 부모가 창조된 상태로부터 타락한 그 죄는 무엇이었나요?

답: 우리의 최초의 부모가 창조된 상태로부터 타락한 그 죄는 그들이 금지된 열매를 먹은 것이었습니다.

● 이 세상에 죄는 어떻게 들어오게 되었나요?

인류 중 최초로 죄를 지은 사람은 아담입니다. 하나님께서 창조한 첫 번째 사람인 아담이 죄를 지어 그 창조된 상태로부터 타락했기에 하나님으로부터 지음받은 사람들 중에 그 어떤 사람도 죄와 상관없는 사람이 있을 수 없게 되었습니다. 아담을 통해 죄가 세상에 들어왔습니다. 그리고 그에 따른 형벌인 사망 또한 세상에 들어왔습니다.

> "그러므로 한 사람으로 말미암아 죄가 세상에 들어오고 죄로 말미암아 사망이 들어왔나니 이와 같이 모든 사람이 죄를 지었으므로 사망이 모든 사람에게 이르렀느니라"(롬 5:12)

● 인류가 타락한 원인이 된 죄는 무엇인가요?

우리의 최초의 부모가 창조된 상태로부터 타락한 그 죄는 그들이 하나님께서 금지하신 열매를 먹은 것이었습니다. 즉, 선악과를 따 먹은 것입니다. 하나님께서 그들과 맺으신 생명의 언약을 스스로 깨뜨린 것입니다.

> "여자가 그 나무를 본즉 먹음직도 하고 보암직도 하고 지혜롭게 할 만큼 탐스럽기도 한 나무인지라 여자가 그 열매를 따먹고 자기와 함께 있는 남편에게도 주매 그도 먹은지라"(창 3:6)

● 아담이 일생을 살면서 지은 나머지 죄들은 타락과 어떤 관련이 있나요?

우리의 최초의 부모가 창조된 상태에서 타락한 죄는 아담이 지은 최초의 죄였지만, 아담의 유일한 죄가 아닙니다. 아담은 이 땅에서 930년을 살았습니다. 아담이 하나님으로부터 지음받은 후 몇 년이 지난 후에 선악과를 따 먹고 그 창조된 상태에서 타락했는지는 알 수 없습니다. 그러나 분명한 것은 타락한 상태에 놓인 이후부터 아담은 그가 생을 마감할 때까지 수많은 죄를 지었을 것입니다. 왜냐하면 타락 이후에 아담은 그가 생각하는 것과 행동하는 것에서 언제나 악할 수밖에 없었기 때문입니다. 선악과를 따 먹은 아담의 첫 번째 죄가 타락의 원인이라면, 그 이후에 범하는 죄들은 모두 타락의 결과입니다.

> "내 속 곧 내 육신에 선한 것이 거하지 아니하는 줄을 아노니 원함은 내게 있으나 선을 행하는 것은 없노라 내가 원하는 바 선은 행하지 아니하고 도리어 원하지 아니하는 바 악을 행하는도다"(롬 7:18,19)

제16-17문답: 죄의 전가

◆ 제16문답 ◆

Question: Did all mankind fall in Adam's first transgression.?

Answer: The covenant being made with Adam, not only for himself, but for his posterity; all mankind, descending from him by ordinary generation, sinned in him, and fell with him, in his first transgression.

문: 모든 인류가 아담의 첫 번째 범죄에서 타락했나요?

답: 언약이 아담 자신뿐 아니라 그의 후손들을 위해서도 그와 맺어졌기에, 일반적인 출생을 통해 그로부터 내려온 모든 인류는 그의 첫 번째 범죄에서 그 안에서 죄를 지어 그와 함께 타락했습니다.

● **하나님께서는 어떻게 인류를 하나의 혈통으로 창조하셨나요?**

하나님께서는 모든 사람을 하나의 혈통으로 창조하셨습니다. 하나님께서는 흙으로 남성인 아담을 만드셨습니다. 그리고 아담에게서 갈빗대를 취해서 여성인 하와를 만드셨습니다. 이러한 방식으로 남성과 여성을 하나의 혈통으로 만드셨습니다. 그리고 아담과 하와 이외의 모든 사람들은 이 남성과 여성을 통한 일반적인 출생의 방식으로 이 땅에 태어납니다. 하나님께서는 이러한 방식으로 이 땅의 모든 인류를 하나의 혈통으로 창조하십니다. 따라서 이 땅에 존재하게 되는 모든 인류는 아담과 한 혈통으로 연결되어 있습니다.

"인류의 모든 족속을 한 혈통으로 만드사 온 땅에 살게 하시고 그들의 연대를 정하시며 거주의 경계를 한정하셨으니"(행 17:26)

● 아담을 왜 인류의 대표라고 하나요?

아담은 한 혈통으로 연결된 모든 인류의 조상입니다. 그런데 모든 인류에게 있어서 아담의 존재 의미는 단지 그가 모든 인류 중에 가장 먼저 살았던 사람이라는 것에 있는 것이 아닙니다. 혹은 모든 사람들의 시조라는 것에 있는 것도 아닙니다. 아담의 존재 위치는 모든 인류를 대표하는 것에 있습니다. 그러기에 그의 행동과 그에 따른 결과는 모든 인류에게 영향을 미칩니다. 그러나 여기서 우리가 분명히 해야 할 것이 있습니다. 아담이 인류의 대표인 것은 사실이지만, 그의 모든 면이 다 인류에 대해 대표성을 띠는 것은 아닙니다. 그가 인류의 대표인 것은 오직 그가 하나님으로부터 대표성을 부여받은 그 영역에서만 그렇습니다. '생명의 언약'이라고 불리는 '행위 언약'이 바로 그것입니다. 하나님께서는 아담과 '행위 언약'을 맺으셨습니다. 그런데 이때 하나님께서는 아담과만 이 언약을 맺으신 것이 아닙니다. 하나님께서는 아담을 대표로 그와 한 혈통인 하와는 물론 그들의 모든 후손들과 함께 이 언약을 맺으셨습니다.

"그러나 아담으로부터 모세까지 아담의 범죄와 같은 죄를 짓지 아니한 자들까지도 사망이 왕 노릇 하였나니 아담은 오실 자의 모형이라"(롬 5:14)

● 왜 아담의 범죄의 책임을 그의 후손들도 같이 져야 하나요?

이렇듯 모든 인류가 한 혈통으로 연결되어 있고, 아담이 언약 안에서 모든 인류의 대표가 되기에 그가 언약을 깨뜨린 것과 그 결과가 모든 인류에게 영향을 미치게 되는 것입니다. 다시 말해 아담과 하와가 선악과를 따 먹은 것과 그 결과가 아담과 하와뿐만이 아니라, 그들의 모든 후손들에게도 동일한 영향을 미치게 되는 것입니다. 아담과 하와의 모든 후손들도 아담과 하와가 죄를 지을 때, 아담 안에서 그리고 아담과 함께 죄를 지은 것입니다. 그리고 아담의 이 첫 번째 범죄에서 그와 함께 타락했습니다. 인류의 최초의 부모가 죄를 지어 타락함으로, 그들의 모든 후손들도 그들과 동일한 죄책을 갖게 되었고, 본성적으로 타락한 상태가 되었습니다.

"그러므로 한 사람으로 말미암아 죄가 세상에 들어오고 죄로 말미암아 사망이 들어왔나니 이와 같이 모든 사람이 죄를 지었으므로 사망이 모든 사람에게 이르렀느니라"(롬 5:12)

● 아담과 하와의 범죄가 인류의 다른 죄와 다른 점은 무엇인가요?

아담과 하와가 금지된 열매를 따 먹은 범죄는 인류가 짓는 다른 죄들과는 확연히 다른 점이 있었습니다. 아담과 하와가 생명의 언약인 행위 언약을 깨뜨린 그 죄책은 일반적인 출생을 통해 그들로부터 내려오는 모든 인류에게 전가된다는 점에서 특별했습니다.

"그런즉 한 범죄로 많은 사람이 정죄에 이른 것 같이 한 의로운 행위로 말미암아 많은 사람이 의롭다 하심을 받아 생명에 이르렀느니라 한 사람이 순종하지 아니함으로 많은 사람이 죄인 된 것 같이 한 사람이 순종하심으로 많은 사람이 의인이 되리라"(롬 5:18,19)

● 죄 없으신 예수 그리스도는 아담과 다른 혈통으로 이 땅에 오셨나요?

모든 인류는 아담과 하와와 한 혈통으로서 그들의 후손들입니다. 예수 그리스도도 아담과 한 혈통으로, 그의 후손으로 이 땅에 오셨습니다.

"예수께서 가르치심을 시작하실 때에 삼십 세쯤 되시니라 사람들이 아는 대로는 요셉의 아들이니 요셉의 위는 헬리요...... 그 위는 에노스요 그 위는 셋이요 그 위는 아담이요 그 위는 하나님이시니라"(눅 3:23-38)

◆ 제17문답 ◆

Question: Into what estate did the fall bring mankind?

Answer: The fall brought mankind into an estate of sin and misery.

문: 타락은 인류를 어떤 상태에 빠뜨렸나요?

답: 타락은 인류를 죄와 비참함의 상태에 빠뜨렸습니다.

● **타락은 하나님의 형상에 어떠한 영향을 주었나요?**

모든 인류는 아담과 함께 타락함으로써 하나님께서 최초에 사람을 창조하실 때 주신 그 형상과는 다르게 이 땅에 태어납니다. 즉, 타락한 형상으로 이 땅에 태어납니다. 그래서 '일반적인 출생 방식'ordinary generation 을 통해 이 땅에 태어나는 아담과 하와의 모든 후손들은 모두 타락한 하나님의 형상을 나타내게 됩니다. 이를 오염된 하나님의 형상이라고도 하고, 때로는 뒤틀린 하나님의 형상이라고도 합니다.

"내가 **죄악** 중에서 **출생하였음이여** 어머니가 죄 중에서 나를 **잉태하였나이다**"(시 51:5)

● **타락으로 인간은 하나님의 형상을 완전히 상실했나요?**

그런데 타락을 말할 때 우리가 오해하는 것이 있습니다. 이는 특히 타락이 하나님의 형상에 어떠한 영향을 미쳤는가 하는 점에서 더욱 그렇습니다. '사람은 타락함으로 하나님의 형상을 잃었습니다'라고 말하는 이들이 종종 있습니다. 그러나 그렇지 않습니다. 타락으로 사람이 하나님의 형상을 잃은 것은 아닙니다. 타락이 하나님의 형상을 소멸시킨 것은 아닙니다. 비록 타락으로 인해 그 형상이 오염되고, 뒤틀린 것은 사실이지만, 그럼에도 불구하고 모든 사람이 다 하나님의 형상인 것은 분명한 사실입니다. 우리가 우리의 이웃을 내 몸과 같이 사랑해야 하는 이유가, 우리와 이웃이 모두 하나님의 형상이기 때문입니다.

"예수께서 이르시되 네 마음을 다하고 목숨을 다하고 뜻을 다하여 주 너의 하나님을 사랑하라 하셨으니 이것이 크고 첫째 되는 계명이요 둘째도 그와 같으니 네 이웃을 네 자신 같이 사랑하라 하셨으니 이 두 계명이 온 율법과 선지자의 강령이니라"(마 22:37-40)

● 타락은 인류를 어떠한 상태로 빠뜨렸나요?

타락으로 인해 모든 인류는 그 이전과는 다른 상태에 빠지게 되었습니다. 타락으로 모든 인류는 이 땅에서 죄와 비참함의 상태에서 살아가게 되었습니다. 그뿐만 아니라 죄에 대한 형벌로 사망을 선고받았습니다.

"한 사람의 범죄로 말미암아 사망이 그 한 사람을 통하여 왕 노릇 하였은즉 더욱 은혜와 의의 선물을 넘치게 받는 자들은 한 분 예수 그리스도를 통하여 생명 안에서 왕 노릇 하리로다 그런즉 한 범죄로 많은 사람이 정죄에 이른 것 같이 한 의로운 행위로 말미암아 많은 사람이 의롭다 하심을 받아 생명에 이르렀느니라 한 사람이 순종하지 아니함으로 많은 사람이 죄인 된 것 같이 한 사람이 순종하심으로 많은 사람이 의인이 되리라"(롬 5:17-19)

제18-19문답: 인류의 상태, 죄와 비참함

◆ 제18문답 ◆

Question: Wherein consists the sinfulness of that estate whereinto man fell?

Answer: The sinfulness of that estate whereinto man fell, consists in the guilt of Adam's first sin, the want of original righteousness, and the corruption of his whole nature, which is commonly called original sin; together with all actual transgressions which proceed from it.

문: 사람이 타락해서 빠진 그 상태의 죄성은 어디에 있나요?

답: 사람이 타락해서 빠진 그 상태의 죄성은 보통 원죄라고 불리는 아담의 첫 번째 죄에 대한 죄책, 원래 의의 결핍, 그리고 자신의 본성 전체의 부패와 그것으로부터 나오는 모든 실제적 범죄들에 있습니다.

● 모든 사람이 죄의 상태에 있다는 것은 어떤 의미인가요?

첫째, 모든 사람은 타락으로 죄의 상태에 빠지게 되었습니다. 모든 사람이 죄의 상태에 있다는 것은 그 어느 누구도 스스로의 힘으로는 죄에서 떠날 수 없는 상태가 되었다는 것을 말합니다. 이는 크게 두 가지의 이유에서 그렇습니다. 일반적인 출생 방법을 통해 태어나는 모든 사람에게 아담의 그 죄책이 전가되기 때문입니다. 그래서 모든 사람이 다 죄인의 신분으로 태어나게 됩니다. 이 땅에 의인이 하나도 없는 것이 바로 그러한 이유입니다.

> "기록된 바 의인은 없나니 하나도 없으며"(롬 3:10)

둘째, 모든 사람이 죄의 상태에 있는 또 하나의 이유는 모든 사람들이 다 죄성을 가지고 태어나기 때문입니다. 이는 모든 사람이 다 본성적으로 악한 상태에서 이 땅에 태어난다는 뜻입니다. 이는 아담이 타락함으로 악해진 그 본성이, 일반적인 출생 방법을 통해 그의 모든 후손들에게 전달되기 때문입니다. 이러한 이유로 모든 사람들은 본성적으로 죄를 안 지을 수 없는 상태로 태어납니다. 그리고 그 상태에서 살아가게 됩니다. 사람이 생각하는 것이 항상 악할 수밖에 없는 이유가 바로 여기에 있습니다.

"여호와께서 사람의 죄악이 세상에 가득함과 그의 마음으로 생각하는 모든 계획이 항상 악할 뿐임을 보시고"(창 6:5)

● 타락한 본성, 죄악된 본성, 죄성이란 무엇을 말하나요?

타락한 본성이란 아담과 함께 인류가 타락함으로 창조된 원래의 상태에서 떨어져 나온 상태의 본성을 말하는데, 이를 보통 죄악된 본성 sinful nature 이라고 합니다. 그리고 다른 표현으로는 죄성 sinfulness 이라고도 합니다. 타락으로 사람은 본성적으로 악을 추구하는 죄성의 상태에 빠졌습니다. 이러한 사람의 죄성은 크게 원죄와 실제적 범죄들 안에 있습니다.

"오직 각 사람이 시험을 받는 것은 자기 욕심에 끌려 미혹됨이니 욕심이 잉태한즉 죄를 낳고 죄가 장성한즉 사망을 낳느니라"(약 1:14,15)

● 원죄란 무엇인가요?

아담이 하나님께서 금지하신 열매를 따 먹고 행위 언약을 어긴 그 죄를 원죄라고 합니다. 이 원죄와 관련하여, 타락한 상태의 죄성은 아담의 그 죄에 대한 죄책에 있습니다. 앞에서 언급했듯이, 아담의 이 죄책은 일반적인 출생 방식을 통해 이 땅에 태어나는 그의 모든 후손들에게 전가됩니다. 그래서 모든 인류가 원죄에 대한 동일한 죄책을 갖게 되는 것입니다.

"그런즉 한 범죄로 많은 사람이 정죄에 이른 것 같이 한 의로운 행위로 말미암아 많은 사람이 의롭다 하심을 받아 생명에 이르렀느니라"(롬 5:8)

● **하나님께서 인간을 창조하실 때 주신 의로움은 타락후 유지되었나요?**

원죄와 관련하여 타락한 상태의 죄성은 원래의 의의 결핍을 통해서도 드러납니다. 최초에 하나님께서는 자신의 형상으로 사람을 창조하실 때 그들을 의로운 상태로 만드셨습니다. 그래서 타락하기 전 사람은 하나님께서 주신 그 의를 충만히 누렸으며, 또한 온전한 상태로 유지하며 하나님과 직접 교제할 수 있었습니다. 그러나 타락으로 그 의는 온전하지 않은 상태가 되었습니다. 이렇게 의가 온전하지 않은 상태에서, 사람은 더 이상 하나님과 직접 교제할 수 없게 되었습니다. 거룩하신 하나님 앞에 설 수도 없게 되었습니다.

"또 이르시되 나는 네 조상의 하나님이니 아브라함의 하나님, 이삭의 하나님, 야곱의 하나님이니라 모세가 하나님 뵈옵기를 두려워하여 얼굴을 가리매"(출 3:5)

● **타락한 죄성은 어떻게 드러나요?**

원죄와 관련하여 타락한 상태의 죄성은 또한 본성의 부패를 통해서도 드러납니다. 이러한 본성의 부패는 그리스도를 모르거나 부인하는 불신자들을 통해서만 나타나는 것이 아닙니다. 그리스도에 의해 중생의 은혜를 받은 자들에게도 부패한 본성을 통해 타락한 상태의 죄성은 항상 드러납니다. 그럼에도 불구하고 중생한 자들 속에 있는 부패한 본성은 그리스도의 은혜로 성령에 의해 억제됩니다.

"육체의 소욕은 성령을 거스르고 성령은 육체를 거스르나니 이 둘이 서로 대적함으로 너희가 원하는 것을 하지 못하게 하려 함이니라"(갈 5:17)

● 실제적 범죄란 무엇인가요?

사람이 타락해서 빠진 그 상태의 죄성은 사람이 일상을 살아가면서 짓는 실제적인 범죄들 속에서도 드러납니다. 그런데 이 모든 실제적 범죄들 또한 원죄와 깊은 관련이 있습니다. 모든 실제적 범죄들은 원죄로부터 나옵니다. 그러기에 원죄로 인해 타락한 사람은 그 누구도 실제적 범죄를 피해서 살아갈 수가 없습니다. 따라서 모든 사람은 살면서 죄를 지었기에 죄인이 되는 것이 아니라, 근본적으로 죄성을 가지고 태어났기에 죄를 짓게 되는 것입니다.

"선을 행하고 전혀 죄를 범하지 아니하는 의인은 세상에 없기 때문이로다"(전 7:20)

◆ 제19문답 ◆

Question: What is the misery of that estate whereinto man fell?

Answer: All mankind by their fall lost communion with God, are under his wrath and curse, and so made liable to all the miseries of this life, to death itself, and to the pains of hell forever.

문: 사람이 타락해서 빠진 그 상태의 비참함은 무엇인가요?

답: 모든 인류는 자신들 스스로의 타락에 의해 하나님과의 교통을 상실했고, 그분의 진노와 저주 아래 있으며, 그로 인해 이생의 모든 비참함과 죽음 그리고 영구한 지옥의 고통을 면할 수 없게 된 상태에 놓여있다.

● **타락 직후에 아담과 하와가 처음으로 느낀 감정들은 무엇들이었나요?**

타락 이전의 아담과 하와의 삶은 행복 그 자체였습니다. 그들에게는 그 어떠한 걱정도, 근심도, 아픔도 없었습니다. 하나님께서 허락하신 모든 것들을 기쁨으로 누리며 살았습니다. 그러나 타락으로 그전에는 한 번도 경험하지 못했던 감정을 경험하기 시작했습니다. 금지된 열매를 따 먹은 직후 그들은 하나님에 대해 두려움을 느끼기 시작했습니다. 그래서 하나님의 시선을 피해 숨었습니다. 그뿐만 아니라 그들은 부끄러움도 느끼기 시작했습니다. 그래서 자신의 몸을 무화과나무 잎으로 가렸습니다.

> "여자가 그 나무를 본즉 먹음직도 하고 보암직도 하고 지혜롭게 할 만큼 탐스럽기도 한 나무인지라 여자가 그 열매를 따먹고 자기와 함께 있는 남편에게도 주매 그도 먹은지라 이에 그들의 눈이 밝아져 자기들이 벗은 줄을 알고 무화과나무 잎을 엮어 치마로 삼았더라 그들이 그 날 바람이 불 때 동산에 거니시는 여호와 하나님의 소리를 듣고 아담과 그의 아내가 여호와 하나님의 낯을 피하여 동산 나무 사이에 숨은지라"(창 3:6-8)

● **인류는 타락으로 인해 비참한 상태에 빠지게 되었습니다. 이 중에서 '인류가 하나님과의 직접적인 교통을 상실했다'는 것은 무엇을 의미하나요?**

타락 이후로 모든 인류는 비참한 상태에 놓이게 되었습니다. 인류의 이러한 비참한 상태는 근본적으로 하나님과의 관계에서부터 나타났습니다. 타락으로 인류는 하나님과의 직접적인 교통을 상실했습니다.

이제는 더 이상 직접 하나님을 볼 수도, 하나님과 대화할 수도 없게 되었습니다. 하나님 앞에 서는 것 자체를 두려워하고 피하게 되었습니다. 이렇게 하나님과 멀어진 인류는 더 이상 하나님의 영광을 추구하지도, 그의 은혜에 감사하지도 않게 되었습니다.

> "하나님을 알되 하나님을 영화롭게도 아니하며 감사하지도 아니하고 오히려 그 생각이 허망하여지며 미련한 마음이 어두워졌나니"(롬 1:21)

● **인류는 타락으로 인해 비참한 상태에 빠지게 되었습니다. 이 중에서 '인류가 하나님과 원수가 되었다'는 것은 무엇을 의미하나요?**

타락한 인류의 비참함은 심지어 하나님을 향해 적대감을 드러내는 것에서도 나타납니다. 하나님을 미워하고 그의 뜻을 거스르기까지 합니다. 이러한 면에서 성경은 하나님과 인류와의 관계를 '원수'라고까지 표현합니다.

> "육신의 생각은 하나님과 원수가 되나니 이는 하나님의 법에 굴복하지 아니할 뿐 아니라 할 수도 없음이라"(롬 8:7)

● **인류는 타락으로 인해 비참한 상태에 빠지게 되었습니다. 이 중에서 '인류가 하나님의 진노아래 놓이게 되었다'는 것은 무엇을 의미하나요?**

타락한 인류의 비참함은 모든 인류가 하나님의 진노 아래 있게 되었다는 점에서도 나타납니다. 일반적인 출생 방식을 통해 아담의 죄성을 전달받고, 그의 죄책을 전가받은 그의 모든 후손들은 다 진노의 자녀들로 태어납니다.

> "전에는 우리도 다 그 가운데서 우리 육체의 욕심을 따라 지내며 육체와 마음의 원하는 것을 하여 다른 이들과 같이 본질상 진노의 자녀이었더니"(엡 2:3)

● 인류는 타락으로 인해 비참한 상태에 빠지게 되었습니다. 이 중에서 '인류가 하나님의 저주아래 놓이게 되었다'는 것은 무엇을 의미하나요?

아담 안에서, 그리고 아담과 함께 타락한 모든 인류는 본질적으로 하나님의 저주 아래 있게 되었습니다. 모두가 원죄와 실제적 범죄를 통해 율법의 저주 아래 넘겨졌습니다.

> "무릇 율법 행위에 속한 자들은 저주 아래에 있나니 기록된 바 누구든지 율법 책에 기록된 대로 모든 일을 항상 행하지 아니하는 자는 저주 아래에 있는 자라 하였음이라"(갈 3:10)

● 인류는 타락으로 인해 비참한 상태에 빠지게 되었습니다. 이 중에서 '인류가 고통의 삶을 살게 되었다'는 것은 무엇을 의미하나요?

타락한 인류의 비참함은 이 세상을 살아가는 삶 속에서도 확연히 나타납니다. 이는 오염된 하나님의 형상과 깊은 관련이 있습니다. 그뿐만 아니라 그들이 누렸던 평화롭고 안락한 삶도 더 이상 누릴 수 없게 되었습니다. 태생적으로 고생과 고통 속에서 살아갈 수밖에 없게 되었습니다.

"사람은 고생을 위하여 났으니 불꽃이 위로 날아가는 것 같으니라"(욥 5:7)

● **인류는 타락으로 인해 비참한 상태에 빠지게 되었습니다. 이 중에서 '인류가 무지한 상태가 되었다'는 것은 무엇을 의미하나요?**

타락한 인류는 아담과 하와가 처음에 누렸던 그 완벽한 지혜를 더 이상 누리지 못하게 되었습니다. 그 최초의 총명함은 어두워졌고, 무지 가운데 살아갈 뿐입니다.

> 그들의 총명이 어두워지고 그들 가운데 있는 무지함과 그들의 마음이 굳어짐으로 말미암아 하나님의 생명에서 떠나 있도다"(엡 4:18)

● **인류는 타락으로 인해 비참한 상태에 빠지게 되었습니다. 이 중에서 '인류가 죽음에 직면하게 되었다'는 것은 무엇을 의미하나요?**

죽음은 인류의 비참한 상태를 가장 분명하게 보여줍니다. 타락으로 모든 인류는 죽음에 이르게 되었습니다. 하나님께서 아담과 행위 언약을 맺으시면서 하신 죽음의 경고가, 그 언약을 깨뜨린 직후에 모든 인류에게 형벌로 선언되었습니다. 그리고 이 형벌은 아담을 포함한 그의 모든 후손들에게 적용되고 있습니다. 이 땅에 태어난 모든 사람이 죽음에 이르는 것이 바로 이러한 이유입니다. 따라서 죽음은 모든 사람이 하나님의 언약을 깨뜨렸다는 사실을 알려주는 분명한 증거가 됩니다.

> "한 번 죽는 것은 사람에게 정해진 것이요 그 후에는 심판이 있으리니"(히 9:27)

● 인류는 타락으로 인해 비참한 상태에 빠지게 되었습니다. 이 중에서 '인류가 지옥의 형벌을 받게 되었다'는 것은 무엇을 의미하나요?

타락으로 인해 인류가 직면한 비참함은 육체적인 죽음으로 끝나지 않습니다. 죽음 이후에도 이 비참함은 계속됩니다. 바로 지옥입니다. 타락으로 모든 인류는 지옥의 고통을 피할 수 없게 되었습니다. 이 땅에서의 고통은 그것이 아무리 심하다 할지라도 이 땅에서 숨을 쉬는 동안으로 그 기간은 한정되어 있습니다. 그리고 이생을 마감하는 죽음도 한 번이며, 한순간입니다. 그러나 모든 인류가 당면한 지옥의 비참함은 끝이 없는 고통입니다.

> "시온의 죄인들이 두려워하며 경건하지 아니한 자들이 떨며 이르기를 우리 중에 누가 삼키는 불과 함께 거하겠으며 우리 중에 누가 영영히 타는 것과 함께 거하리요 하도다"(사 33:14)

제20문답: 예정

◆ **제20문답** ◆

Question: Did God leave all mankind to perish in the estate of sin and misery?

Answer: God, having out of his mere good pleasure, from all eternity, elected some to everlasting life, did enter into a covenant of grace to deliver them out of the estate of sin and misery, and to bring them into an estate of salvation by a Redeemer.

문: 하나님께서는 모든 인류를 그대로 내버려두셔서 죄와 비참함의 상태에서 멸망하게 하셨나요?

답: 하나님께서는 자기의 참으로 선하신 기쁨을 따라 영원 전에 어떤 이들을 영속적인 생명으로 선택하신 후에, 그들을 구속자에 의해 죄와 비참함의 상태로부터 건져내서 구원의 상태에 이르게 하시려고 은혜 언약을 맺으셨습니다.

● 죄와 비참함으로 모든 인류는 다 지옥에 가나요?

모든 인류는 생명의 언약인 행위 언약을 스스로 어김으로 사망을 선고 받았습니다. 따라서 모든 인류는 죄인으로 태어나서, 이 땅을 살아가고, 죽음에 이르며, 결국 끊임없는 고통의 지옥에 갇히게 되었습니다. 그러나 하나님께서는 자신이 창조하신 사람들 모두를 다 그 비참함에 내버려 두시지는 않으셨습니다. 모든 인류 중에 어떤 이들에게는 이 죄와 비참함에서 벗어날 수 있게 하셨습니다.

"여호와 하나님이 아담과 그의 아내를 위하여 가죽옷을 지어 입히시니라"(창 3:21)

● 죄와 비참함에서 스스로 빠져나올 방법이 있나요?

인류가 죄와 비참함의 상태에 빠진 것은 분명 자신의 의지와 결정에 의한 것입니다. 그리고 직접 하나님의 뜻을 어기는 범죄를 저질렀기 때문입니다. 그러나 이 죄와 비참함의 상태에서 스스로 빠져나올 방법은 전혀 없습니다. 아무리 노력해도 그 상태에서 허우적거리다가 결국 멸망에 이르게 될 뿐입니다.

> "내 속 곧 내 육신에 선한 것이 거하지 아니하는 줄을 아노니 원함은 내게 있으나 선을 행하는 것은 없노라"(롬 7:18)

● 예정이란 무엇인가요?

예정이란 하나님께서는 영원 전에, 즉 앞으로 일어날 모든 일들을 정하시는 작정의 때에 몇몇의 사람들과 천사들을 영속적인 생명으로 정하신 것입니다. 모든 작정들이 다 하나님의 선하신 뜻에 의한 것이듯, 예정 또한 하나님의 선하신 뜻입니다. 이러한 생명으로의 예정을 '선택'이라고 합니다.

> "곧 창세 전에 그리스도 안에서 우리를 택하사 우리로 사랑 안에서 그 앞에 거룩하고 흠이 없게 하시려고"(엡 1:4)

● 하나님의 선택으로 알 수 있는 진리는 무엇인가요?

하나님께서는 인류 중에 어떤 이들을 영원한 생명으로 선택하셨습니다. 하나님은 자비하신 분이십니다. 하나님께서는 이 선택을 통해 자신의 자비를 널리 드러내십니다. 그러나 하나님의 이 자비가 타락한 모든 인류를 향하고 있는 것은 아닙니다. 하나님의 이 선택으로 나타내는 자비는 오직 하나님 자신이 사랑해서 자녀로 삼기로 작정한 자들에게만 향하고 있습니다.

> "그 기쁘신 뜻대로 우리를 예정하사 예수 그리스도로 말미암아 자기의 아들들이 되게 하셨으니 이는 그가 사랑하시는 자 안에서 우리에게 거저 주시는 바 그의 은혜의 영광을 찬송하게 하려는 것이라"(엡 1:5,6)

● 하나님께서 예정하신 자들은 모두 죄와 비참함에서 구출되나요?

하나님의 선택은 결코 실수가 없습니다. 따라서 하나님께서 영원한 생명으로 선택하신 이들은 모두가 다 죄와 비참함의 상태로부터 구출됩니다. 그뿐만 아니라 하나님의 선택은 불변합니다. 따라서 하나님께서 선택하지 않은 자들이 죄와 비참함에서 구출되는 경우는 절대 없습니다.

> "이방인들이 듣고 기뻐하여 하나님의 말씀을 찬송하며 영생을 주시기로 작정된 자는 다 믿더라"(행 13:48)

● 죄와 비참함에 빠진 인류에게 주어진 최초의 복된 소식은 무엇이었나요?

하나님께서는 생명의 언약인 행위 언약을 어기고 죄와 비참함에 빠진 인류를 그 상태에 내버려두시지 않으셨습니다. 인류에게 새로운 언약에 대한 소식을 전해주셨습니다. 은혜 언약이 바로 그것입니다. 죄와 비참함에 빠진 인류에게 주어진 최초의 복된 소식이기에 이를 '원시복음'이라고도 합니다.

> "내가 너로 여자와 원수가 되게 하고 네 후손도 여자의 후손과 원수가 되게 하리니 여자의 후손은 네 머리를 상하게 할 것이요 너는 그의 발꿈치를 상하게 할 것이니라 하시고"(창 3:15)

● 은혜 언약은 언제 누구와 체결되었나요?

생명의 언약인 행위 언약은 분명 하나님께서 인류의 대표인 아담과 체결한 언약입니다. 그러나 은혜 언약은 하나님께서 범죄한 아담과 체결한 것이 아닙니다. 그리고 그 체결 시점도 아담이 범죄한 이후가 아닙니다. 은혜 언약은 하나님께서 그리스도와 체결하신 언약입니다. 그리고 그 체결 시점도 창세 전, 즉 하나님께서 자신이 사랑하는 자들을 선택하시는 그때입니다. 하나님께서 범죄한 아담에게 창세기 3장 15절의 원시복음을 통해 하신 말씀은 은혜 언약을 체결하신 것이 아니라, 그리스도와 이미 체결하신 은혜 언약이 때가 되어 적용되기 시작한다는 것을 알려주시는 것입니다.

"그러므로 이제 그리스도 예수 안에 있는 자에게는 결코 정죄함이 없나니 이는 그리스도 예수 안에 있는 생명의 성령의 법이 죄와 사망의 법에서 너를 해방하였음이라 율법이 육신으로 말미암아 연약하여 할 수 없는 그것을 하나님은 하시나니 곧 죄로 말미암아 자기 아들을 죄 있는 육신의 모양으로 보내어 육신에 죄를 정하사 육신을 따르지 않고 그 영을 따라 행하는 우리에게 율법의 요구가 이루어지게 하려 하심이니라"(롬 8:1-4)

● 은혜 언약에서도 아담은 인류의 대표인가요?

아담이 행위 언약을 어긴 것은 그 동일한 시점에서 모든 인류가 그 언약을 어긴 것이 됩니다. 이는 하나님께서 이 언약을 아담과 맺으셨고, 이 언약에 대해 아담이 인류의 대표이기 때문입니다. 그러기에 이 언약을 어긴 책임이 아담뿐만이 아니라 모든 인류에게 있는 것입니다. 모든 사람이 죄와 비참함의 상태에 빠지게 된 것이 바로 이러한 이유 때문입니다. 그러나 은혜 언약은 그렇지 않습니다. 하나님께서 이 언약을 아담에게 말씀하신 것은 분명 사실입니다. 그러나 아담이 모든 인류의 대표로서 이 언약에 대한 소식을 들었기에 모든 인류에게 이 언약이 적용되는 것은 아닙니다. 왜냐하면 하나님께서 이 언약을 맺은 상대가 아담이 아니기 때문입니다. 하나님께서는 그리스도와 이 언약을 맺으셨습니다. 이때 이 언약의 적용 대상을 하나님께서 택하신 자들로 한정하시기로 그리스도와 협의하셨습니다. 그리고 범죄한 아담에게 이 언약을 알려주셨습니다. 따라서 아담은 이 언약을 모든 인류의 대표로 받은 것이 아닙니다. 아담은 이 언약을 모든 택자들의 대표로 받았습니다. 이 언약이 모든 인류가 아니라 오직 하나님께서 사랑하셔서 택한 자들에게만 적용되는 이유가 바로 여기에 있습니다.

"한 사람의 범죄로 말미암아 사망이 그 한 사람을 통하여 왕 노릇하였은즉 더욱 은혜와 의의 선물을 넘치게 받는 자들은 한 분 예수 그리스도를 통하여 생명 안에서 왕 노릇 하리로다 그런즉 한 범죄로 많은 사람이 정죄에 이른 것 같이 한 의로운 행위로 말미암아 많은 사람이 의롭다 하심을 받아 생명에 이르렀느니라 한 사람이 순종하지 아니함으로 많은 사람이 죄인 된 것 같이 한 사람이 순종하심으로 많은 사람이 의인이 되리라"(롬 5:17-19)

● **은혜 언약은 모든 인류에게 적용되나요?**

따라서 은혜 언약은 타락한 모든 인류 중에서 하나님께서 택하신 그의 자녀들만 그들의 죄와 비참함의 상태로부터 해방될 것을 보증합니다. 그리고 오직 그들 만이 그리스도에 의해 완전한 구원의 상태로 옮겨질 것을 소망하게 합니다.

"그러므로 이제 그리스도 예수 안에 있는 자에게는 결코 정죄함이 없나니"(롬 8:1)

제21-22문답: 구속자 그리스도

◆ 제21문답 ◆

Question: Who is the Redeemer of God's elect?

Answer: The only Redeemer of God's elect is the Lord Jesus Christ, who, being the eternal Son of God, became man, and so was, and continueth to be, God and man in two distinct natures, and one person, forever.

문: 하나님이 선택하신 자들의 구속자는 누구인가요?

답: 하나님이 선택하신 자들의 유일한 구속자는 주 예수 그리스도이신데, 그는 하나님의 영원한 아들이신데 사람이 되셨으며, 두 개의 구별된 본성들과 한 위격에서 그렇게 하나님과 사람이셨고, 계속하여 영구히 하나님과 사람이십니다.

● **중생한 자들은 죄와 비참함에서 벗어나서 살게 되나요?**

타락으로 말미암아 하나님으로부터 영원한 생명으로 선택받은 자들도 본성적으로 죄와 비참함의 상태에 놓여있게 되었습니다. 그들이 하나님으로부터 선택받았다고 해서 죄와 비참함을 넘어서 태어나지는 않습니다. 모두가 다 죄인으로 태어나고, 죄인으로 살아갑니다. 이는 심지어 그들이 중생해도 마찬가지입니다. 비록 성령에 의해 그들의 죄악된 본성이 다소 억제되기는 하지만, 그들도 여전히 죄와 비참함 속에서 살아갑니다.

"육체의 소욕은 성령을 거스르고 성령은 육체를 거스르나니 이 둘이 서로 대적함

으로 너희가 원하는 것을 하지 못하게 하려 함이니라"(갈 5:17)

● 하나님께서 택하신 자들은 죄와 비참함에서 어떻게 해방되나요?

모든 인류는 타락으로 인해 죄와 비참한 상태에서 살아갑니다. 그러나 하나님께서 사랑하셔서 영원한 생명으로 선택한 자들은 이 상태에 완전히 매여 있지는 않습니다. 비록 이 상태에서 온전히 자유로울 수 없어서 자주 좌절에 빠지기도 하지만, 온전한 자유의 그날을 소망하며 살아갑니다. 이들이 이렇게 소망을 가지고 살 수 있는 것은 하나님께서 그들을 도우시기 때문입니다.

> "내가 산을 향하여 눈을 들리라 나의 도움이 어디서 올까 나의 도움은 천지를 지으신 여호와에게서로다 여호와께서 너를 실족하지 아니하게 하시며 너를 지키시는 이가 졸지 아니하시리로다 이스라엘을 지키시는 이는 졸지도 아니하시고 주무시지도 아니하시리로다 여호와는 너를 지키시는 이시라 여호와께서 네 오른쪽에서 네 그늘이 되시나니 낮의 해가 너를 상하게 하지 아니하며 밤의 달도 너를 해치지 아니하리로다 여호와께서 너를 지켜 모든 환난을 면하게 하시며 또 네 영혼을 지키시리로다 여호와께서 너의 출입을 지금부터 영원까지 지키시리로다"(시 121:1-8)

● 하나님께서는 영원한 생명으로 선택한 이들을 죄와 비참함의 상태에서 해방시키기 위해 어떻게 도우실까요?

그들에게 스스로 자신들의 문제를 해결할 수 있는 충분한 힘을 공급하실까요? 그렇지 않습니다. 하나님께서는 행위 언약을 어기고 타락한 사람들에게는 더 이상 자신들의 힘으로 죄와 비참함을 해결할 어떠한 능력이나 기회를 주시지 않습니다. 하나님께서 자신이 사랑해서 선택한 이들을 죄와 비참함의 상태로부터 해방시키는 방법은 누군가가 그들을 대신해서 이 문제를 해결하도록 하는 것입니다. 바로 이들을 위한 구속자에게 이들이 당해야 할 벌과 이들이 짊어져야 하는 짐을 모두 맡기는 것입니다.

> "그는 실로 우리의 질고를 지고 우리의 슬픔을 당하였거늘 우리는 생각하기를 그는 징벌을 받아 하나님께 맞으며 고난을 당한다 하였노라 그가 찔림은 우리의 허물 때문이요 그가 상함은 우리의 죄악 때문이라 그가 징계를 받으므로 우리는 평화를 누리고 그가 채찍에 맞으므로 우리는 나음을 받았도다"(사 53:4,5)

● **누가 하나님께서 택하신 자들의 구속자가 될 수 있나요?**

누구라도 스스로 능력을 쌓아 하나님께서 요구하시는 자격을 채우면 구속자가 될 수 있나요? 아니면 하나님께서 자신의 의지로 누군가를 구속자로 지명하셨나요? 그리고 구속자는 한 사람인가요? 아니면 여러 사람인가요? 아담의 후손으로 죄악된 본성을 가지고 이 땅에 태어난 사람들 중에 스스로의 능력으로 구속자의 자격을 충족시킬 수 있는 사람은 아무도 없습니다. 왜냐하면 죄인들의 구속자는 본질상 죄가 없어야 하기 때문입니다. 그래야만 율법을 온전히 성취할 수 있기 때문입니다. 그뿐만 아니라 구속자는 모든 택자들이 죄의 형벌로써 당해야 하는 그 고통을 감내할 수 있어야 합니다. 그리고 그의 구속의 효력이 모든 택자들에게 동시에 그리고 동일하게 적용될 수 있어야 합니다. 이러한 이유로 구속자는 죄 없는 사람이면서, 동시에 신의 능력도 함께 가지고 있어야 합니다.

"때가 차매 하나님이 그 아들을 보내사 여자에게서 나게 하시고 율법 아래에 나게 하신 것은 율법 아래에 있는 자들을 속량하시고 우리로 아들의 명분을 얻게 하려 하심이라"(갈 4:4,5)

● 누가 구속자를 정하셨나요?

하나님께서는 이러한 조건에 맞는 구속자를 직접 정하셨습니다. 하나님께서 택하신 자들의 구속자는 바로 그리스도이십니다. 하나님께서는 그리스도 외에는 그 누구도 구속자로 정하지 않으셨습니다. 그리스도는 택자들의 유일한 구속자이십니다. 따라서 그리스도 외에 자신을 구속자라고 주장하거나, 그분 외에 다른 사람을 구속자로 인정하고 추앙하는 것은 모두 다 하나님 앞에서 큰 죄를 범하는 것입니다.

"다른 이로써는 구원을 받을 수 없나니 천하 사람 중에 구원을 받을 만한 다른 이름을 우리에게 주신 일이 없음이라 하였더라"(행 4:12)

● 택자들의 구속자인 그리스도는 하나님과 어떠한 관계인가요?

그리스도는 하나님의 아들이십니다. 하나님께서 낳으신 아들입니다. 택자들도 모두 하나님의 자녀가 됩니다. 그러나 택자들은 하나님께서 낳으신 자녀들이 아니라, 하나님께서 입양하신 자녀들입니다.

"또 아는 것은 하나님의 아들이 이르러 우리에게 지각을 주사 우리로 참된 자를 알게 하신 것과 또한 우리가 참된 자 곧 그의 아들 예수 그리스도 안에 있는 것이

니 그는 참 하나님이시요 영생이시라"(요일 5:20)

● 그리스도는 하나님께서 낳으신 유일한 아들인가요?

그리스도는 하나님께서 낳으신 유일한 아들이십니다. 하나님께서 낳으신 아들은 오직 그리스도 한 분이십니다. 따라서 그리스도 외에 그 누구도 자신을 하나님의 낳으신 아들이라고 주장할 수 없습니다.

"하나님이 세상을 이처럼 사랑하사 독생자를 주셨으니 이는 그를 믿는 자마다 멸망하지 않고 영생을 얻게 하려 하심이라"(요 3:16)

● 그리스도는 하나님의 임시적인 아들인가요?

그리스도는 하나님의 영원한 아들이십니다.

"아들에 관하여는 하나님이여 주의 보좌는 영영하며 주의 나라의 규는 공평한 규이니이다"(히 1:8)

● 그리스도는 어떻게 택자들의 구속자로서 자격을 갖추셨나요?

그리스도는 사람이 되심으로 하나님께서 택하신 자들의 구속자로서 자격을 갖추셨습니다. 즉, 성육신하심으로 구속자의 자격을 갖추셨습니다. 그리스도께서 구속하셔야 할 대상은 타락한 인류 중에서 하나님께서 택하신 자들입니다. 그리스도께서는 사람이 진 빚을 스스로 감당하시기 위해 사람으로 이 땅에 오셨습니다.

"이는 확실히 천사들을 붙들어 주려 하심이 아니요 오직 아브라함의 자손을 붙들어 주려 하심이라"(히 2:16)

● **그리스도는 사람인가요? 하나님인가요?**

그리스도는 육신이 되신 말씀입니다(요1:14). 신이 사람의 몸으로 이 땅에 오셨습니다. 성육신하신 그리스도는 한 인격 안에 하나님의 본성과 사람의 본성을 모두 가지고 계십니다. 따라서 성육신하신 그리스도는 하나님이시며, 동시에 사람이십니다.

"크도다 경건의 비밀이여, 그렇지 않다 하는 이 없도다 그는 육신으로 나타난 바 되시고 영으로 의롭다 하심을 받으시고 천사들에게 보이시고 만국에서 전파되시고 세상에서 믿은 바 되시고 영광 가운데서 올려지셨느니라"(딤전 3:16)

● **그리스도께서는 어떻게 택자들의 영원한 구속자가 되시나요?**

성육신하신 그리스도는 참 신이시며 동시에 참 사람으로 이 땅에서 구속자의 사역을 감당하셨습니다. 부활하시고 승천하실 때도 참 신이시며 동시에 참 사람이셨습니다. 그리고 아버지의 보좌 우편에서 지금도 여전히 부활하신 바로 그 몸으로 계시면서 참 신이시며 동시에 참 사람이십니다. 그리스도는 마지막 심판하실 때도 그러하실 것이며, 그 후 새 하늘과 새 땅에서도 영구히 하나님이시며, 동시에 사람이실 것입니다. 이렇게 그리스도께서는 성육신하실 때 온전하게 갖추신 구속자의 자격을 지금까지 흠 없이 계속해서 유지하고 계시며, 앞으로도 영구히 그렇게 하실 것입니다.

"그 안에는 신성의 모든 충만이 육체로 거하시고"(골 2:9)

◆ 제22문답 ◆

Question: How did Christ, being the Son of God, become man?

Answer: Christ, the Son of God, became man, by taking to himself a true body, and a reasonable soul, being conceived by the power of the Holy Ghost, in the womb of the virgin Mary, and born of her, yet without sin.

문: 그리스도께서는 하나님의 아들이신데 어떻게 사람이 되셨나요?

답: 하나님의 아들이신 그리스도는 성령으로 동정녀 마리아의 태에 잉태되시고, 그녀에게서 출생하시면서 하나의 참 몸과 하나의 이성적인 영혼을 자신에게 취하심으로 사람이 되셨기에 죄가 없으십니다.

● **성육신 전에 그리스도께서는 어떤 존재였나요?**

그리스도는 하나님의 유일하신 아들이십니다. 참 신이신 하나님께로부터 나신 분이시기에 이분도 아버지와 같이 참 신이십니다. 참 신은 '본질상 신성'Devine Nature으로만 존재하십니다. 그리스도께서도 아버지와 성령과 같이 신성으로만 존재하시는 분이셨습니다. 그러나 그리스도께서는 아버지께서 영원한 생명으로 선택하신 이들의 구속자로 이 땅에 오실 때부터는 본래의 신성뿐만 아니라, '인성'Human Nature 으로도 존재하시게 되었습니다.

> "말씀이 육신이 되어 우리 가운데 거하시매 우리가 그의 영광을 보니 아버지의 독생자의 영광이요 은혜와 진리가 충만하더라"(요 1:14)

● **그리스도께서는 하늘 영광을 버리고 이 땅에 오셨나요?**

하나님의 아들이 이 땅에 사람으로 오셨습니다. 그런데 이 부분에서 많은 오해들이 있습니다. 신이 사람이 되기 위해 그 거룩하고 엄위한 신성을 기꺼이 포기하셨다고 생각하는 사람들이 많습니다. 그리스도의 성육신에 대한 이러한 오해는 하나님의 아들이 이 땅에 사람으로 오셨다는 것을 '신이 사람이 되셨다'고 표현하는 것과 깊은 연관이 있습니다. 그리스도의 성육신을 신이 신성을 버리고 사람으로 변한 사건으로 이해하는 것입니다.

하나님의 아들은 이 땅에 사람으로 오시면서 자신의 신성을 포기하시거나 버리시지 않으셨습니다. 그리스도의 성육신은 결단코 신이 사람으로 변한 것이 아닙니다. 그리스도의 성육신은 신이 사람의 모습으로 이 땅에 오신 것입니다. 그렇게 그리스도는 이 땅에 참 신이시며 동시에 참 사람으로 오셨습니다.

● 그리스도는 어떻게 성육신하셨기에 참 신이시며 동시에 참 사람이 되셨나요?

신이 사람으로 변한 것이 아니라면 어떤 방식으로 이것이 가능했을까요? 그것은 바로 '취하심'taking 입니다. 신성이 인성을 취하신 것입니다. 본질상 존재하던 신성이 인성을 취하심으로 신성과 인성을 동시에 갖게 되신 것입니다.

> "그는 근본 하나님의 본체시나 하나님과 동등됨을 취할 것으로 여기지 아니하시고 오히려 자기를 비워 종의 형체를 가지사 사람들과 같이 되셨고 사람의 모양으로 나타나사 자기를 낮추시고 죽기까지 복종하셨으니 곧 십자가에 죽으심이라"(빌 2:6-8)

● 그리스도께서 성육신하시며 취하신 인성의 요소는 무엇인가요?

그리스도께서 성육신하시며 취하신 요소는 두 가지입니다. 바로 몸과 영혼입니다. 이 몸과 영혼은 하나님께서 태초에 아담을 만드실 때 흙으로 직접 빚으신 바로 그 몸과 그 코에 불어넣으신 생기를 말합니다. 그리스도는 이렇게 온전한 사람의 핵심 요소인 참 몸과 이성적인 영혼을 취하시고 사람으로 이 땅에 오신 것입니다.

그리스도는 사람의 참 몸을 취하심으로 사람이 되셨습니다. 이렇게 참 몸을 취하심으로 이 땅에서 사람들과 같은 성장 과정을 거치셨습니다. 그뿐만 아니라 세상의 주인이신 신의 권세를 가지신 분께서 사람의 몸의 한계 속에서 일생을 사셨습니다. 이러한 몸의 연약함을 통해 그리스도께서는 우리가 당해야 할 몸의 고통을 대신 당하셨습니다.

"아기가 자라며 강하여지고 지혜가 충만하며 하나님의 은혜가 그의 위에 있더라…예수는 지혜와 키가 자라가며 하나님과 사람에게 더욱 사랑스러워 가시더라"(눅 2:40.52)

"그 후에 예수께서 모든 일이 이미 이루어진 줄 아시고 성경을 응하게 하려 하사 이르시되 내가 목마르다 하시니"(요 19:28)

● **그리스도는 영혼도 가지고 계셨나요?**

그리스도는 사람의 이성적인 영혼을 취하심으로 사람이 되셨습니다. 그리스도께서는 이 영혼을 통해 사람과 같이 느끼고 표현하셨습니다. 이 과정에서는 사람들과 기쁨을 나누기도 했지만, 반면에 보통의 사람들같이 고민하시기도 하시고 괴로워하시기도 하셨습니다.

"이에 말씀하시되 내 마음이 매우 고민하여 죽게 되었으니 너희는 여기 머물러 나와 함께 깨어 있으라 하시고"(마 26:38)

● **그리스도께서는 왜 보통의 사람과 다르게 이 땅에 오셨나요?**

그리스도께서는 택자들의 구속자로 이 땅에 오셨습니다. 그래서 참 신이신 분이 참 사람으로 이 땅에 오셨습니다. 그런데 그리스도께서 구속자의 일을 감당하시기 위해서는 단지 참 사람으로 이 땅에 오시는 것만으로는 부족했습니다. 왜냐하면 이 땅에 모든 참 사람은 다 죄로 인해 타락한 상태이기 때문입니다. 택자들의 구속자의 자격을 갖추기 위해서는 보통의 참 사람이 아니라, 특별한 참 사람이어야 했습니다.

바로 죄 없는 참 사람이 되는 것입니다.

● **그리스도는 어떻게 죄 없는 참 사람으로 이 땅에 오셨나요?**

일반적인 출생 방식을 통해 이 땅에 태어나는 아담의 후손들은 모두 본질상 죄인입니다. 이는 이 출생방식을 통해 아담의 죄책이 전가되고, 그의 죄성이 전달되기 때문입니다. 따라서 죄 없는 참 사람이 되는 방법은 죄책이 전가되고 죄성이 전달되는 수단을 피해서 이 땅에 오는 것입니다. 즉, 일반적인 출생방식을 넘어서 참 사람이 되는 것입니다. 그 방식이 바로 성령으로 잉태되고, 동정녀의 몸에서 태어나는 것이었습니다. 이렇게 그리스도께서는 죄 없는 사람으로 태어나셨고, 일생을 죄 없는 사람으로 사셨습니다.

> "우리에게 있는 대제사장은 우리의 연약함을 동정하지 못하실 이가 아니요 모든 일에 우리와 똑같이 시험을 받으신 이로되 죄는 없으시니라"(히 4:15)

● **그리스도가 죄 없이 잉태된 이유는 무엇인가요?**

그리스도는 성령의 능력으로 잉태되셔서 죄 없는 인성을 취하심으로 택자들의 구속자의 자격을 취득하셨습니다.

> "천사가 대답하여 이르되 성령이 네게 임하시고 지극히 높으신 이의 능력이 너를 덮으시리니 이러므로 나실 바 거룩한 이는 하나님의 아들이라 일컬어지리라"(눅 1:35)

● **그리스도는 누구에게 잉태되어 태어났나요?**

그리스도는 동정녀 마리아에게서 태어나셔서 죄 없는 인성을 취하심으로 택자들이 구속자의 자격을 취득하셨습니다.

"첫아들을 낳아 강보로 싸서 구유에 뉘었으니 이는 여관에 있을 곳이 없음이러라"(눅 2:7)

제23-26문답: 그리스도의 직무

◆ 제23문답 ◆

Question: What offices doth Christ execute as our Redeemer?

Answer: Christ, as our Redeemer, executeth the offices of a prophet, of a priest, and of a king, both in his estate of humiliation and exaltation.

문: 우리의 구속자로서 그리스도는 어떠한 직무들을 수행하시나요?

답: 우리의 구속자로서 그리스도는 그의 낮아지신 상태와 높아지신 상태에서 선지자, 제사장, 왕의 직무들을 수행하십니다.

● **우리의 구속자로서 그리스도는 어떠한 직무를 맡아 수행하시나요?**

그리스도는 하나님께서 영원한 생명으로 선택하신 자들의 구속자로서 자신이 맡으신 일을 성실히 수행하십니다. 이를 위해 그리스도께서 맡으신 직무는 세 가지로, 선지자, 제사장, 왕입니다.

첫째, 그리스도는 하나님께서 영원한 생명으로 선택한 자들의 선지자로서 그의 직무를 수행하십니다.

"그 사람들이 예수께서 행하신 이 표적을 보고 말하되 이는 참으로 세상에 오실 그 선지자라 하더라"(요 6:14)

둘째, 그리스도는 하나님께서 영원한 생명으로 선택한 자들의 제사장으로서 그의 직무를 수행하십니다.

"여호와는 맹세하고 변하지 아니하시리라 이르시기를 너는 멜기세덱의 서열을 따라 영원한 제사장이라 하셨도다"(시 110:4)

셋째, 그리스도는 하나님께서 영원한 생명으로 선택한 자들의 왕으로서 그의 직무를 수행하십니다.

"시온 딸에게 이르기를 네 왕이 네게 임하나니 그는 겸손하여 나귀, 곧 멍에 메는 짐승의 새끼를 탔도다 하라 하였느니라"(마 21:5)

◆ 제24문답 ◆

Question: How doth Christ execute the office of a prophet?

Answer: Christ executeth the office of a prophet, in revealing to us, by his Word and Spirit, the will of God for our salvation.

문: 그리스도께서는 선지자의 직무를 어떻게 수행하시나요?
답: 그리스도께서는 그의 말씀과 영으로 우리에게 구원을 위한 하나님의 뜻을 계시하시는 경우에 있어서 선지자의 직무를 수행하십니다.

● 그리스도께서는 수행하시는 선지자의 직무는 무엇인가요?
그리스도께서는 선지자로서 하나님께서 영원한 생명으로 선택한 자들에게 하나님의 뜻을 알려주십니다.
> "이제부터는 너희를 종이라 하지 아니하리니 종은 주인이 하는 것을 알지 못함이라 너희를 친구라 하였노니 내가 내 아버지께 들은 것을 다 너희에게 알게 하였음이라"(요 15:15)

● 그리스도께서는 어떻게 하나님의 뜻을 알려주시나요?
첫째, 그리스도께서는 말씀을 통해 하나님의 뜻을 계시하십니다. 구약 시대에는 하나님께서 지명하신 선지자들의 입을 통해서 그렇게 하셨고, 사람으로 태어나셔서 부활하실 때까지는 직접 그 뜻을 전달하셨고, 그 이후부터 세상을 심판하시러 다시 오실 때까지는 기록된 성경전서를 통해 하나님의 뜻을 계시하십니다.
> "곧 하나님께서 그리스도 안에 계시사 세상을 자기와 화목하게 하시며 그들의 죄를 그들에게 돌리지 아니하시고 화목하게 하는 말씀을 우리에게 부탁하셨느니라"(고후 5:19)

둘째, 그리스도께서는 말씀과 함께 그분의 영을 통해 하나님의 뜻을 계시하십니다. 이는 말씀과 다른 방식을 말하는 것이 아닙니다. 계시된 하나님의 뜻을 그의 백성들이 받아들이고, 이해하고, 삶으로 적용할 수 있도록 그분의 영이 돕는 것을 의미합니다.

"보혜사 곧 아버지께서 내 이름으로 보내실 성령 그가 너희에게 모든 것을 가르치고 내가 너희에게 말한 모든 것을 생각나게 하리라"(요 14:26)

● **그리스도께서 선지자로서 하나님의 뜻을 계시하시는 목적은 무엇인가요?**

그리스도께서 선지자로서 하나님의 뜻을 계시하시는 목적은 하나님께서 영원한 생명으로 선택한 자들의 구원입니다. 즉, 생명입니다.

"오직 이것을 기록함은 너희로 예수께서 하나님의 아들 그리스도이심을 믿게 하려 함이요 또 너희로 믿고 그 이름을 힘입어 생명을 얻게 하려 함이니라"(요 20:31)

◆ **제25문답** ◆

Question: How doth Christ execute the office of a priest?

Answer: Christ executeth the office of a priest, in his once offering up of himself a sacrifice to satisfy divine justice, and reconcile us to God, and in making continual intercession for us.

문: 그리스도는 어떻게 제사장의 직무를 수행하시나요?

답: 그리스도께서는 신적 공의를 만족시키고, 그로 인해 우리를 하나님께 화해시키기 위해 그가 자신을 단번에 희생 제물로 드린 경우와 우리를 위해 계속해서 중보기도를 하시는 경우에 있어서 제사장의 직무를 수행하십니다.

● 그리스도께서는 어떻게 제사장의 직무를 수행하시나요?
하나님께서 영원한 생명으로 선택한 자들의 제사장으로서 그리스도는 자신을 하나님께 희생제물로 바치심으로 그의 직무를 수행하셨습니다.
"그리하면 그가 세상을 창조한 때부터 자주 고난을 받았어야 할 것이로되 이제 자기를 단번에 제물로 드려 죄를 없이 하시려고 세상 끝에 나타나셨느니라"(히 9:26)

● 그리스도는 구약 제사처럼 희생제물로 여러 번 드려져야 했나요?
하나님께서 영원한 생명으로 선택한 자들의 제사장으로서 그리스도는 단 한 번 자신을 희생제물로 바치셨습니다. 이 단 한 번의 희생으로 모든 세대의 모든 택자들의 대속물이 되셨습니다. 그뿐만 아니라 이 단 한 번의 희생으로 모든 택자들의 구속자가 되셨습니다.
"그는 저 대제사장들이 먼저 자기 죄를 위하고 다음에 백성의 죄를 위하여 날마다 제사 드리는 것과 같이 할 필요가 없으니 이는 그가 단번에 자기를 드려 이루셨음이라"(히 7:27)

● **제사장으로서 그리스도께서는 무엇을 위해 자신을 하나님께 바치셨나요?**

첫째, 하나님께서 영원한 생명으로 선택한 자들의 제사장으로서 그리스도는 그들의 죄에 대한 신적 공의를 만족시키기 위해 자신을 하나님께 바치셨습니다. 여기서 신적 공의를 만족시킨다는 것은 죄에 대한 마땅한 죄책을 지고, 또한 그것에 대한 마땅한 벌을 받는 것을 말합니다. 그리스도께서는 자기의 백성들의 죄에 대한 형벌을 대신해서 받으심으로 그들이 죄에 대한 신적 공의를 만족시키셨습니다.

> "그는 우리 죄를 위한 화목 제물이니 우리만 위할 뿐 아니요 온 세상의 죄를 위하심이라"(요일 2:2)

둘째, 그와 더불어 우리의 제사장으로서 그리스도는 우리를 하나님과 화해시키기 위해 자신을 희생 제물로 바치셨습니다.

> "또 십자가로 이 둘을 한 몸으로 하나님과 화목하게 하려 하심이라 원수 된 것을 십자가로 소멸하시고"(엡 2:16)

● **그리스도의 제사장 직무는 십자가의 희생제물이 되시는 것으로 완료되었나요?**

하나님께서 영원한 생명으로 선택한 자들의 제사장으로서 그리스도의 직무는 십자가의 희생으로 끝나지 않습니다. 그리스도는 지금도 자기의 백성들을 위해 제사장의 직무를 수행하고 계십니다. 부활하시고 승천하신 그리스도는 자신이 구속하신 백성들을 위해 계속해서 중보기도 하심으로 제사장의 직무를 수행하고 계십니다.

"그러므로 자기를 힘입어 하나님께 나아가는 자들을 온전히 구원하실 수 있으니 이는 그가 항상 살아 계셔서 그들을 위하여 간구하심이라"(히 7:25)

◆ 제26문답 ◆

Question: How doth Christ execute the office of a king?

Answer: Christ executeth the office of a king, in subduing us to himself, in ruling and defending us, and in restraining and conquering all his and our enemies.

문: 그리스도께서는 어떻게 왕의 직무를 수행하시나요?

답: 그리스도께서는 우리를 자기에게 복종시키는 경우에 있어서, 우리를 다스리시고 방어하시는 경우에 있어서, 그리고 자기와 우리의 모든 적들을 억제하시고 정복하시는 경우에 있어서 왕의 직무를 수행하십니다.

● 그리스도의 왕의 직무가 선지자의 직무나 제사장의 직무와 다른 점은 무엇인가요?

그리스도께서는 하나님께서 영원한 생명으로 선택한 자들의 구속자로서 선지자와 제사장은 물론 왕의 직무도 맡으셨습니다. 그런데 그리스도께서 맡으신 왕의 직무는 다른 두 직무와 차이점이 있습니다. 바로 직무를 행하는 대상입니다. 선지자와 제사장의 직무는 그 대상이 하나님께서 영원한 생명으로 선택한 자들로 제한됩니다. 그리스도는 선지자로서 하나님께 택하신 자들에게만 구원에 관한 말씀을 전하십니다. 그리고 제사장으로서 바로 그 사람들만을 위해 십자가를 지셨습니다. 그러나 왕의 직무는 하나님께서 영원한 생명으로 선택한 자들로 그 대상이 제한되지 않습니다. 왕으로서의 그리스도는 자신의 백성들뿐만 아니라, 자신과 자신의 백성들의 원수들에 대해서도 자신의 직무를 수행하십니다.

● **왕이신 그리스도는 자기의 백성들을 어떻게 대하시나요?**

첫째, 왕이신 그리스도는 자기의 백성들을 자신에게 복종시키십니다.
> "주의 권능의 날에 주의 백성이 거룩한 옷을 입고 즐거이 헌신하니 새벽 이슬 같은 주의 청년들이 주께 나오는도다"(시 110:3)

둘째, 왕이신 그리스도는 자기의 백성들을 다스리십니다.
> "대저 여호와는 우리 재판장이시요 여호와는 우리에게 율법을 세우신 이요 여호와는 우리의 왕이시니 그가 우리를 구원하실 것임이라"(사 33:22)

셋째, 왕이신 그리스도는 자기의 백성들을 지키시고 보호하십니다.
> "우리의 방패는 여호와께 속하였고 우리의 왕은 이스라엘의 거룩한 이에게 속하였기 때문이니이다"(시 89:18)

● 왕이신 그리스도께서는 자기와 자기의 백성들의 원수들을 어떻게 대하시나요?

첫째, 왕으로서 그리스도께서는 자기와 자기의 백성들의 원수들을 제지하십니다.

"진실로 사람의 노여움은 주를 찬송하게 될 것이요 그 남은 노여움은 주께서 금하시리이다"(시 76:10)

둘째, 왕으로서 그리스도께서는 마지막 때 모든 원수들을 파멸시키실 것입니다.

"그가 모든 원수를 그 발 아래에 둘 때까지 반드시 왕 노릇 하시리니"(고전 15:25)

제27-28문답: 그리스도의 사역

◆ 제27문답 ◆

Question: Wherein did Christ's humiliation consist?

Answer: Christ's humiliation consisted in his being born, and that in a low condition, made under the law, undergoing the miseries of this life, the wrath of God, and the cursed death of the cross; in being buried, and continuing under the power of death for a time.

문: 그리스도의 낮아지심은 어디에 있었나요?

답: 그리스도의 낮아지심은 그가 비천한 처지에서 출생하신 것, 율법

아래 놓이신 것, 이생의 비참함과 하나님의 진노 그리고 십자가의 저주의 죽음을 겪으신 것, 그리고 장사 지낸 바 되셔서 얼마 동안 죽음의 권세 아래 머물러 계셨던 것에 있었습니다.

● **그리스도의 성육신은 신성을 버리고 인성만 취하신 결과인가요?**

그리스도의 성육신은 참 신이신 분이 사람으로 이 땅에 오신 것입니다. 하나님께서 영원한 생명으로 선택하신 이들의 구속자가 되시기 위해 신이 사람의 형상으로 이 땅에 오신 것입니다. 바로 말씀이 육신이 되신 것입니다. 그런데 그리스도의 성육신을 오해하는 분들이 많이 있습니다. 신이 사람이 되시면서 그 고귀한 신성을 기꺼이 버리셨다고 생각하는 것입니다. 심지어 신이 사람이 되신 것을 사람이 벌레가 되는 것보다 더 비참한 것이라고 설명하기도 합니다. 이러한 오해는 영어로 된 복음송을 한국어 찬양으로 번역하는 과정에서도 나타납니다. 한국 성도들에게 '주의 이름 높이며'로 잘 알려진 'Lord I lift your name on high'입니다. 이 곡의 한국어 버전에는 원곡에 있지도 않은 가사가 있습니다. '하늘 영광 버리고'가 바로 그것입니다. 그러나 그리스도의 성육신은 결단코 이런 식으로 이해되어서는 안 됩니다. 왜냐하면 그리스도는 사람의 몸을 입으시면서 하늘의 그 영광을 조금도 내려놓지 않으셨기 때문입니다. 성육하신 그리스도는 여전히 참 신이시기 때문입니다. 성육하신 그리스도의 영광은 아버지의 독생자의 영광입니다. 그리고 성육하신 그리스도도 성육하시기 전과 동일하게 은혜와 진리가 충만합니다. 따라서 우리는 이 사실을 분명히 해야 합니다. 그리스도의 성육신 자체는 그의 낮아지신 상태를 말하는 것이 아닙니다. 그리스도께서 인성을 취하심으로 사람이 되신 것은 중보자의 자격을 취득하신 것입니다.

> "말씀이 육신이 되어 우리 가운데 거하시매 우리가 그의 영광을 보니 아버지의 독생자의 영광이요 은혜와 진리가 충만하더라"(요 1:14)

● 성육하신 그리스도에게서 나타나는 낮아지신 상태는 무엇을 말하나요?

성육하신 그리스도의 낮아지신 상태는 하나님과 동등한 대우를 버리시고, 사람의 모습을 입음으로 자신을 하나님의 종처럼 나타내신 것에 있습니다. 여기서 종으로 나타나신 것은 그분의 신분이 종으로 격하된 것을 말하는 것이 아닙니다. 신분의 변화를 말하는 것이 아니라, 하시는 일의 변화를 말합니다. 종의 일을 하신 것입니다. 존경과 경배만 받아 마땅한 분이시지만, 종이 해야 할 섬김의 일을 하신 것입니다. 이것이 바로 성육신을 통해 나타난 그리스도의 낮아지신 상태입니다. 이러한 그리스도의 낮아지신 상태는 그의 일생을 통해 지속적으로 나타났습니다.

> "그는 근본 하나님의 본체시나 하나님과 동등됨을 취할 것으로 여기지 아니하시고 오히려 자기를 비워 종의 형체를 가지사 사람들과 같이 되셨고"(빌 2:6,7)

● **그리스도의 낮아지신 상태는 그분의 출생에서 어떻게 나타났나요?**

첫째, 그리스도의 낮아지신 상태는 그가 사람이 되실 때 장성한 성인이 아니라 아기로 태어나신 데 있었습니다. 그리스도께서는 이 땅에 아기로 태어나심으로 타락한 인류 속으로 들어오셨습니다.

> "천사가 대답하여 이르되 성령이 네게 임하시고 지극히 높으신 이의 능력이 너를 덮으시리니 이러므로 나실 바 거룩한 이는 하나님의 아들이라 일컬어지리라"(눅 1:35)

둘째, 그리스도의 출생에 있어서 두드러지게 나타난 낮아지신 상태는 낮고 천한 신분으로 출생하신 것에 있었습니다. 그리스도는 왕의 직무를 맡으셨습니다. 그럼에도 그분은 왕이나 권력가들의 자녀로 출생하지 않으셨습니다. 오히려 가장 낮고 천한 신분과 환경 속에서 이 땅에 오셨습니다.

> "첫아들을 낳아 강보로 싸서 구유에 뉘었으니 이는 여관에 있을 곳이 없음이러라"
> (눅 2:7)

● **그리스도의 낮아지신 상태는 율법과 관련하여 어떻게 나타났나요?**

그리스도는 본질상 아버지 하나님, 성령 하나님과 함께 율법의 조성자이십니다. 그리고 동시에 율법을 통한 심판자이십니다. 다시 말해서 그리스도는 율법을 제정하시고, 율법에 따라 심판하시는 분이십니다. 그러나 그리스도께서는 하나님께서 영원한 생명으로 선택한 자들의 중보자의 사역을 행하실 때에는 자신을 이 율법 아래 복종시키셨습니다. 그리고 이 율법에 온전히 순종하셨습니다.

> "내가 율법이나 선지자를 폐하러 온 줄로 생각하지 말라 폐하러 온 것이 아니요 완전하게 하려 함이라"(마 5:17)

> "때가 차매 하나님이 그 아들을 보내사 여자에게서 나게 하시고 율법 아래에 나게 하신 것은"(갈 4:4)

● 그리스도의 낮아지신 상태는 그분의 인생에서 어떻게 나타났나요?

첫째, 인생에 있어서 그리스도의 낮아지신 상태는 비참한 인생을 감내하신 데 있었습니다. 그리스도는 존귀와 영광만을 받으실 분이십니다. 성육신하셔서 인생을 살아가실 때도 그분은 여전히 참 신이셨습니다. 그러나 그분은 이 땅을 살아가시면서 결단코 스스로가 신으로 대우받으려 하지 않으셨습니다. 그분은 자신의 신성을 인성 뒤에 철저히 감추시고 그의 앞에 펼쳐진 모든 비참한 상황을 기꺼이 감내하셨습니다.

> "그는 멸시를 받아 사람들에게 버림받았으며 간고를 많이 겪었으며 질고를 아는 자라 마치 사람들이 그에게서 얼굴을 가리는 것 같이 멸시를 당하였고 우리도 그를 귀히 여기지 아니하였도다"(사 53:3)

둘째, 성육하신 그리스도의 낮아지신 상태는 하나님께서 영원한 생명으로 선택하신 이들을 대신해서 하나님의 진노를 감내하신 것에 있었습니다. 죄 없으신 사람으로 이 땅에 오신 그리스도는 하나님의 진노의 대상이 아니었습니다. 그럼에도 불구하고 그리스도께서는 택자들의 죄를 대신 지셨고, 그에 따른 하나님의 진노 또한 기꺼이 감내하셨습니다.

> "구시쯤에 예수께서 크게 소리 질러 이르시되 엘리 엘리 라마 사박다니 하시니 이는 곧 나의 하나님, 나의 하나님, 어찌하여 나를 버리셨나이까 하는 뜻이라"(마 27:46)

● 그리스도의 낮아지신 상태는 그분의 죽음에서 어떻게 나타났나요?

첫째, 그리스도의 죽음 자체는 그분의 낮아지신 상태가 아닙니다. 사람의 몸으로 이 땅에 오신 분이 죽음을 맞이하는 것은 당연한 이치입니다. 죽음에 있어서 그리스도의 낮아지신 상태가 나타나는 것은 그 죽음이 바로 십자가의 죽음, 즉 저주의 죽음이기 때문입니다.

> "사람의 모양으로 나타나사 자기를 낮추시고 죽기까지 복종하셨으니 곧 십자가에 죽으심이라"(빌 2:8)

둘째, 그리스도의 낮아지신 상태는 장사되는 데 자신을 복종시키신 것에 있었습니다. 그리스도께서는 실제로 죽음을 맞으셨고, 그 시체는 무덤에 매장되었습니다.

> "이를 내려 세마포로 싸고 아직 사람을 장사한 일이 없는 바위에 판 무덤에 넣어 두니"(눅 23:53)

셋째, 그리스도의 낮아지신 상태는 죽음의 상태로 잠시 동안 무덤에 거하신 것에 있었습니다.

> "요나가 밤낮 사흘 동안 큰 물고기 뱃속에 있었던 것 같이 인자도 밤낮 사흘 동안 땅속에 있으리라"(마 12:40)

◆ 제28문답 ◆

Question: Wherein consisteth Christ's exaltation?

Answer: Christ's exaltation consisteth in his rising again from the dead on the third day, in ascending up into heaven, in sitting at the right hand of God the Father, and in coming to judge the world at the last day.

문: 그리스도의 높아지심은 어디에 있나요?

답: 그리스도의 높아지심은 그가 셋째 날에 죽은 자들로부터 다시 일어나시는 것과 하늘로 올라가시는 것과 하나님 아버지 우편에 앉아 계신 것과 마지막 날에 세상을 심판하러 오실 것에 있습니다.

● **그리스도께서는 현재에도 계속해서 낮아지신 상태로 자신을 나타내시나요?**

성육하신 그리스도는 이 땅에서 참 신이시며 동시에 참 인간으로 중보자의 사역을 담당하셨습니다. 이때 그분은 하나님께서 영원한 생명으로 선택한 자들의 고통과 그들에 대한 하나님의 진노를 대신 감당하기 위해 자신의 신성을 인성 뒤에 감추셨습니다. 이러한 상황에서 그분은 낮아지신 상태로 세상에 드러나셨습니다. 그러나 이러한 그리스도의 낮아지신 상태가 그분의 중보자의 사역 동안에 끝없이 나타나는 것은 아닙니다. 그리스도의 낮아지신 상태는 그분이 장사되어 무덤에 머무는 것으로 그 막을 내렸습니다.

● 무덤에 머무시는 것 다음부터 그리스도는 어떠한 상태로 나타나시나요?

장사되어 무덤에 머무시는 것을 마지막으로 그리스도께서는 더 이상 자신을 낮아지신 상태로 드러내시지 않으십니다. 그리고 이어서 그분은 자신을 높아지신 상태로 나타내십니다. 그리스도의 낮아지신 상태가 그분의 신분이 낮아지는 것을 나타내는 것이 아니듯, 그리스도의 높아지신 상태도 그분의 신분이 높아지는 것을 말하는 것이 아닙니다. 그리스도의 높아지신 상태는 더 이상 신성을 인성 뒤에 감추지 않는 것을 말합니다. 자신의 신성을 온전히 드러내면서 신으로서 마땅히 받아야 할 영광을 취하는 것을 말합니다. 이러한 그리스도의 높아지신 상태는 부활과 승천과 아버지의 우편에 앉아 계시는 것과 마지막 심판에서 나타납니다.

● 그리스도의 높아지신 상태는 그분의 부활 가운데 어떻게 나타났나요?

그리스도의 부활에서 그분의 높아지신 상태가 나타나는 것은 분명한 사실입니다. 그러나 그리스도께서 죽은 자들 가운데서 다시 살아났다는 것 자체를 그분이 보여주신 높아지신 상태로 생각하는 것은 잘못입니다. 왜냐하면 부활이 오직 그리스도만 경험하는 것이 아니기 때문입니다. 사르밧 과부의 아들(왕상 17:17-24), 수넴 여인의 아들(왕하 4:18-37), 그리고 나사로(요 11:1-44)등 성경 속에 그리스도 외에도 부활을 경험한 이들이 언급되어 있습니다. 그리고 이들뿐만이 아니라 이 세상에 살다가 죽음을 맞은 모든 사람들이 그리스도께서 다시 오실 때 부활할 것입니다. 그렇다면 그리스도의 부활에서 나타난 그분의 높아지신 상태는 무엇을 말하는 것일까요? 첫째, 그것은 바로 그리스도가 죽은 자들 가운데서 스스로 일어나신 것입니다. 모든 사람이 부활하지만, 그들은 모두 일으킴을 받아서 그렇게 됩니다. 그러나 그리스도는 생명의 주인이시기에 스스로 죽음에서 다시 일어나셨습니다. 여기에서 그의 높아지신 상태가 드러난 것입니다.

"장사 지낸 바 되셨다가 성경대로 사흘 만에 다시 살아나사"(고전 15:4)

"내가 내 목숨을 버리는 것은 그것을 내가 다시 얻기 위함이니 이로 말미암아 아버지께서 나를 사랑하시느니라 이를 내게서 빼앗는 자가 있는 것이 아니라 내가 스스로 버리노라 나는 버릴 권세도 있고 다시 얻을 권세도 있으니 이 계명은 내 아버지에게서 받았노라 하시니라"(요 10:17,18)

둘째, 그리스도의 부활에서 그분의 높아지신 상태는 죄와 사망의 법을 이기신 것으로도 나타났습니다.

"이는 그리스도 예수 안에 있는 생명의 성령의 법이 죄와 사망의 법에서 너를 해방하였음이라"(롬 8:2)

● **그리스도의 높아지신 상태는 그의 승천에서는 어떻게 나타났나요?**

그리스도의 부활 자체가 그분의 높아지신 상태를 나타내는 것이 아닌 것처럼, 그분의 승천도 그 자체가 그분의 높아지신 상태를 나타내는 것은 아닙니다. 이 또한 부활과 비슷한 이유 때문입니다. 에녹과 엘리야는 죽음을 맞지 않고 승천한 인물로 성경에 소개되어 있습니다. 그리고 그리스도께서 심판하실 때 모든 사람이 승천할 것입니다. 그렇다면 그리스도의 승천이 사람들의 승천과 무엇이 다르길래 그 안에서 그분의 높아지신 상태가 드러날까요? 첫째, 바로 스스로 하늘로 올라가신 것입니다. 그리스도를 제외한 모든 사람은 들림을 받아서 승천합니다. 그러나 세상 만물의 주인이신 그리스도는 중력을 거슬러 스스로 승천하심으로 자신의 높아지신 상태를 나타내셨습니다.

"축복하실 때에 그들을 떠나 [하늘로 올려지시니]"(눅 24:51)

둘째, 승천에 있어서 그리스도의 높아지신 상태는 대제사장으로서 손으로 만든 성소가 아닌, 하늘에 들어가신 것으로도 나타났습니다.

"그리스도께서는 참 것의 그림자인 손으로 만든 성소에 들어가지 아니하시고 바로 그 하늘에 들어가사 이제 우리를 위하여 하나님 앞에 나타나시고"(히 9:24)

셋째, 승천에 있어서 그리스도의 높아지신 상태는 하늘로 올라가심으로 스스로 영광에 들어가신 것으로도 나타났습니다.

"그리스도가 이런 고난을 받고 자기의 영광에 들어가야 할 것이 아니냐 하시고"(눅 24:26)

● **그리스도의 높아지신 상태는 현재 어떻게 나타나고 있나요?**

첫째, 현재 그리스도의 높아지신 상태는 하나님 우편에 앉아 계신 것으로 나타나고 있습니다.

"그러므로 너희가 그리스도와 함께 다시 살리심을 받았으면 위의 것을 찾으라 거기는 그리스도께서 하나님 우편에 앉아 계시느니라"(골 3:1)

둘째, 현재 그리스도의 높아지신 상태는 성부 앞에서 우리의 대언자가 되심으로 나타나고 있습니다.

"나의 자녀들아 내가 이것을 너희에게 씀은 너희로 죄를 범하지 않게 하려 함이라 만일 누가 죄를 범하여도 아버지 앞에서 우리에게 대언자가 있으니 곧 의로우신 예수 그리스도시라"(요일 2:1)

셋째, 현재 그리스도의 높아지신 상태는 자기의 백성들을 위해서 중보기도하시는 것으로 나타나고 있습니다.

"누가 정죄하리요 죽으실 뿐 아니라 다시 살아나신 이는 그리스도 예수시니 그는 하나님 우편에 계신 자요 우리를 위하여 간구하시는 자시니라"(롬 8:34)

● 장차 나타나게 될 그리스도의 높아지신 상태는 어디에 있을까요?

첫째, 그리스도의 높아지신 상태는 그분이 마지막에 세상에 다시 오심으로 나타날 것입니다.

"그때에 인자의 징조가 하늘에서 보이겠고 그 때에 땅의 모든 족속들이 통곡하며 그들이 인자가 구름을 타고 능력과 큰 영광으로 오는 것을 보리라"(마 24:30)

둘째, 그리스도의 높아지신 상태는 그리스도께서 마지막에 세상을 심판하심으로 나타날 것입니다.

"이는 정하신 사람으로 하여금 천하를 공의로 심판할 날을 작정하시고 이에 그를 죽은 자 가운데서 다시 살리신 것으로 모든 사람에게 믿을 만한 증거를 주셨음이니라 하니라"(행 17:31)

[믿음] 제29~38문답

제29문답: 구속의 참여

◆ **제29문답** ◆

Question: How are we made partakers of the redemption purchased by Christ?

Answer: We are made partakers of the redemption purchased by Christ, by the effectual application of it to us by his Holy Spirit.

문: 우리는 어떻게 그리스도께서 취득하신 구속의 참여자들이 되나요?

답: 그리스도께서 취득하신 구속을 그의 성령이 우리 자신에게 효력

있게 적용하는 것으로 우리는 그 구속의 참여자들이 됩니다.

● '그리스도께서 구속을 취득하셨다'는 뜻은 무엇인가요?

장로교 교리표준 문서들은 그리스도와 그분의 구속을 '취득하다'purchase 라는 동사로 연결시키고 있습니다. '그리스도께서 구속을 가지셨다', '그리스도께서 구속을 얻으셨다', '그리스도께서 구속을 이루셨다'가 아니라, '그리스도께서 구속을 취득하셨다'라고 표현하고 있습니다. 이처럼 '구속을 취득하셨다'라고 표현한 이유는 그리스도에게 구속은 원래부터 본인이 가지고 있던 것이 아니었기 때문입니다. 또한 그리스도께서 누군가에 의해 구속을 무상으로 공급받는 것도 아니기 때문입니다. 심지어 이 구속은 어떠한 능력을 발휘해서 성취하는 것도 아니기 때문입니다. '구속을 취득하셨다'라고 표현한 것은 구속이 어떠한 값을 지불하고 취득하는 것이기 때문입니다. 그리스도께서는 자신의 생명을 값으로 지불하시고 구속을 취득하셨습니다. 이것이 바로 그리스도께서 구속을 취득하신 방식입니다.

> "염소와 송아지의 피로 하지 아니하고 오직 자기의 피로 영원한 속죄를 이루사 단번에 성소에 들어가셨느니라"(히 9:12)

● 그리스도께서는 무엇을 위해, 그리고 어떻게 구속을 취득하셨나요?

그리스도께서는 아버지께서 자기에게 주신 백성들을 위해 스스로 자기의 생명을 값으로 지불하시고 구속을 취득하셨습니다. 그리스도께서는 자기의 백성들을 위해 자신을 내어주심으로 구속을 취득하셨습니다.

"예수는 우리가 범죄한 것 때문에 내줌이 되고 또한 우리를 의롭다 하시기 위하여 살아나셨느니라"(롬 4:24)

● 그리스도께서 취득하신 구속은 누구에게 적용되나요?

그리스도의 구속은 오직 믿는 자들에게만 적용됩니다.

"영접하는 자 곧 그 이름을 믿는 자들에게는 하나님의 자녀가 되는 권세를 주셨으니"(요 1:12)

● 그리스도의 구속을 적용받은 자들은 어떻게 될까요?

믿음을 통해 그리스도께서 취득하신 구속을 적용받은 자들은 하나님의 양자들이 되어, 그분의 모든 유업의 상속자들이 됩니다.

"우리를 구원하시되 우리가 행한 바 의로운 행위로 말미암지 아니하고 오직 그의 긍휼하심을 따라 중생의 씻음과 성령의 새롭게 하심으로 하셨나니 우리 구주 예수 그리스도로 말미암아 우리에게 그 성령을 풍성히 부어 주사 우리로 그의 은혜를 힘입어 의롭다 하심을 얻어 영생의 소망을 따라 상속자가 되게 하려 하심이라"(딛 3:5-7)

● 그리스도께 취득하신 구속은 누가 적용시키시나요?

그리스도의 구속을 믿는 자들에게 적용하시는 분은 성령님이십니다.

"또 내 영을 너희 속에 두어 너희로 내 율례를 행하게 하리니 너희가 내 규례를 지켜 행할지라"(겔 34:27)

● 누가 그리스도께서 취득하신 구속의 은혜를 알 수 있나요?

오직 성령을 받은 자만이 그리스도께서 취득하신 그 구속의 은혜를 깨달아 알 수 있습니다.

"우리가 세상의 영을 받지 아니하고 오직 하나님으로부터 온 영을 받았으니 이는 우리로 하여금 하나님께서 우리에게 은혜로 주신 것들을 알게 하려 하심이라"(고전 2:12)

제30문답: 성령님의 구속 적용

◆ 제30문답 ◆

Question: How doth the Spirit apply to us the redemption purchased by Christ?

Answer: The Spirit applieth to us the redemption purchased by Christ, by working faith in us, and thereby uniting us to Christ in our effectual calling.

문: 성령은 그리스도에 의해 취득된 구속을 우리에게 어떻게 적용하시나요?

답: 성령은 우리를 효력 있게 부르실 때 우리 안에 믿음을 일으키시고, 그 믿음에 의해 우리를 그리스도와 연합시킴으로써 그리스도에 의해 취득된 구속을 우리에게 적용하십니다.

● **성령님께서 그리스도께서 취득하신 구속을 적용하시는 수단은 무엇인가요?**

성령님께서는 그리스도께서 취득하신 구속을 영원한 생명으로 선택된 자들에게 적용시키십니다. 그러면 성령님께서는 어떠한 방식으로 이 구속을 택자들에게 적용시키실까요? 성령님께서 구속을 적용시키시는 방식은 어떠한 특별한 수단을 사용하시는 것입니다. 그렇다면 성령님께서 이때 사용하시는 특별한 수단은 무엇일까요? 그것은 바로 '믿음'Faith 입니다. 하나님의 백성들에게 구속이 적용되는 수단은 오직 믿음입니다.

"이는 그리스도 예수 안에서 아브라함의 복이 이방인에게 미치게 하고 또 우리로 하여금 믿음으로 말미암아 성령의 약속을 받게 하려 함이라"(갈 3:14)

● **믿음 Faith은 어디에서 오나요?**

그리스도께서 취득하신 구속을 성령님께서 신자들에게 적용하실 때 사용하시는 수단으로서의 이 믿음은 어디에서 오며, 또 그것은 어디에 있을까요? 이 '믿음'Faith은 '신자의 신념'belief이나 '확신'assurance 을 말하는 것이 아닙니다. 그뿐만 아니라 어떠한 사실에 대해 동의하는 의지를 말하는 것도 아닙니다. 이 믿음은 믿고자 하는 의지에 따라서 생기는 것이 아닙니다. 이 믿음은 하나님께서 자기의 백성들에게만 주시는 '영적인 기관'a spiritual organ 입니다. 하나님께서 선물로 주시기에 받아서 간직하는 것입니다. 신자 속에 있는 믿음은 전적으로 하나님의 사역이고 선물입니다.

"너희는 그 은혜에 의하여 믿음으로 말미암아 구원을 받았으니 이것은 너희에게

서 난 것이 아니요 하나님의 선물이라"(엡 2:8)

● **영적인 기관으로서의 믿음 Faith은 어떻게 작동하나요?**

하나님께서 자기의 백성들에게 선물로 주신 믿음은 스스로 작동하지 않습니다. 이 믿음은 그것을 작동시키는 어떠한 동력이 필요합니다. 사람은 비록 그가 하나님의 백성이고 이 믿음을 선물로 받아서 간직했다 할지라도 자신의 힘으로는 이 믿음을 작동시킬 수 없습니다. 이 믿음을 작동시키는 동력은 전적으로 성령님께 있습니다. 신자의 심정에서 이 믿음을 작동시키시는 분은 성령님이십니다(HC 21, 65).

> "그러므로 내가 너희에게 알리노니 하나님의 영으로 말하는 자는 누구든지 예수를 저주할 자라 하지 않고, 성령으로 아니하고는 누구든지 예수를 주시라 할 수 없느니라."(고전 12:3)

● **그리스도와의 연합은 언제 그리고 어떻게 형성되나요?**

그리스도께서 취득하신 구속이 하나님의 백성들에게 적용되는 과정에서 성령님께서 그들의 심정에서 믿음을 작동하시기 시작하면 그들에게 신비로운 현상이 일어납니다. 바로 그들이 그리스도와 연합하게 됩니다.

> "믿음으로 말미암아 그리스도께서 너희 마음에 계시게 하시옵고 너희가 사랑 가운데서 뿌리가 박히고 터가 굳어져서"(엡 3:17)

● **신자들은 그리스도와 어떤 연합을 이루게 되나요?**

이 연합은 그리스도와 신비로운 한 몸이 되는 것을 말합니다. 이렇게 그리스도와 한 몸이 되면 각각의 신자들은 그리스도의 지체가 됩니다. 이렇게 이룬 연합은 그 어떠한 상황에서도 깨지지 않습니다. 심지어 죽음조차도 이 연합을 깨뜨리지 못합니다.

"너희는 그리스도의 몸이요 지체의 각 부분이라"(고전 12:27)

● **신자들은 그리스도와 언제 연합을 이루게 되나요?**

하나님으로부터 영원한 생명으로 선택받은 자들은 효력 있는 부르심이 있을 때 그리스도에게로 연합합니다.

"너희를 불러 그의 아들 예수 그리스도 우리 주와 더불어 교제하게 하시는 하나님은 미쁘시도다"(고전 1:9)

제31문답: 효력 있는 부르심

◆ **제31문답** ◆

Question: What is effectual calling?

Answer: Effectual calling is the work of God's Spirit, whereby, convincing us of our sin and misery, enlightening our minds in the knowledge of Christ, and renewing our wills, he doth persuade and enable us to embrace

Jesus Christ, freely offered to us in the gospel.

문: 효력 있는 부르심은 무엇인가요?

답: 효력 있는 부르심은 하나님의 영의 사역인데, 그것에 의해 그는 우리에게 죄와 비참함을 깨닫게 하시고, 우리의 마음을 그리스도를 아는 지식으로 밝혀주시며, 우리의 의지들을 새롭게 하심으로 복음 안에서 우리에게 값없이 주어진 그리스도를 품도록 우리를 설득하시고, 또한 그렇게 할 능력을 주십니다.

● 효력있는 부르심은 무엇인가요?

그리스도께서 취득하신 구속을 성령님께서 선택된 자들에게 적용하시는 가장 첫 번째 단계가 바로 '효력있는 부르심'입니다. 하나님께서는 자신이 영원한 생명으로 선택한 자들을 미리 정해 놓으신 때에 맞춰 각각 부르십니다. 이때 하나님께서는 그들을 부르시는 데, 이렇게 하나님의 부르심을 받은 자들은 모두가 응답하게 됩니다. 그 어떤 사람도 이 부르심을 무시할 수도 없고, 저항할 수도 없습니다. 이러한 이유로 이를 '효력있는 부르심'이라고 합니다. 결단코 저항할 수 없는 구원으로의 초청이기에 '불가항력적인 은혜'Irresistible Grace라고도 합니다. 이처럼 이 부르심이 효력있는 이유는 이것이 전적으로 성령님의 사역이기 때문입니다.

"그가 내 영광을 나타내리니 내 것을 가지고 너희에게 알리시겠음이라"(요 16:14)

● **성령의 부르심은 특히 어떠한 점에서 그 효력이 나타나나요?**

첫째, 이 부르심은 죄를 깨닫게 하는 데 분명한 효력이 있습니다. 이 부르심을 받은 자들은 성령님께서 그들의 믿음을 작동하시므로 자신들이 본질적으로 죄인이라는 것을 깨닫게 됩니다.

"그가 와서 죄에 대하여, 의에 대하여, 심판에 대하여 세상을 책망하시리라"(요 16:8)

둘째, 이 부르심은 사람이 처한 비참한 상태를 깨닫게 하는 데 분명한 효력이 있습니다. 이 부르심을 받은 자들은 자신들이 죄의 형벌을 받아 마땅한 비참한 상태에 있다는 것을 깨닫게 됩니다.

"생명에 이르게 할 그 계명이 내게 대하여 도리어 사망에 이르게 하는 것이 되었도다"(롬 7:10)

● **성령의 부르심을 받아 죄와 비참을 인정한 자들은 무엇을 찾게 되나요?**

이 성령의 부르심은 비록 모든 사람이 죄와 비참함의 상태에 있다는 것을 인정하게 하면서도, 그 부르심을 받을 자들에게는 복음 안에서만 값없이 주어지는 예수 그리스도를 명백히 드러낸다는 점에서 그 효력이 분명합니다.

"성령과 신부가 말씀하시기를 오라 하시는도다 듣는 자도 오라 할 것이요 목마른 자도 올 것이요 또 원하는 자는 값없이 생명수를 받으라 하시더라"(계 22:17)

● 성령의 부르심의 효력은 구체적으로 어떻게 나타나나요?

첫째, 성령님께서 효력 있게 부르시면 그 마음은 그리스도를 아는 지식으로 계몽됩니다.

> "그러나 너희는 택하신 족속이요 왕 같은 제사장들이요 거룩한 나라요 그의 소유가 된 백성이니 이는 너희를 어두운 데서 불러 내어 그의 기이한 빛에 들어가게 하신 이의 아름다운 덕을 선포하게 하려 하심이라"(벧전 2:9)

둘째, 성령님께서 효력 있게 부르시면 의지가 새로워집니다. 죄의 본성만을 따라 살던 모습에서 성령님의 인도를 따라 살고자 하는 의지가 강하게 솟구칩니다.

> "또 새 영을 너희 속에 두고 새 마음을 너희에게 주되 너희 육신에서 굳은 마음을 제거하고 부드러운 마음을 줄 것이며"(겔 36:26)

셋째, 성령님께서 효력 있게 부르시면 그리스도를 품도록 설득됩니다. 효력 있는 부르심을 받으면 그리스도와 연합이 일어납니다. 그러나 이 연합은 너무나도 신비한 현상이라 사람의 감각으로는 느껴지지 않습니다. 이때 성령님께서는 믿음을 작동하셔서 그리스도를 품고자 하는 마음을 갖게 하십니다. 이렇게 마음을 설득하셔서 그리스도와의 연합을 확신하게 하십니다. 이를 통해 그리스도를 주로 고백하고 싶은 마음이 생깁니다.

> "나를 보내신 아버지께서 이끌지 아니하시면 아무도 내게 올 수 없으니 오는 그를 내가 마지막 날에 다시 살리리라"(요 6:44)

넷째, 성령님께서 효력 있게 부르시면 그리스도를 품을 수 있게 됩니다. 이 또한 성령님께서 믿음을 작동하심으로 나타나는 현상입니다. 그리스도를 품을 수 있도록 설득하시는 것이 그리스도와의 연합을 확신하도록 돕는 것이라면, 그리스도를 품을 수 있게 하는 것은 그리스도와의 연합을 누릴 수 있는 용기와 힘을 주시는 것이라 할 수 있습니다. 이를 통해 그리스도를 주로 고백할 수 있는 용기가 생깁니다. 그리고 이 용기는 사적인 고백에서 공적인 고백으로까지 확장됩니다.

"또 내 영을 너희 속에 두어 너희로 내 율례를 행하게 하리니 너희가 내 규례를 지켜 행할지라"(겔 36:27)

제32문답: 부르심 받은 자들이 참여하는 은덕들

◆ 제32문답 ◆

Question: What benefits do they that are effectually called partake of in this life?

Answer: They that are effectually called do in this life partake of justification, adoption, and sanctification, and the several benefits which in this life do either accompany or flow from them.

문: 효력 있게 부르심을 받은 그들은 이생에서 어떤 은덕들에 참여하나요?

답: 효력 있게 부르심을 받은 그들은 이생에서 칭의, 양자삼음, 성화

는 물론 이생에서 그것들과 함께 혹은 그것들로부터 나오는 여러 은덕들에 참여합니다.

● 효력 있게 부르심을 받은 자들이 추가적인 은덕을 누리는 근거는 무엇인가요?

효력 있게 부르심을 받은 자들은 그 부르심 자체의 은혜와 더불어서 이생에서 다양한 은덕들도 누리게 됩니다. 이렇게 이들이 이생에서 다양한 은덕들에 참여하게 되는 근거는 하나님께서 자신의 뜻과 영원 전부터 그리스도 예수 안에서 주신 은혜대로 자기의 백성들을 부르신 것에 있습니다.

"하나님이 우리를 구원하사 거룩하신 소명으로 부르심은 우리의 행위대로 하심이 아니요 오직 자기의 뜻과 영원 전부터 그리스도 예수 안에서 우리에게 주신 은혜대로 하심이라"(딤후 1:9)

● 효력 있게 부르심을 받은 자들은 이생에서 어떠한 은덕들에 참여하나요?

첫째, 효력 있게 부르심을 받은 자들은 이생에서 칭의의 은덕에 참여합니다. 그들 모두에게 그리스도의 의가 전가되어, 하나님으로부터 의롭다고 인정을 받게 됩니다.

"또 미리 정하신 그들을 또한 부르시고 부르신 그들을 또한 의롭다 하시고 의롭다 하신 그들을 또한 영화롭게 하셨느니라"(롬 8:30)

둘째, 효력 있게 부르심을 받은 자들은 이생에서 양자삼음의 은덕에 참여합니다. 그들은 모두 하나님의 양자로 받아들여져서, 하나님의 자녀의 혜택을 누립니다.

> "너희는 다시 무서워하는 종의 영을 받지 아니하고 양자의 영을 받았으므로 우리가 아빠 아버지라고 부르짖느니라"(롬 8:15)

셋째, 효력 있게 부르심을 받은 자들은 이생에서 성화의 은덕에 참여합니다. 그들은 모두 자신들과 연합한 그리스도를 삶으로 드러내며, 오염된 하나님의 형상을 점점 더 회복해 갑니다.

> "이 뜻을 따라 예수 그리스도의 몸을 단번에 드리심으로 말미암아 우리가 거룩함을 얻었노라"(히 10:10)

넷째, 효력 있게 부르심을 받은 자들은 이생에서 칭의, 양자삼음, 성화와 함께, 혹은 그것들로부터 나오는 모든 은덕에 참여합니다.

> "바울이나 아볼로나 게바나 세계나 생명이나 사망이나 지금 것이나 장래 것이나 다 너희의 것이요"(고전 3:22)

제33문답: 칭의

◆ 제33문답 ◆

Question: What is justification?

Answer: Justification is an act of God's free grace, wherein he pardoneth all our sins, and accepteth us as righteous in his sight, only for the righteousness of Christ imputed to us, and received by faith alone.

문: 칭의는 무엇인가요?

답: 칭의는 하나님의 값없는 은혜의 행위인데, 그 안에서 그분께서는 우리에게 전가되고, 믿음으로만 받아들여지는 그리스도의 의만을 따라서 우리의 모든 죄를 용서하시고, 그분께서 보시기에 우리를 의롭다고 용납하십니다.

● 칭의란 어떤 뜻인가요?

칭의는 '의롭다고 인정해 주다'는 뜻입니다. 이는 의로운 존재에게 쓰는 말이 아닙니다. 근본적으로 의롭지 않은 존재를 대상으로 사용하는 말입니다. 그 자체로는 의롭지 않지만, 어떠한 요인에 근거해서 의롭다고 인정해 주는 것을 말합니다. 비록 영원한 생명으로 선택받은 자들이라 할지라도 타락 이후로 그들은 본질상 죄로 물든 진노의 자녀들입니다. 따라서 그들은 결단코 자신의 능력으로는 의롭게 될 수 없습니다. 그러기에 그 상태로는 당연히 하나님으로부터 의롭다고 인정받을 수 없습니다. 그러나 그들을 사랑하시는 하나님께서는 어떠한 특별한 방법을 통해 그들이 의롭다고 인정받을 수 있게 해 주셨습니다. 그리고 그 방법을 통해 그들을 의롭다고 인정해 주십니다.

● **하나님께서 택한 자들을 의롭다고 인정해 주시는 방법은 무엇인가요?**

인류 가운데 하나님으로부터 영원한 생명으로 선택받은 자들이 어떻게 그분으로부터 의롭다고 인정을 받을 수 있게 되나요? 그것은 바로 그리스도께서 율법을 온전히 성취하시고 획득하신 그 의를 하나님께서 그들의 것으로 인정해 주시는 것입니다. 바로 그리스도의 의를 그들에게 전가해 주시는 것입니다. 이렇게 택자들은 그리스도의 의를 전가받음으로 하나님으로부터 의롭다고 인정을 받게 됩니다.

"한 사람이 순종하지 아니함으로 많은 사람이 죄인 된 것 같이 한 사람이 순종하심으로 많은 사람이 의인이 되리라"(롬 5:19)

● **택자들에게 의를 전가시키는 주체는 누구인가요?**

택자들은 그리스도의 의를 전가받음으로써 하나님으로부터 의롭다고 인정을 받습니다. 이때 이 의를 전가시키는 주체는 택자도, 그리스도도 아닙니다. 의의 전가에 있어서 택자들은 의를 전가받는 수혜자들이며, 그리스도는 전가할 충분한 가치가 있는 의를 획득하신 분이십니다. 택자들에게 의를 전가시키는 분은 아버지 하나님이십니다. 하나님께서 그리스도의 온전한 의를 자기가 선택한 자들에게 전가시키셔서 그들을 의롭다고 인정해 주십니다.

"하나님이 죄를 알지도 못하신 이를 우리를 대신하여 죄로 삼으신 것은 우리로 하여금 그 안에서 하나님의 의가 되게 하려 하심이라"(고후 5:21)

● 칭의의 과정에서 택자들의 역할은 무엇인가요?

하나님으로부터 의롭다고 인정받는 이 칭의 과정에서 택자들의 역할은 아무것도 없습니다. 이러한 차원에서 칭의는 택자들에게 분에 넘치게 주어지는 하나님의 값없는 은혜의 행위입니다.

"그리스도 예수 안에 있는 속량으로 말미암아 하나님의 은혜로 값 없이 의롭다 하심을 얻은 자 되었느니라"(롬 3:24)

● 택자들은 그리스도의 의를 어떻게 전가받게 되나요?

택자들이 그리스도의 의를 전가받는 수단은 무엇일까요? 하나님께서 명하신 율법을 따르는 것은 모든 인류가 성실하게 지켜야 할 의무입니다. 그리고 힘써서 하나님의 율법을 이행하는 자들을 하나님께서는 기뻐하십니다. 그러나 율법을 따르는 것이나 어떠한 선한 행위를 하는 것이 그리스도의 의를 전가받는 수단이나 근거가 될 수는 없습니다.

"또 하나님 앞에서 아무도 율법으로 말미암아 의롭게 되지 못할 것이 분명하니 이는 의인은 믿음으로 살리라 하였음이라"(갈 3:11)

● **택자들은 어떤 방식으로 의를 전가 받게 되나요?**

하나님께서는 죄인들 중에서 택자들을 의롭다고 인정하시는 방식을 이미 정해 놓으셨습니다. 그 방식은 그리스도께서 율법을 온전히 성취하시고 획득하신 그 의를 그들에게 전가하시는 것입니다. 그뿐만 아니라 하나님께서는 택자들이 그리스도의 의를 전가받는 그 수단도 이미 정해 놓으셨습니다. 그 수단이 바로 '믿음'Faith 입니다.

> "곧 예수 그리스도를 믿음으로 말미암아 모든 믿는 자에게 미치는 하나님의 의니 차별이 없느니라"(롬 3:22)

제34문답: 양자삼음

◆ **제34문답** ◆

Question: What is adoption?

Answer: Adoption is an act of God's free grace, whereby we are received into the number, and have a right to all the privileges, of the sons of God.

문: 양자삼음은 무엇인가요?

답: 양자삼음은 하나님의 값없는 은혜의 행위인데, 그로부터 우리가 하나님의 아들들의 수에 받아들여지고, 그들의 모든 특권에 대한 권리를 갖습니다.

● 왜 양자삼음이 하나님의 값없는 은혜의 행위인가요?

하나님께서는 의롭다고 인정한 자들에게 또 하나의 특권을 주십니다. 그들 모두를 다 자신의 자녀로 삼아 주시는 것입니다. 여기에는 어떠한 조건도 없습니다. 그뿐만 아니라 심지어 어떠한 수단도 없습니다. 의롭다고 인정받고 나서 하나님의 자녀가 되기까지 기다려야 할 시간도 필요 없습니다. 하나님께서 의롭다고 인정하신 택자들은 그 순간 바로 하나님의 자녀가 됩니다. 이러한 차원에서 양자삼음은 전적으로 하나님의 값없는 은혜의 행위입니다.

"보라 아버지께서 어떠한 사랑을 우리에게 베푸사 하나님의 자녀라 일컬음을 받게 하셨는가, 우리가 그러하도다 그러므로 세상이 우리를 알지 못함은 그를 알지 못함이라"(요일 3:1)

● 양자삼음의 근거와 원인은 무엇인가요?

택자들이 하나님의 자녀가 되는 데는 그 어떠한 조건도, 수단도 필요하지 않습니다. 택자들이 하나님의 자녀가 되는 데는 단지 그 근거와 원인만 있을 뿐입니다. 그 근거와 원인이 바로 예수 그리스도입니다. 이러한 이유로 성경은 '예수 그리스도로 말미암아' 하나님의 자녀가 된다고 표현하고 있습니다.

"그 기쁘신 뜻대로 우리를 예정하사 예수 그리스도로 말미암아 자기의 아들들이 되게 하셨으니"(엡 1:5)

● 양자삼음의 은혜 안에서 신자는 어떠한 특권을 누리게 되나요?

첫째, 양자삼음의 은혜 안에서 신자는 하나님의 자녀로 받아들여집니다.

"그 기쁘신 뜻대로 우리를 예정하사 예수 그리스도로 말미암아 자기의 아들들이 되게 하셨으니"(엡 1:5)

둘째, 양자삼음의 은혜 안에서 신자는 하나님의 자녀들의 모든 특권을 가질 자격을 얻습니다. 하나님의 자녀가 되었다는 것은 하나님께서 그들의 아버지가 되신 것입니다. 따라서 이제 그들은 자녀가 아버지에게 받아서 누릴 수 있는 특권을 하나님으로부터 다 받아서 누릴 수 있게 됩니다. 그리고 하나님의 상속자들이 됩니다.

"자녀이면 또한 상속자 곧 하나님의 상속자요 그리스도와 함께한 상속자니 우리가 그와 함께 영광을 받기 위하여 고난도 함께 받아야 할 것이니라"(롬 8:17)

제35문답: 성화

◆ 제35문답 ◆

Question: What is sanctification?

Answer: Sanctification is the work of God's free grace, whereby we are renewed in the whole man after the image of God, and are enabled more and more to die unto sin, and live unto righteousness.

문: 성화는 무엇인가요?

답: 성화는 하나님의 값없는 은혜의 사역인데, 그로 인해 우리는 전인이 하나님의 형상을 따라 새롭게 되고, 점점 더 죄에 대해서는 죽고, 의에 대해서는 살 수 있게 됩니다.

● 신자는 더 거룩해질 수 있나요?

한국어 '성화'는 문자적으로만 볼 때 '거룩하게 되다'라는 뜻으로 여겨집니다. 따라서 이 단어는 거룩하지 않은 상태가 거룩한 상태로 변화되는 것을 나타낸다고 할 수도 있고, 덜 거룩한 상태가 더 거룩한 상태가 되는 것을 나타낸다고 할 수도 있습니다. 그러나 성경과 장로교 교리표준이 말하는 성화는 그런 의미가 아닙니다. 성화에 대한 이 두 가지 이해는 천주교회에서 말하는 '의화'justification 교리에 더욱 가깝습니다.

타락 이후 모든 인류는 죄악된 본성을 가지고 태어납니다(시 51:5). 그리고 일생을 이 본성을 가지고 살아갑니다. 이렇게 본성적으로 죄성을 가지고 살아가는 사람은 그 누구도 자신의 상태를 거룩한 상태로 변화시킬 수 없습니다. 이것은 스스로도 안 될 뿐만 아니라, 하나님의 은혜로도 안 됩니다. 왜냐하면 하나님께서는 죄인들에게 이러한 은혜는 주시지 않으시기 때문입니다. 하나님께서 주시는 은혜는 믿음을 통해 그리스도의 의를 전가받아 의롭다고 인정받게 되는 '칭의'의 은혜이지, '의화'의 은혜가 아니기 때문입니다. 거룩한 상태로의 변화가 없으니, 더 거룩해지는 것도 당연히 없습니다.

● 신자들이 누리는 은덕으로서의 성화는 무엇인가요?

신자들이 누리는 은덕으로서의 성화는 그들 속에 거하시는 그리스도께서 그들을 통해 드러나는 것을 의미합니다. 효력있는 부르심을 통해 내주하시는 그리스도께서 신자의 삶을 통해 드러나는 것이 바로 성화입니다. 신자가 성화의 삶을 산다는 것이 바로 이것입니다. 그리스도의 거룩을 드러내는 삶을 사는 것입니다.

그러면 신자는 어떻게 삶을 통해 그리스도의 거룩을 드러낼까요? 어떠한 방법으로 성화를 이룰 수 있을까요? 아무리 독실한 신자라 할지라도 자신의 능력이나 노력으로 성화를 이룰 수는 없습니다. 왜냐하면 이 또한 사람의 일이 아니라, 하나님의 일이기 때문입니다. 성화가 전적으로 하나님의 은혜의 사역이기 때문입니다.

> "너희 안에서 행하시는 이는 하나님이시니 자기의 기쁘신 뜻을 위하여 너희에게 소원을 두고 행하게 하시나니"(빌 2:13)

● 성화는 누구의 사역인가요?

성화는 가치 없는 자에게 값없이 주어지는 하나님의 자비의 사역입니다. 참고로, '성화'Sanctification의 동사형인 Sanctify의 뜻은 '성화하다'가 아니라, '성화시키다'입니다.

> "우리 구주 하나님의 자비와 사람 사랑하심이 나타날 때에 우리를 구원하시되 우리가 행한 바 의로운 행위로 말미암지 아니하고 오직 그의 긍휼하심을 따라 중생의 씻음과 성령의 새롭게 하심으로 하셨나니"(딛 3:4,5)

● 하나님의 성화의 사역은 신자에게 어떻게 행해지나요?

하나님의 성화의 사역은 주로 신자의 삶을 통해 점진적으로 행해집니다. 하나님의 성화의 사역을 통해 신자는 점진적으로 새로워집니다. 즉, 삶 속에서 점점 더 잘 그리스도를 드러냅니다.

"또 새 영을 너희 속에 두고 새 마음을 너희에게 주되 너희 육신에서 굳은 마음을 제거하고 부드러운 마음을 줄 것이며"(겔 36:26)

● 하나님의 성화의 사역으로 신자에게는 어떠한 변화가 일어나나요?

성화를 통해 죄인은 그 마음이 새로워집니다. 하나님으로부터 의롭다고 인정받고, 하나님의 자녀가 된 자라도 그 속에는 여전히 죄악된 본성이 남아 있습니다. 이 본성은 계속해서 죄의 속삭임에 귀를 기울이려 합니다. 이러한 자들에게 하나님께서는 성화의 사역을 통해 이들이 새 마음으로 죄의 유혹을 물리칠 수 있도록 도우십니다.

"너희는 이 세대를 본받지 말고 오직 마음을 새롭게 함으로 변화를 받아 하나님의 선하시고 기뻐하시고 온전하신 뜻이 무엇인지 분별하도록 하라"(롬 12:2)

● 택자들의 오염된 상태는 어떻게 회복되어 가나요?

하나님께서는 아담과 하와를 하나님의 형상을 따라 만드셨습니다. 그러나 그들의 범죄 이후 이 형상은 오염되고 말았습니다. 따라서 아담과 하와의 모든 후손들은 이 오염된 형상으로 태어나고, 살아갑니다. 그러나 하나님께서는 인류 중에서 영원한 생명으로 선택한 자들은 그

오염된 형상의 상태에 계속 머물게 내버려두시지 않으십니다. 하나님께서는 성화의 사역을 통해 그들의 오염된 형상을 회복시켜 가십니다.

> "하나님을 따라 의와 진리의 거룩함으로 지으심을 받은 새 사람을 입으라"(엡 4:24)

● **성화의 과정에서 신자는 무엇을 하나요?**

성화는 전적으로 하나님의 은혜의 사역입니다. 따라서 이를 위해 사람이 할 것은 아무것도 없습니다. 그러나 그렇다고 사람이 아무것도 하지 않는 것은 아닙니다. 하나님께서 성화의 사역을 행하실 때 사람은 그 사역에 반응합니다. 특히, 죄와 의에 대하여 반응합니다.

● **성화의 과정에서 드러나는 현상은 무엇인가요?**

첫째, 성화의 과정에서 죄인은 죄에 대하여 죽을 수 있게 됩니다. 이는 죄와 멀어지는 것을 말합니다. 점점 더 죄를 경계할 뿐만 아니라, 죄를 싫어하게 됩니다. 죄의 유혹을 더 단호하게 뿌리치려고 합니다. 더 이상 죄에게 종 노릇 하지 않으려 선한 의지를 더욱 굳게 합니다.

> "우리가 알거니와 우리의 옛 사람이 예수와 함께 십자가에 못 박힌 것은 죄의 몸이 죽어 다시는 우리가 죄에게 종 노릇 하지 아니하려 함이니"(롬 6:6)

둘째, 성화의 과정에서 죄인은 의에 대하여 살 수 있게 됩니다. 하나님의 계명을 따르는 것을 더욱 즐거워합니다. 그뿐만 아니라 그리스도를 닮고 싶은 마음이 강화되며, 그것을 삶으로 더 많이 그리고 더 잘 실천하려 합니다.

"그러나 이제는 너희가 죄로부터 해방되고 하나님께 종이 되어 거룩함에 이르는 열매를 맺었으니 그 마지막은 영생이라"(롬 6:22)

셋째, 죄에 대하여는 죽고, 의에 대하여는 살고자 부단히 노력하지만, 그렇게 하는 만큼 또한 더 많은 실패도 경험합니다. 이러한 상황을 힘들어하기도 합니다. 그러나 하나님의 성화의 사역을 통해 신자는 낙심하지 않습니다. 비록 넘어져도 다시 일어납니다.

"그러므로 우리가 낙심하지 아니하노니 우리의 겉사람은 낡아지나 우리의 속사람은 날로 새로워지도다"(고후 4:16)

제36문답: 성도의 견인

◆ 제36문답 ◆

Question: What are the benefits which in this life do accompany or flow from justification, adoption, and sanctification?

Answer: The benefits which in this life do accompany or flow from justification, adoption, and sanctification, are, assurance of God's love, peace of conscience, joy in the Holy Ghost, increase of grace, and perseverance therein to the end.

문: 이생에서 칭의, 양자 삼음, 성화와 함께 발생하거나 그것들로부터

흘러나오는 은덕들은 무엇인가요?

답: 이생에서 칭의, 양자 삼음, 성화와 함께 발생하거나 혹은 그것들로부터 흘러나오는 은덕들은 하나님의 사랑에 대한 확신, 양심의 평안, 성령 안에서 기쁨, 은혜의 증진, 그리고 그 안에서 끝까지 견디는 것입니다.

● **신자가 칭의, 양자 삼음, 성화를 통해 이생에서 누리는 다양한 은덕들을 무엇인가요?**

첫째, 신자는 칭의, 양자 삼음, 성화의 은덕으로 이생에서 하나님의 사랑에 대한 확신을 누립니다.

> "소망이 우리를 부끄럽게 하지 아니함은 우리에게 주신 성령으로 말미암아 하나님의 사랑이 우리 마음에 부은 바 됨이니"(롬 5:5)

둘째, 신자는 칭의, 양자 삼음, 성화의 은덕으로 이생에서 양심의 평화를 누립니다.

> "그러므로 우리가 믿음으로 의롭다 하심을 받았으니 우리 주 예수 그리스도로 말미암아 하나님과 화평을 누리자"(롬 5:1)

셋째, 신자는 칭의, 양자 삼음, 성화의 은덕으로 어떠한 상황에서도 성령 안에서 기쁨을 누립니다.

> "그러므로 너희가 이제 여러 가지 시험으로 말미암아 잠깐 근심하게 되지 않을 수 없으나 오히려 크게 기뻐하는도다"(벧전 1:8)

넷째, 신자는 칭의, 양자 삼음, 성화의 은덕으로 이생에서 점점 더 큰 은혜를 경험하게 됩니다.

"의인의 길은 돋는 햇살 같아서 크게 빛나 한낮의 광명에 이르거니와"(잠 4:18)

다섯째, 신자는 칭의, 양자 삼음, 성화의 은덕으로 이생에서 은혜 안에서 끝까지 견딜 수 있게 됩니다. 즉, 성도의 견인의 은혜를 누리게 됩니다.

"내가 그들에게 복을 주기 위하여 그들을 떠나지 아니하리라 하는 영원한 언약을 그들에게 세우고 나를 경외함을 그들의 마음에 두어 나를 떠나지 않게 하고"(렘 32:40)

제37문답: 신자들이 죽을 때 받는 은덕들

◆ **제37문답** ◆

Question: What benefits do believers receive from Christ at death?

Answer: The souls of believers are at their death made perfect in holiness, and do immediately pass into glory; and their bodies, being still united to Christ, do rest in their graves, till the resurrection.

문: 신자들은 죽을 때 그리스도로부터 어떠한 은덕들을 받나요?

답: 신자들의 영혼들은 그들이 죽을 때 거룩함으로 온전하게 되어, 즉시 영광에 들어가고, 그들의 육신들은 여전히 그리스도에 연합된

채로 부활의 때까지 계속 그들의 무덤에서 쉽니다.

● **사람은 죽으면 어떻게 되나요?**

사람의 죽음은 소멸이 아닙니다. 사람의 죽음은 영혼과 육이 분리되는 것입니다. 모든 사람은 죽는 순간 영혼과 육이 분리됩니다. 그리고 그렇게 분리된 영혼은 하나님께서 정하신 기준에 따라 즉시 낙원이나 지옥으로 이동합니다. 그리고 몸은 썩어서 흙으로 돌아갑니다.

> "예수께서 이르시되 내가 진실로 네게 이르노니 오늘 네가 나와 함께 낙원에 있으리라 하시니라"(눅 23:43)

● **신자는 죽을 때 그리스도로부터 어떠한 은덕을 누리나요?**

신자는 이 땅을 살아갈 때만이 아니라 죽음의 순간에도 그리스도로부터 주어지는 특별한 은덕을 누립니다. 영혼과 육신이 다 특별한 은덕을 누립니다. 그럼, 신자가 죽을 때 그의 영혼은 어떠한 은덕을 누릴까요?

첫째, 신자가 죽을 때 그의 영혼은 온전히 거룩해지는 은덕을 누립니다.

> "하늘에 기록된 장자들의 모임과 교회와 만민의 심판자이신 하나님과 및 온전하게 된 의인의 영들과"(히 12:23)

둘째, 죽음 이후 신자의 영혼은 즉시 영광에 이르는 은덕을 누립니다.

> "예수께서 이르시되 내가 진실로 네게 이르노니 오늘 네가 나와 함께 낙원에 있으리라 하시니라"(눅 23:43)

● 신자의 몸은 죽음 이후에 그리스도로부터 어떠한 은덕을 받아 누리게 될까요?

첫째, 죽은 후 무덤에 있는 신자의 몸은 여전히 그리스도와 연합되어 있는 은덕을 누립니다. 이렇듯 한 번 맺어진 그리스도와의 연합은 죽음도 끊지 못합니다. 성경은 죽은 이후의 신자들의 이러한 몸의 상태를 '예수 안에서 잔다'라고 표현합니다.

> "우리가 예수께서 죽으셨다가 다시 살아나심을 믿을진대 이와 같이 예수 안에서 자는 자들도 하나님이 그와 함께 데리고 오시리라"(살전 4:14)

둘째, 신자의 몸은 죽은 후 무덤에 쉬면서 부활을 기다립니다.

> "그들은 평안에 들어갔나니 바른 길로 가는 자들은 그들의 침상에서 편히 쉬리라"(사 57:2)

셋째, 마지막 날에 신자의 몸은 그리스도에 의해 무덤으로부터 먼저 들림을 받을 것입니다.

> "주께서 호령과 천사장의 소리와 하나님의 나팔 소리로 친히 하늘로부터 강림하시리니 그리스도 안에서 죽은 자들이 먼저 일어나고"(살전 4:16)

● 불신자들의 죽음은 신자의 죽음과 어떻게 다른가요?

신자들이 죽음의 때에 그리스도로부터 특별한 은덕을 받아 누린다면, 불신자들의 영혼과 육은 죽은 이후에 어떻게 될까요? 불신자들도 죽음과 동시에 영혼과 육이 분리됩니다. 그러나 그들의 영혼은 지옥에 던져지며, 그들의 몸은 그들의 감옥으로서의 무덤에서 심판 때까지 보관됩니다.

"이에 그 거지가 죽어 천사들에게 받들려 아브라함의 품에 들어가고 부자도 죽어 장사되매 그가 음부에서 고통 중에 눈을 들어 멀리 아브라함과 그의 품에 있는 나사로를 보고 불러 이르되 아버지 아브라함이여 나를 긍휼히 여기사 나사로를 보내어 그 손가락 끝에 물을 찍어 내 혀를 서늘하게 하소서 내가 이 불꽃 가운데서 괴로워하나이다"(눅 16:22-24)

제38문답: 신자들이 부활 때 받는 은덕들

◆ 제38문답 ◆

Question: What benefits do believers receive from Christ at the resurrection?

Answer: At the resurrection, believers, being raised up in glory, shall be openly acknowledged and acquitted in the day of judgment, and made perfectly blessed in the full enjoying of God to all eternity.

문: 신자들은 부활의 때에 그리스도로부터 어떠한 은덕들을 받나요?

답: 부활의 때에 신자들은 영광중에 일으킴을 받아서, 심판 날에 공개적으로 인정과 무죄 선언을 받게 될 것이고, 하나님을 영원까지 누리는 그 절정을 완벽하게 복으로 받게 될 것입니다.

● 예수님께서 다시 오실 때 누가 부활하나요?

신자들은 그리스도께서 산 자와 죽은 자를 심판하러 오시는 마지막 날에 몸의 부활이 있을 것을 믿고 고백합니다. 그런데 마지막 날에 오직 신자들만이 부활하나요? 그렇지 않습니다. 마지막 날에 신자든 불신자든 모든 죽은 자들의 일반적인 부활이 있을 것입니다.

> "그들이 기다리는 바 하나님께 향한 소망을 나도 가졌으니 곧 의인과 악인의 부활이 있으리라 함이니이다"(행 24:15)

● 예수님께서 다시 오시는 그 순간에 살아 있는 사람들은 어떻게 되나요?

마지막 날에 살아 있는 자들은 모두 순간적으로 변화할 것입니다. 이 변화도 단지 신자들에게만 일어나는 것이 아닙니다. 불신자들에게도 동일한 변화가 일어날 것입니다.

> "보라 내가 너희에게 비밀을 말하노니 우리가 다 잠 잘 것이 아니요 마지막 나팔에 순식간에 홀연히 다 변화되리니"(고전 15:51)

● 마지막 날에 살아 있다가 변화된 사람들의 몸과 부활한 몸은 어떤 상태가 되나요?

사람의 부활체는 그 이전의 몸과 비교할 때 큰 차이점이 있을 것입니다. 마지막 날 살아서 변화한 몸과 부활한 몸들은 모두 썩지 않는 상태가 될 것입니다.

> "나팔 소리가 나매 죽은 자들이 썩지 아니할 것으로 다시 살아나고 우리도 변화

되리라 이 썩을 것이 반드시 썩지 아니할 것을 입겠고 이 죽을 것이 죽지 아니함을 입으리로다"(고전 15:52,53)

● 마지막 날에 신자들은 그리스도로부터 어떠한 특별한 은덕을 누리게 되나요?

첫째, 마지막 날에 부활한 신자는 영광 가운데 들림을 받는 은덕을 누리게 됩니다.

> "욕된 것으로 심고 영광스러운 것으로 다시 살아나며 약한 것으로 심고 강한 것으로 다시 살아나며"(고전15:43)

둘째, 마지막 날에 신자는 심판을 통해 그리스도로부터 공개적으로 인정을 받는 은덕을 누리게 됩니다. 이때 그리스도께서는 그들 모두를 자기의 백성이라고 공개적으로 인정해 주실 것입니다.

> "내가 또한 너희에게 말하노니 누구든지 사람 앞에서 나를 시인하면 인자도 하나님의 사자들 앞에서 그를 시인할 것이요"(눅 12:8)

셋째, 마지막 날에 신자는 심판을 통해 그리스도로부터 무죄 선고를 받는 은덕을 누리게 됩니다. 신자들은 이생을 살 동안에는 비록 그리스도와 연합한 상태였고, 성령이 내주한 상태였음에도 불구하고, 여전히 그 속에 죄악된 본성이 남아 있는 상태였습니다. 그래서 하나님께서 그들을 그리스도의 의로 여겨 주셨음에도 불구하고 여전히 본질적으로 죄인의 신분이었습니다. 심지어 그들이 죽음을 통해 죄악된 본성을 벗고, 부활의 때까지 더 이상 죄를 지을 수 없는 상태에 있었다고 할지라도 그때까지도 여전히 무죄 선언을 받지 못한 죄인의 상태였습니다. 그러한 신자들이 마지막 심판을 통해 무죄 선언을 받아 온전히 죄에서 자유롭게 되는 것입니다.

"너희 믿음의 확실함은 불로 연단하여도 없어질 금보다 더 귀하여 예수 그리스도께서 나타나실 때에 칭찬과 영광과 존귀를 얻게 할 것이니라"(벧전 1:7)

넷째, 마지막 날에 신자는 심판을 통해 하나님을 온전히 기뻐하고 누릴 수 있는 복을 받게 될 것입니다.

"기록된 바 하나님이 자기를 사랑하는 자들을 위하여 예비하신 모든 것은 눈으로 보지 못하고 귀로 듣지 못하고 사람의 마음으로 생각하지도 못하였다 함과 같으니라"(고전 2:9)

다섯째, 신자는 결국 심판 이후 하나님을 영원히 즐거워할 수 있게 됩니다.

"그 후에 우리 살아남은 자들도 그들과 함께 구름 속으로 끌어 올려 공중에서 주를 영접하게 하시리니 그리하여 우리가 항상 주와 함께 있으리라"(살전 4:17)

제39-81문답: 십계명

◆ 제39문답 ◆

Question: What is the duty which God requireth of man?

Answer: The duty which God requireth of man, is obedience to his revealed will.

문: 하나님께서 사람에게 요구하시는 의무는 무엇인가요?

답: 하나님께서 사람에게 요구하시는 의무는 그의 계시된 뜻에 대한 순종입니다.

● 하나님께서는 오직 자기의 백성에게만 특별한 의무를 요구하시나요?

하나님께서는 사람에게 어떠한 의무들을 요구하십니다. 여기서 말하는 사람은 하나님의 백성들만이 아닙니다. 하나님께서는 자기의 백성이 아닌 자들에게도 같은 의무를 요구하십니다. 이러한 차원에서 볼 때 이 문답에서의 사람은 '모든 인류'를 의미합니다.

> "이스라엘아 네 하나님 여호와께서 네게 요구하시는 것이 무엇이냐 곧 네 하나님 여호와를 경외하여 그의 모든 도를 행하고 그를 사랑하며 마음을 다하고 뜻을 다하여 네 하나님 여호와를 섬기고"(신 10:12)

● 하나님께서는 인류에게 요구하시는 의무를 무엇을 통해 알려주시나요?

하나님께서 모든 인류에게 요구하시는 의무의 내용과 범위는 하나님의 계시된 뜻입니다. 하나님께서는 인류에게 요구하시는 의무들을 계시를 통해 이미 알려주셨습니다. 구약시대에는 선지자들을 통해서, 예수님의 공생애 사역 중에는 예수님께서 직접 말씀으로, 그리고 신약시대를 사는 우리에게는 그 의무의 내용과 범위를 기록으로 남겨주셨습니다. 따라서 우리는 기록된 성경전서를 통해 하나님께서 인류에게 요구하시는 의무의 내용과 범위를 알 수 있습니다. 이러한 차원에서 볼 때 성경전서를 통해 받지 않은 것들을 하나님께서 요구하시는 의무라고 주장하는 것은 그것이 인류에게 아무리 선한 행실로 여겨진다고 할지라도 하나님 보시기에 옳지 않습니다. 오히려 하나님께 죄를 범하는 것입니다.

"사람아 주께서 선한 것이 무엇임을 네게 보이셨나니 여호와께서 네게 구하시는 것은 오직 정의를 행하며 인자를 사랑하며 겸손하게 네 하나님과 함께 행하는 것이 아니냐"(미 6:8)

● 하나님께서 인류에게 요구하시는 의무의 핵심은 무엇인가요?

하나님께서 모든 인류에게 요구하시는 의무의 핵심은 순종입니다.

"사무엘이 이르되 여호와께서 번제와 다른 제사를 그의 목소리를 청종하는 것을 좋아하심 같이 좋아하시겠나이까 순종이 제사보다 낫고 듣는 것이 숫양의 기름보다 나으니"(삼상 15:22)

● 하나님께서는 모든 인류에게 어떠한 순종을 요구하실까요?

하나님께서는 모든 인류에게 자발적이고 적극적인 순종을 요구하십니다. '순종'obedience은 '순응'conformity 과는 다릅니다. 순종은 요구하시는 분에 대한 공경을 담아 자발적으로 그 뜻에 동의하며 그분이 요구하시는 것을 즐거운 마음으로 준행하는 것을 말합니다. 따라서 순수한 순종은 요구하시는 분의 칭찬을 기대합니다. 반면에 순응은 요구되는 사항 자체의 구속력 때문에 그 요구를 준행하는 것을 말합니다. 따라서 순응은 벌을 모면할 수 있다는 안도감을 기대합니다.

"예수께서 이르시되 네 마음을 다하고 목숨을 다하고 뜻을 다하여 주 너의 하나님을 사랑하라 하셨으니"(마 22:37)

● **무엇이 온전한 순종인가요?**

하나님께서는 자신이 계시하신 뜻의 내용과 범위에 있어서 온전한 순종을 요구하십니다. 먼저 하나님께서 자신이 계시하신 뜻의 내용에 있어서 온전한 순종을 요구하신다는 것은 순종의 '질'quality을 말하는 것으로 그 요구되는 내용이 조금도 변함없이 준행되는 것을 말합니다. 그리고 하나님께서 자신이 계시하신 뜻의 범위에 있어서 온전한 순종을 요구하신다는 것은 순종의 '양'quality을 말하는 것으로 요구된 것들 모두가 하나도 빠짐없이 준행되는 것을 말합니다.

"누구든지 온 율법을 지키다가 그 하나를 범하면 모두 범한 자가 되나니"(약 2:10)

◆ 제40문답 ◆

Question: What did God at first reveal to man for the rule of his obedience?

Answer: The rule which God at first revealed to man for his obedience, was the moral law.

문: 하나님께서 처음에 사람에게 자기의 순종의 법칙으로 무엇을 계시하셨나요?

답: 하나님께서 처음에 사람에게 자기의 순종을 위해 계시하신 법칙은 도덕법이었습니다.

● 도덕법이란 무엇인가요?

모든 사람은 다 하나님의 형상을 따라 지음 받았습니다. 택자들뿐만 아니라 유기자들 또한 그렇습니다.

> "하나님이 자기 형상 곧 하나님의 형상대로 사람을 창조하시되 남자와 여자를 창조하시고"(창 1:27)

그뿐만 아니라 하나님께서는 본성의 빛 또한 택자와 유기자 모두에게 주셨습니다. 하나님께서 모든 사람에게 주신 본성의 빛은 주로 종교심과 양심으로 나타납니다. 하나님께서는 본성의 빛으로 주신 종교심을 통해서는 모든 사람이 만물의 창조자이신 하나님께 합당하게 반응할 것을 요구하십니다. 그리고 양심을 통해서는 어떠한 순종의 법칙을 요구하십니다. 하나님께서 본성의 빛 안에서 양심을 통해 모든 사람에게 요구하시는 순종의 법칙을 도덕법이라고 합니다.

> "율법 없는 이방인이 본성으로 율법의 일을 행할 때에는 이 사람은 율법이 없어도 자기가 자기에게 율법이 되나니 이런 이들은 그 양심이 증거가 되어 그 생각들이 서로 혹은 고발하며 혹은 변명하여 그 마음에 새긴 율법의 행위를 나타내느니라"(롬 2:14,15)

● '도덕법이 불변하다'는 것은 무슨 뜻인가요?

하나님께서 사람의 본성 안에서 양심을 통해 요구하시는 순종의 법칙인 도덕법은 불변합니다. 구약시대에 하나님의 율법은 의식법, 시민법, 도덕법으로 이스라엘에 전달되었습니다. 이 세 가지 형태의 율법 중에 의식법은 신약 아래에서 폐기되었습니다(WCF 19.3). 그리고 재판법이라고도 하는 시민법은 이스라엘 백성의 나라와 함께 만료되었습니다(WCF 19.4). 그러나 도덕법은 신약시대에도 순종의 법칙으로 여전히 유효합니다. 이러한 점에 있어서 도덕법은 불변합니다.

"진실로 너희에게 이르노니 천지가 없어지기 전에는 율법의 일점 일획도 결코 없어지지 아니하고 다 이루리라"(마 5:18)

● 도덕법은 구약과 신약 아래에서 동일한가요?

순종의 법칙으로서의 도덕법은 신약시대에도 구약시대와 완전히 동일한가요? 그렇지 않습니다. 순종의 법칙으로서 도덕법의 내용과 범위는 신약시대에서 구약시대와 동일합니다. 그러나 그리스도에 의해 복음 안에서 그 구속력은 더욱 강화되었습니다(WCF 19.5).

"내가 율법이나 선지자를 폐하러 온 줄로 생각하지 말라 폐하러 온 것이 아니요 완전하게 하려 함이라"(마 5:17)

● 의식법은 무엇인가요?

첫째, 하나님께서 구약시대에 미성숙한 교회로서의 이스라엘에 여러 의식들을 통해 요구하시는 순종의 법칙들을 주셨습니다. 그것이 바로 의식법입니다. 이러한 의식들이 주로 제사의 형태로 행해졌기에 이를 제사법이라고도 합니다.

"첫 언약에도 섬기는 예법과 세상에 속한 성소가 있더라"(히 9:1)

둘째, 구약의 의식법은 오실 그리스도와 그분의 은혜와 그분이 행하실 중보자 사역을 미리 나타내는 예표들이었습니다.

"율법은 장차 올 좋은 일의 그림자일 뿐이요 참 형상이 아니므로 해마다 늘 드리는 같은 제사로는 나아오는 자들을 언제나 온전하게 할 수 없느니라"(히 10:1)

셋째, 구약의 의식법은 특별한 목적을 위해 제정된 법이었습니다. 그래서 그 법의 시행은 그 목적이 달성될 때까지로 그 기간이 제한되어 있었습니다. 다시 말해서 의식법의 시행과 효력은 영구적이지 않고 일시적이었습니다.

"그런즉 율법은 무엇이냐 범법하므로 더하여진 것이라 천사들을 통하여 한 중보자의 손으로 베푸신 것인데 약속하신 자손이 오시기까지 있을 것이라"(갈 3:19)

넷째, 구약의 의식법의 시행 기한은 그리스도께서 성육신하셔서 이 땅에 오실 때까지였습니다. 따라서 이 법은 그리스도에 의해 성취됨으로 현재는 폐기되고 없습니다. 이러한 이유로 신약의 시대를 사는 우리는 이 법을 지킬 필요가 없습니다. 그뿐만 아니라 이 법은 이미 폐기된 법이기에 이 시대에 이 법을 지키는 것은 불법입니다.

"전에 있던 계명은 연약하고 무익하므로 폐하고"(히 7:18)

● 시민법(재판법)은 무엇인가요?

하나님께서는 정치 조직체로서의 이스라엘에 여러 가지 재판을 통해 요구하시는 순종의 법칙을 주셨습니다. 그래서 시민법을 재판법이라고도 합니다.

"네가 백성 앞에 세울 법규는 이러하니라"(출 21:1)

● 시민법(재판법)은 아직도 유효한가요?

구약의 재판법은 그리스도에 의해 이스라엘 나라와 함께 만료되었습니다. 그리스도에 의해 이스라엘 나라는 구약의 이스라엘과 달리 새롭게 세워졌습니다. 따라서 구약의 이스라엘을 위한 시민법은 더 이상 유효하지 않습니다. 신약시대를 사는 성도들은 이제 새롭게 세워진 이스라엘을 위해 그리스도께서 제정하신 시민법을 따라 살아갑니다.

> "또 눈은 눈으로, 이는 이로 갚으라 하였다는 것을 너희가 들었으나 나는 너희에게 이르노니 악한 자를 대적하지 말라 누구든지 네 오른편 뺨을 치거든 왼편도 돌려 대며"(마 5:38.39)

◆ 제41문답 ◆

Question: Wherein is the moral law summarily comprehended?
Answer: The moral law is summarily comprehended in the ten commandments.

문: 도덕법은 어디에 요약적으로 포함되어 있나요?
답: 도덕법은 십계명 안에 요약적으로 포함되어 있습니다.

● 도덕법은 어디에 있나요?

하나님께서 자신이 계시하신 뜻에 대한 순종의 법칙으로 주신 이 도덕법을 우리는 어디에서 알 수 있을까요? 다시 말해서 도덕법은 어디에 있으며, 어떻게 정리되어 있을까요? 66권으로 구성된 성경전서의 각 권들은 모두 도덕법을 충분히 포함하고 있습니다.

"모든 성경은 하나님의 감동으로 된 것으로 교훈과 책망과 바르게 함과 의로 교육하기에 유익하니 이는 하나님의 사람으로 온전하게 하며 모든 선한 일을 행할 능력을 갖추게 하려 함이라"(딤후 3:16,17)

● 모든 성경에 도덕법이 균등하게 들어있나요?

성경전서 66권의 각 권 중에서 어떤 곳에서는 주제에 따라 도덕법의 한 조각이 간단히 요약되어 있기도 합니다.

"간음하지 말라, 살인하지 말라, 도둑질하지 말라, 탐내지 말라 한 것과 그 외에 다른 계명이 있을지라도 네 이웃을 네 자신과 같이 사랑하라 하신 그 말씀 가운데 다 들었느니라"(롬 13:9)

● 도덕법의 핵심은 어디에 요약되어 있나요?

성경전서 중에 도덕법의 핵심이 요약되어 있는 곳이 있습니다. 바로 십계명이 그렇습니다. 도덕법의 핵심은 십계명 안에 요약되어 있습니다.

"여호와께서 그 총회 날에 산 위 불 가운데에서 너희에게 이르신 십계명을 처음과 같이 그 판에 쓰시고 그것을 내게 주시기로"(신 10:4)

◆ 제42문답 ◆

Question: What is the sum of the ten commandments?

Answer: The sum of the ten commandments is, to love the Lord our God with all our heart, with all our soul, with all our strength, and with all our mind; and our neighbor as ourselves.

문: 십계명의 강령은 무엇인가요?

답: 십계명의 강령은 우리의 온 심정과 온 영혼과 온 힘과 온 마음으로 우리 주 하나님을 사랑하고, 우리의 이웃을 우리 자신으로 사랑하는 것입니다.

● 예수 그리스도께서 요약하신 십계명의 강령은 무엇인가요?

도덕법은 십계명에 요약되어 있습니다. 그리고 이 십계명은 두 개의 강령으로 요약될 수 있습니다. 십계명은 하나님께서 직접 기록하셔서 주셨습니다. 그리고 그 십계명을 두 개의 강령으로 요약해 주신 분은 예수 그리스도이십니다. 하나님에 대한 사랑이 십계명의 첫째이자 으뜸가는 강령입니다. 그리고 그에 따른 십계명의 둘째 강령은 이웃에 대한 사랑입니다.

"예수께서 이르시되 네 마음을 다하고 목숨을 다하고 뜻을 다하여 주 너의 하나님을 사랑하라 하셨으니 이것이 크고 첫째 되는 계명이요 둘째도 그와 같으니 네 이웃을 네 자신 같이 사랑하라 하셨으니 이 두 계명이 온 율법과 선지자의 강령이니라"(마 22:37-40)

◆ 제43문답 ◆

Question: What is the preface to the ten commandments?

Answer: The preface to the ten commandments is in these words, I am the Lord thy God, which have brought thee out of the land of Egypt, out of the house of bondage.

문: 십계명의 서언은 무엇인가요?

답: 십계명의 서언은 이 말씀에 있습니다. "나는 너를 애굽 땅, 종 되었던 집에서 인도하여 낸 네 하나님 여호와니라"

● 십계명의 서언은 무엇을 드러내고, 무엇을 약속하나요?

십계명의 서언 안에서 하나님께서는 자신을 분명히 드러내십니다. 십계명의 서언 안에서 하나님께서는 자신이 언약의 주인이심을 드러내십니다. 그리고 자신을 이스라엘을 이집트의 속박에서 구출하신 분이시라고 소개하십니다. 이를 통해 하나님께서는 우리를 영적인 노예상태에서 구출하실 것임을 약속하십니다.

"나는 너를 애굽 땅, 종 되었던 집에서 인도하여 낸 네 하나님 여호와니라"(출 20:2)

◆ **제44문답** ◆

Question: What doth the preface to the ten commandments teach us?

Answer: The preface to the ten commandments teacheth us, that because God is the Lord, and our God, and Redeemer, therefore we are bound to keep all his commandments.

문: 십계명의 서언은 우리에게 무엇을 가르쳐주나요?

답: 십계명의 서언은 하나님께서 주시며, 우리의 하나님이시고, 구속자이시기 때문에, 우리가 그의 모든 계명들을 반드시 지켜야 한다는 것을 우리에게 가르쳐 줍니다.

● 십계명의 서언도 하나의 계명인가요?

십계명의 열 가지 계명은 하나님께서 인류에게 요구하시는 순종의 내용입니다. 즉, 사람이 해야 할 것과 하지 말아야 할 것에 대한 하나님의 명령입니다. 그러나 십계명의 서언은 명령이 아닙니다. 하나님께서 명하신 의무들을 준행하기 위해 먼저 알아야 할 내용입니다.

"나는 너를 애굽 땅, 종 되었던 집에서 인도하여 낸 네 하나님 여호와니라"(출 20:2)

● 하나님께서는 십계명의 서언을 통해 우리에게 무엇을 가르쳐 주시나요?

첫째, 십계명의 서언은 하나님께서는 만물의 주인이심을 가르쳐 줍니다.

"기약이 이르면 하나님이 그의 나타나심을 보이시리니 하나님은 복되시고 유일하신 주권자이시며 만왕의 왕이시며 만주의 주시오"(딤전 6:15)

둘째, 십계명의 서언은 이 계명을 주시는 하나님께서 바로 우리의 하나님이심을 가르쳐 줍니다.

"이 하나님은 영원히 우리 하나님이시니 그가 우리를 죽을 때까지 인도하시리로다"(시 48:14)

셋째, 십계명의 서언은 이 계명을 주시는 하나님께서 바로 우리의 구속자가 되신다는 것을 가르쳐 줍니다.

"주는 우리 아버지시라 아브라함은 우리를 모르고 이스라엘은 우리를 인정하지 아니할지라도 여호와여, 주는 우리의 아버지시라 옛날부터 주의 이름을 우리의 구속자라 하셨거늘"(사 63:16)

● **우리가 십계명을 지켜야 하는 이유는 무엇인가요?**

십계명의 서언은 우리가 왜 하나님의 계명을 지켜야만 하는지도 가르쳐 줍니다. 우리가 십계명을 지켜야 하는 이유는 우리에게 있지 않습니다. 그 이유는 바로 이 계명을 주신 하나님께 있습니다. 서언에서 소개하는 그 하나님이 바로 우리가 십계명을 지켜야 하는 이유입니다.

첫째, 우리가 하나님의 계명을 지켜야 하는 이유는 하나님이 우리의 주님이시기 때문입니다.

"그리하면 왕이 네 아름다움을 사모하실지라 그는 네 주인이시니 너는 그를 경

배할지어다"(시 45:11)

둘째, 우리가 하나님의 계명을 지켜야 하는 이유는 하나님이 우리의 하나님이시기 때문입니다.

"여호와께서 또 모든 백성들과 이 땅에 거주하던 아모리 족속을 우리 앞에서 쫓아내셨음이라 그러므로 우리도 여호와를 섬기리니 그는 우리 하나님이심이니이다 하니라"(수 24:18)

셋째, 우리가 하나님의 계명을 지켜야 하는 이유는 하나님이 우리의 구속자이시기 때문입니다.

"값으로 산 것이 되었으니 그런즉 너희 몸으로 하나님께 영광을 돌리라"(고전 6:20)

◆ 제45문답 ◆

Question: Which is the first commandment?
Answer: The first commandment is, Thou shalt have no other gods before me.

문: 어떤 것이 첫 번째 계명인가요?
답: 첫 번째 계명은 '너는 내 앞에서 다른 신들을 두지 말라'입니다.

● 첫 번째 계명의 핵심은 무엇인가요?

첫 번째 계명은 하나님의 존재에 관해 모든 인류가 필수적으로 알고 지켜야 할 규정입니다. 이 계명의 핵심은 참 신은 십계명의 서론에서 하나님 스스로가 소개한 자신밖에 없다는 것을 모든 인류가 인정하는 것입니다. 그리고 참 신이신 하나님께만 그에 합당한 존귀와 경외를 표하는 것입니다.

> "비록 하늘에나 땅에나 신이라 불리는 자가 있어 많은 신과 많은 주가 있으나 그러나 우리에게는 한 하나님 곧 아버지가 계시니 만물이 그에게서 났고 우리도 그를 위하여 있고 또한 한 주 예수 그리스도께서 계시니 만물이 그로 말미암고 우리도 그로 말미암아 있느니라"(고전 8:5,6)

● 하나님께서 다른 신들을 두지 말라고 표현하신 이유는 무엇인가요?

하나님께서는 자신의 존재와 관련된 이 계명을 '~하라'는 긍정의 명령이 아니라, '~하지 마라'는 부정의 명령으로 전달하고 계십니다. 하나님께서 이렇게 이 계명을 부정의 명령으로 표현하신 것은 사람들 사이에서 하나님 외에 다른 존재들을 자기의 신으로 여기는 일들이 실제로 많기 때문입니다. 하나님을 참 신으로 인정하지 않고 그 자리에 다른 존재를 자신들의 신으로 여기는 경우도 있지만, 하나님을 인정하면서 동시에 다른 존재도 신으로 섬기는 경우들도 있기 때문입니다. 심지어 '알지 못하는 신'이라는 이름으로 하나님 외에 다른 신을 추구하기도 하기 때문입니다.

> "내가 두루 다니며 너희가 위하는 것들을 보다가 알지 못하는 신에게라고 새긴 단도 보았으니 그런즉 너희가 알지 못하고 위하는 그것을 내가 너희에게 알게 하리라"(행 17:23)

● 소교리문답과 대교리문답은 어떻게 각 계명을 다루고 있나요?

웨스트민스터 소교리문답과 대교리문답은 십계명에서 각 계명을 순서별로 다룰 때 독특한 방식을 사용합니다. 첫 번째 계명을 예로 들면 이 계명을 '무엇이 첫 번째 계명인가요?' What is the first commandment?라고 묻지 않고, '어떤 것이 첫 번째 계명인가요?' Which is the first commandment?라고 묻고 있습니다. 이는 나머지 아홉 개의 계명을 다룰 때도 동일합니다. what은 '무엇'이란 뜻으로 어떠한 것의 본질이나 개념을 물을 때 사용합니다. 반면에 which는 '어떤'의 뜻으로, 여러 가지 중에서 어떠한 것이 그것에 해당되는지를 물을 때 사용합니다. 그리고 what과 which의 또 하나의 차이는 what이 전혀 모르는 내용에 대한 정보를 요구하는 것이라면, which는 이미 포괄적으로는 알고 있는 정보 중에서 구체적인 정보를 요구하는 것이라고 할 수 있습니다. 이러한 원칙에 따라서 볼 때, 소교리문답과 대교리문답은 전혀 정보가 없었던 계명들에 대해 무엇이 무엇인지를 하나부터 열까지 알아가는 방식이 아니라, 이미 포괄적으로 알고 있는 10개의 계명을 어떤 것이 몇 번째 계명인지를 하나씩 따져 가면서 전체의 내용을 순서에 따라 정리해 가는 방식으로 다루고 있다고 할 수 있습니다.

◆ 제46문답 ◆

Question: What is required in the first commandment?

Answer: The first commandment requireth us to know and acknowledge God to be the only true God, and our God; and to worship and glorify him accordingly.

문: 첫 번째 계명에서는 무엇이 요구되나요?

답: 첫 번째 계명은 하나님께서 유일한 참 하나님이신 것과 우리의 하나님이신 것을 알고 인정하는 것과 그것에 상응하게 그분을 경배하고 영화롭게 하는 것을 우리에게 요구합니다.

● 첫 번째 계명을 통해 하나님께서는 우리에게 무엇을 요구하시나요?

첫째, 이 계명을 통해 하나님께서는 우리에게 하나님을 아는 것을 요구하십니다.

"너는 하나님과 화목하고[Acquaint now thyself with him, KJV] 평안하라 그리하면 복이 네게 임하리라"(욥 22:21)

둘째, 이 계명을 통해 하나님께서는 하나님을 유일한 하나님으로 알 것을 요구하십니다.

"그러나 애굽 땅에 있을 때부터 나는 네 하나님 여호와라 나 밖에 네가 다른 신을 알지 말 것이라 나 외에는 구원자가 없느니라"(호 13:4)

셋째, 이 계명을 통해 하나님께서는 하나님을 참 하나님으로 알 것을 요구하십니다.

"나 여호와가 말하노라 너희는 나의 증인, 나의 종으로 택함을 입었나니 이는 너희가 나를 알고 믿으며 내가 그인 줄 깨닫게 하려 함이라 나의 전에 지음을 받은 신이 없었느니라 나의 후에도 없으리라"(사 43:1)

넷째, 이 계명을 통해 하나님께서는 하나님을 우리의 하나님으로 알 것을 요구하십니다.

"내가 여호와인 줄 아는 마음을 그들에게 주어서 그들이 전심으로 내게 돌아오게 하리니 그들은 내 백성이 되겠고 나는 그들의 하나님이 되리라"(렘 24:7)

● 첫 번째 계명을 통해 하나님께서는 우리가 무엇을 인정하기를 요구하시나요?

첫째, 하나님께서는 첫 번째 계명을 통해 우리가 하나님에 대해 알아야 할 것뿐만 아니라, 하나님에 대해 우리가 인정해야 할 것들에 대해서도 요구하십니다. 이 계명을 통해 하나님께서는 우리에게 하나님을 유일하시고 참되신 하나님으로 인정할 것을 요구하십니다.

"그 앞에서 히스기야가 기도하여 이르되 그룹들 위에 계신 이스라엘의 하나님 여호와여 주는 천하 만국에 홀로 하나님이시라 주께서 천지를 만드셨나이다"(왕하 19:15)

둘째, 이 계명을 통해 하나님께서는 하나님을 우리의 하나님으로 인정할 것을 요구하십니다.

"이 하나님은 영원히 우리 하나님이시니 그가 우리를 죽을 때까지 인도하시리로다"(시 48:14)

● 첫 번째 계명을 통해 하나님께서는 예배에 관하여 우리에게 무엇을 요구하시나요?

첫째, 하나님께서는 첫 번째 계명을 통해 예배에 대해서도 우리에게 무엇인가를 요구하십니다. 특히 예배의 대상이신 하나님을 어떠한 하나님으로 예배해야 할 것인지를 요구하십니다. 하나님께서는 이 계명을 통해 하나님을 유일한 참 하나님으로 예배할 것을 요구하십니다. 오직 하나님만이 예배를 받으시는 유일한 분이시고 참되신 하나님이심을 분명히 드러내는 예배를 요구하십니다.

"예수께서 대답하여 이르시되 기록된 바 주 너의 하나님께 경배하고 다만 그를 섬기라 하였느니라"(눅 4:8)

둘째, 이 계명을 통해 하나님께서는 하나님을 우리의 하나님으로 예배할 것을 요구하십니다. 즉, 하나님과 우리의 관계가 분명하게 드러나는 예배를 요구하십니다.

"오라 우리가 굽혀 경배하며 우리를 지으신 여호와 앞에 무릎을 꿇자 그는 우리의 하나님이시요 우리는 그가 기르시는 백성이며 그의 손이 돌보시는 양이기 때문이라 너희가 오늘 그의 음성을 듣거든"(시 95:6,7)

● 첫 번째 계명을 통해 하나님께서는 우리가 하나님께 올려드려야 할 영광에 대해 무엇을 요구하시나요?

하나님께서는 첫 번째 계명을 통해 우리가 하나님께 올려 드려야 하는 영광에 대해서도 무엇인가를 요구하십니다. 영광의 대상인 하나님을 어떠한 하나님으로 영광 돌려야 하는지를 요구하십니다. 이 계명을 통해 하나님께서는 하나님을 유일한 참 하나님으로 영광을 돌릴 것을 요구하십니다.

여호와는 위대하시니 극진히 찬양할 것이요 모든 신보다 경외할 것임이여 만국의 모든 신은 헛것이나 여호와께서는 하늘을 지으셨도다"(대상 16:25,26)

"왕이신 나의 하나님이여 내가 주를 높이고 영원히 주의 이름을 송축하리이다"(시 145:1)

◆ 제47문답 ◆

Question: What is forbidden in the first commandment?

Answer: The first commandment forbiddeth the denying, or not worshiping and glorifying, the true God as God, and our God; and the giving of that worship and glory to any other, which is due to him alone.

문: 첫 번째 계명에서는 무엇이 금지되나요?

답: 첫 번째 계명은 참 하나님이 하나님이시고, 그로 인해 우리의 하나님이시라는 것을 부인하는 것, 즉 하나님을 그러한 분으로 예배하지도 영광 돌리지도 않는 것과 오직 하나님 한 분에게만 마땅히 돌려져야 할 그 예배와 영광을 다른 어떤 것에 바치는 것을 금지합니다.

● 첫 번째 계명을 통해 하나님께서는 우리가 하나님에 대해 거부하거나 소홀히 해서는 안 될 것들로 무엇을 지적하시나요?

첫째, 이 계명을 통해 하나님께서는 우리에게 하나님을 부인하지 말 것을 지적하십니다.

"어리석은 자는 그의 마음에 이르기를 하나님이 없다 하는도다 그들은 부패하고 그 행실이 가증하니 선을 행하는 자가 없도다"(시 14:1)

둘째, 이 계명을 통해 하나님께서는 우리에게 하나님을 예배하는 것을 거부해서도 안 되며, 소홀히 해서도 안 된다고 지적하십니다.

"그러나 야곱아 너는 나를 부르지 아니하였고 이스라엘아 너는 나를 괴롭게 여겼으며"(사 43:22)

셋째, 이 계명을 통해 하나님께서는 우리에게 하나님을 영화롭게 하는 것을 거부해서도 안 되며, 소홀히 해서도 안 된다고 지적하십니다.

"도리어 자신을 하늘의 주재보다 높이며 그의 성전 그릇을 왕 앞으로 가져다가 왕과 귀족들과 왕후들과 후궁들이 다 그것으로 술을 마시고 왕이 또 보지도 듣지도 알지도 못하는 금, 은, 구리, 쇠와 나무, 돌로 만든 신상들을 찬양하고 도리어 왕의 호흡을 주장하시고 왕의 모든 길을 작정하시는 하나님께는 영광을 돌리지 아니한지라"(단 5:23)

● 첫 번째 계명을 통해 하나님께서는 우리가 피해야 할 합당하지 않은 예배에 대해서 무엇을 지적하시나요?

첫째, 하나님께서는 첫 번째 계명을 통해 우리가 피해야 할 합당하지 않은 예배에 대해서도 지적하십니다. 하나님께서는 이 계명을 통해 하나님이 유일하신 참 하나님이 아닌 것처럼 예배해서는 안 된다고 지적하십니다. 다시 말해서 하나님이 유일하신 참 하나님이신 것이 외적인 형식뿐만 아니라, 우리의 마음에서도 분명하게 드러나지 않는 예배는 그분에게 합당한 예배가 아니라고 지적하십니다.

"이 백성이 입술로는 나를 공경하되 마음은 내게서 멀도다"(마 15:8)

둘째, 이 계명을 통해 하나님께서는 하나님이 우리의 하나님이 아닌 것처럼 예배해서는 안 된다고 지적하십니다. 다시 말해서 하나님이 우리의 하나님이신 것이 분명하게 드러나지 않는 예배는 그분에게 합당한 예배가 아니라고 지적하십니다.

"주 여호와께서 이같이 말씀하셨느니라 이스라엘 족속 중에 있는 이방인 중에 마음과 몸에 할례를 받지 아니한 이방인은 내 성소에 들어오지 못하리라"(겔 44:9)

셋째, 이 계명을 통해서 하나님께서는 하나님 외에 다른 어떤 것도 예배해서는 안 된다고 지적하십니다.

"이는 그들이 하나님의 진리를 거짓 것으로 바꾸어 피조물을 조물주보다 더 경배하고 섬김이라 주는 곧 영원히 찬송할 이시로다 아멘"(롬 1:25)

넷째, 이 계명을 통해 하나님께서는 오직 하나님께만 합당한 영광을 다른 어떤 것에도 돌려서는 안 된다고 지적하십니다.

"조각한 신상을 섬기며 허무한 것으로 자랑하는 자는 다 수치를 당할 것이라 너희 신들아 여호와께 경배할지어다"(시 97:7)

◆ 제48문답 ◆

Question: What are we specially taught by these words before me in the first commandment?

Answer: These words before me in the first commandment teach us, that God, who seeth all things, taketh notice of, and is much displeased with, the sin of having any other god.

문: 첫 번째 계명에서 내 앞에서라는 말씀에 의해 우리가 특별히 가르침받는 것은 무엇인가요?

답: 첫 번째 계명에서 내 앞에서라는 말씀은 모든 것을 보시는 하나님께서 다른 어떤 신을 두는 죄를 주목하여 보시고, 또한 그것을 매우 노여워하신다는 것을 우리에게 가르쳐 줍니다.

● 한글 성경의 '나 외에는'이 대부분의 영어 성경에서는 '내 앞에서'before me라고 되어 있는데, 이것을 어떻게 이해해야 하나요?

현재 한국 성도들이 주로 사용하고 있는 성경인 개역개정은 십계명의 첫 번째 계명을 '너는 나 외에는 다른 신들을 네게 두지 말라'(출 20:3)

로 번역해서 기록하고 있습니다. 그러나 대부분의 영어 성경들은 이 계명 중에 '나 외에는'의 부분을 '내 앞에서'before me로 번역해서 기록하고 있습니다. 이 부분이 이렇게 두 가지 방식으로 번역되어 있는 것은 히브리어의 원어의 표현인 '알 파나야' 자체가 '나의 얼굴 앞에서'와 '나보다 우선해서'의 두 가지 의미를 다 포함하고 있기 때문입니다. 그런데 소교리문답에서 이 두 가지의 표현 중에서 '내 앞에서'를 다루는 이유는 이 교리교육서가 이 부분을 before me로 번역한 KJV(1611)을 근거 성경으로 사용했기 때문입니다.

"너는 나 외에는[before me, KJV] 다른 신들을 네게 두지 말라"(출 20:3)

● 첫 번째 계명에서 '내 앞에서'는 무엇을 특별히 가르치나요?

첫째, 이 계명에서 '내 앞에서'는 하나님께서는 모든 것을 지켜보고 계신다는 것을 가르칩니다.

"지으신 것이 하나도 그 앞에 나타나지 않음이 없고 우리의 결산을 받으실 이의 눈 앞에 만물이 벌거벗은 것 같이 드러나느니라"(히 4:13)

둘째, 이 계명에서 '내 앞에서'는 하나님께서는 어떠한 죄도 간과하지 않으시고 모두 다 지켜보고 계시지만, 다른 신을 두는 죄에 대해서는 특별히 주목하고 계신다는 것을 가르칩니다.

"우리가 우리 하나님의 이름을 잊어버렸거나 우리 손을 이방 신에게 향하여 폈더면 하나님이 이를 알아내지 아니하셨으리이까 무릇 주는 마음의 비밀을 아시나이다"(시 44:20,21)

셋째, 이 계명에서 '내 앞에서'는 하나님께서는 어떠한 죄도 싫어하시고 진노하시지만, 다른 신을 두는 죄에 대해서는 더욱 노여워하신다는 것을 가르칩니다.

"그들이 다른 신으로 그의 질투를 일으키며 가증한 것으로 그의 진노를 격발하였도다"(신 32:16)

◆ 제49문답 ◆

Question: Which is the second commandment?

Answer: The second commandment is, Thou shalt not make unto thee any graven image, or any likeness of anything that is in heaven above, or that is in the earth beneath, or that is in the water under the earth: Thou shalt not bow down thyself to them, nor serve them: for I the Lord thy God am a jealous God, visiting the iniquity of the fathers upon the children unto the third and fourth generation of them that hate me; and showing mercy unto thousands of them that love me, and keep my commandments.

문: 어떤 것이 두 번째 계명인가요?

답: 두 번째 계명은 '너를 위하여 새긴 우상을 만들지 말고 또 위로 하늘에 있는 것이나 아래로 땅에 있는 것이나 땅 아래 물 속에 있는 것의 어떤 형상도 만들지 말며 그것들에게 절하지 말며 그것들을

섬기지 말라 나 네 하나님 여호와는 질투하는 하나님인즉 나를 미워하는 자의 죄를 갚되 아버지로부터 아들에게로 삼사 대까지 이르게 하거니와 나를 사랑하고 내 계명을 지키는 자에게는 천 대까지 은혜를 베푸느니라'입니다.

● 두 번째 계명의 핵심은 무엇인가요?

십계명의 첫 번째 계명이 예배의 대상에 대한 규정이라면, 두 번째 계명은 예배의 방법에 대한 규정입니다. 즉, 하나님께 바르게 예배하는 방법에 대한 규정입니다. 예배에 관해서 하나님께서 원하시는 것은 크게 두 가지로 요약될 수 있습니다. 하나는 예배는 오직 하나님 자신에게만 되어져야 한다는 것입니다. 첫 번째 계명이 여기에 해당됩니다. 그리고 또 하나는 예배는 오직 하나님께서 정하신 방식대로만 되어져야 한다는 것입니다. 두 번째 계명에서 다루고 있는 내용이 바로 이것입니다.

> "아버지께 참되게 예배하는 자들은 영과 진리로 예배할 때가 오나니 곧 이 때라 아버지께서는 자기에게 이렇게 예배하는 자들을 찾으시느니라 하나님은 영이시니 예배하는 자가 영과 진리로 예배할지니라"(요 4:23,24)

◆ **제50문답** ◆

Question: What is required in the second commandment?
Answer: The second commandment requireth the receiving, observing, and keeping pure and entire, all such religious worship and ordinances as God hath appointed in his Word.

문: 두 번째 계명에서는 무엇이 요구되나요?
답: 두 번째 계명은 하나님께서 그의 말씀 안에서 지정하신 모든 종교적 예배와 규례들을 순수하고 온전한 상태로 받고, 준수하고, 지키는 것을 요구합니다.

● 두 번째 계명에서 하나님께서 요구하시는 것들에 대해 먼저 알아야 할 것은 무엇인가요?

첫째, 예배는 오직 하나님께만 드려져야 한다는 것입니다. 즉, 예배의 대상은 오직 하나님 한 분이시라는 것을 명심해야 합니다.

"그리하면 왕이 네 아름다움을 사모하실지라 그는 네 주인이시니 너는 그를 경배할지어다"(시 45:11)

둘째, 이 계명에서 하나님께서 요구하시는 것들에 대해 먼저 알아야 할 것 중 두 번째는 하나님께서는 자기의 예배에서 지켜져야 할 종교적 규례들을 직접 지정하셨다는 것입니다. 따라서 우리는 하나님께서 지정하신 규례만을 따라서 예배해야 합니다.

"너희는 내 법도를 따르며 내 규례를 지켜 그대로 행하라 나는 너희의 하나님 여

호와이니라"(레 18:4)

● 두 번째 계명에서 하나님께서는 예배와 규례들에 대해 우리에게 무엇을 요구하시나요?

첫째, 이 계명에서 하나님께서는 우리에게 예배와 규례들을 수용하고 귀하게 여겨야 할 것을 요구하십니다. 예배와 규례들은 우리가 받아도 되고 받지 않아도 되는 조언이나 권면으로 주어진 것이 아닙니다. 예배와 규례들은 왕이 자기의 백성들에게 내리는 칙령처럼 우리에게 주어졌습니다. 따라서 우리는 예배와 규례들을 거부할 자격도 권한도 없습니다. 우리에게는 예배와 규례들을 받을 의무만 있습니다.

"주의 말씀의 맛이 내게 어찌 그리 단지요 내 입에 꿀보다 더 다니이다"(시 119:103)

둘째, 하나님께서 정하신 예배와 규례들은 왕의 칙령이기에 꼭 준수해야 할 의무로 우리에게 주어졌습니다. 이러한 이유로 두 번째 계명에서 하나님께서는 우리에게 예배와 규례들을 준수할 것을 요구하십니다.

"내가 너희에게 분부한 모든 것을 가르쳐 지키게 하라 볼지어다 내가 세상 끝날까지 너희와 항상 함께 있으리라 하시니라"(마 28:20)

셋째, 이 계명에서 하나님께서는 예배와 규례들을 순수하게 지킬 것을 요구하십니다. 하나님께서는 예배와 규례들 모두를 하나님께서 정하신 방식 그대로 지킬 것을 요구하십니다. 즉, 우리가 하나님께서 우리에게 주신 예배와 규례들을 지킬 때 그 질quality에 있어서 어떠한 흠도 없기를 요구하십니다.

> "내가 너희에게 명령하는 이 모든 말을 너희는 지켜 행하고 그것에 가감하지 말지니라"(신 12:32)

넷째, 하나님께서는 우리가 하나님께서 주신 예배와 규례들을 모두 지킬 것을 요구하십니다. 하나님께서는 우리가 하나님께서 정하신 예배와 규례들 중에 그 어느 것도 빠짐없이 모두 지키길 요구하십니다. 즉, 우리가 하나님께서 우리에게 주신 예배와 규례를 지킬 때 그 양quantity에 있어서 어떠한 부족함도 없기를 요구하십니다.

> "이 두 사람이 하나님 앞에 의인이니 주의 모든 계명과 규례대로 흠이 없이 행하더라"(눅 1:6)

◆ 제51문답 ◆

Question: What is forbidden in the second commandment?

Answer: The second commandment forbiddeth the worshiping of God by images, or any other way not appointed in his Word.

문: 두 번째 계명에서는 무엇이 금지되나요?

답: 두 번째 계명은 형상들로 하나님을 예배하거나, 그분의 말씀 안에 지정되어 있지 않은 다른 어떤 방법으로 하나님을 예배하는 것을 금지합니다.

● 우리는 하나님께서 정해주신 방식대로 예배할 수 있는 능력이 있나요?

두 번째 계명은 첫 번째 계명과 같이 하나님에 대한 예배에 관한 계명입니다. 첫 번째 계명이 예배의 대상에 대한 계명이라면, 두 번째 계명은 예배의 방법에 관한 계명입니다. 그리고 두 번째 계명의 핵심은 모든 예배는 하나님께서 정하신 방식대로 행해져야 한다는 것입니다. 하나님께서는 우리가 스스로는 이 두 번째 계명을 순수하게 지킬 수 없다는 것을 잘 아십니다. 그래서 우리가 주의를 기울여 삼가야 할 것들에 대해 미리 알려주십니다. 즉, 하나님께서 정하신 방식대로 예배하는 데 방해되는 요인들을 정리해 주십니다. 그래서 우리는 이것들을 하나님께서 두 번째 계명을 통해 금지하신 것들이라고 부릅니다.

> "너를 위하여 새긴 우상을 만들지 말고 또 위로 하늘에 있는 것이나 아래로 땅에 있는 것이나 땅 아래 물 속에 있는 것의 어떤 형상도 만들지 말며"(출 20:4)

● 두 번째 계명을 통해 하나님께서 금지하신 것들이 무엇인지를 다루기 전에 우리가 꼭 알아야 할 것들은 무엇인가요?

첫째, 우리는 인간이 하나님을 어떤 형상으로 묘사할 수 있다고 생각하는 것은 그 자체로 하나님을 오해하는 것이며, 하나님에 대한 모독이라는 것을 명심해야 합니다.

> "이와 같이 하나님의 소생이 되었은즉 하나님을 금이나 은이나 돌에다 사람의 기술과 고안으로 새긴 것들과 같이 여길 것이 아니니라"(행 17:29)

둘째, 하나님께서는 우상을 섬기는 것을 꺼리시며 가증하게 여기신다는 것을 명심해야 합니다.

"네 하나님 여호와께는 네가 그와 같이 행하지 못할 것이라 그들은 여호와께서 꺼리시며 가증히 여기시는 일을 그들의 신들에게 행하여 심지어 자기들의 자녀를 불살라 그들의 신들에게 드렸느니라"(신 12:31)

셋째, 우리는 우리 스스로가 우상을 섬기지 않도록 주의해야 할 뿐 아니라, 우상을 섬기는 자들을 지지하거나 따르지 않도록 항상 자신과 주변을 살펴야 합니다.

"너는 스스로 삼가 네 앞에서 멸망한 그들의 자취를 밟아 올무에 걸리지 말라 또 그들의 신을 탐구하여 이르기를 이 민족들은 그 신들을 어떻게 섬겼는고 나도 그와 같이 하겠다 하지 말라"(신 12:30)

● 두 번째 계명을 통해서 하나님께서 금지하신 것은 무엇인가요?

첫째, 이 계명을 통해서 하나님께서는 형상을 사용하여 하나님을 예배하는 것 일체를 금지하십니다.

"여호와께서 호렙 산 불길 중에서 너희에게 말씀하시던 날에 너희가 어떤 형상도 보지 못하였은즉 너희는 깊이 삼가라"(신 4:15)

둘째, 이 계명을 통해서 하나님께서는 하나님 자신이 지정하지 않은 방법으로 하나님을 예배하는 것 일체를 금지하십니다.

"내가 너희에게 명령하는 말을 너희는 가감하지 말고 내가 너희에게 내리는 너희

하나님 여호와의 명령을 지키라"(신 4:2)

◆ 제52문답 ◆

Question: What are the reasons annexed to the second commandment?

Answer: The reasons annexed to the second commandment are, God's sovereignty over us, his propriety in us, and the zeal he hath to his own worship.

문: 두 번째 계명에 첨부된 근거들은 무엇인가요?

답: 두 번째 계명에 첨부된 근거들은 우리에 대한 하나님의 통치권과 우리 안에 있는 그의 정당한 자격 그리고 자기의 예배에 대해 그가 가진 열정입니다.

● **두 번째 계명에 첨부된 근거는 무엇인가요?**

십계명 중에 몇 가지의 계명에는 그 계명의 내용을 더욱 강화하기 위해 어떠한 근거가 첨부되어 있습니다. 두 번째, 세 번째, 네 번째, 다섯 번째가 여기에 해당됩니다. 이 중에서 두 번째 계명에 첨부된 근거는 '나 네 하나님 여호와는 질투하는 하나님인즉 나를 미워하는 자의 죄를 갚되 아버지로부터 아들에게로 삼사 대까지 이르게 하거니와 나를 사랑하고 내 계명을 지키는 자에게는 천 대까지 은혜를 베푸느니라'(출 20:5)입니다.

"……나 네 하나님 여호와는 질투하는 하나님인즉 나를 미워하는 자의 죄를 갚되 아버지로부터 아들에게로 삼사 대까지 이르게 하거니와 나를 사랑하고 내 계명을 지키는 자에게는 천 대까지 은혜를 베푸느니라"(출 20:5)

● 두 번째 계명에 첨부된 근거는 우리에게 무엇을 가르쳐 주나요?

두 번째 계명에 첨부된 이 근거는 우리가 이 계명을 더욱 엄숙하게 여기도록 몇 가지를 특별히 가르쳐 줍니다.

첫째, 이 계명에 첨부된 근거는 하나님께서 우리의 통치자이심을 가르쳐 줍니다. 특히 하나님께서는 예배를 받으시는 유일한 대상이실 뿐만이 아니라, 우리가 하나님께서 지정하신 방식대로 바르게 예배하는지를 평가하시는 재판장도 되신다는 것을 우리에게 각인시킵니다.

"대저 여호와는 우리 재판장이시요 여호와는 우리에게 율법을 세우신 이요 여호와는 우리의 왕이시니 그가 우리를 구원하실 것임이라"(사 33:22)

둘째, 이 계명에 첨부된 근거는 하나님께서 우리의 주인이시기에 우리의 예배를 받으실 정당한 자격이 있다는 사실을 가르쳐 줍니다.

"그리하면 왕이 네 아름다움을 사모하실지라 그는 네 주인이시니 너는 그를 경배할지어다"(시 45:11)

셋째, 이 계명에 첨부된 근거는 하나님께서는 질투하시기까지 자기의 예배를 귀하게 여기신다는 것을 가르쳐 줍니다.

"너는 다른 신에게 절하지 말라 여호와는 질투라 이름하는 질투의 하나님임이니라"(출 34:14)

◆ 제53문답 ◆

Question: Which is the third commandment?

Answer: The third commandment is, Thou shalt not take the name of the Lord thy God in vain: for the Lord will not hold him guiltless that taketh his name in vain.

문: 어떤 것이 세 번째 계명인가요?

답: 세 번째 계명은 '너는 네 하나님 여호와의 이름을 망령되게 부르지 말라 여호와는 그의 이름을 망령되게 부르는 자를 죄 없다 하지 아니하리라'입니다.

● 세 번째 계명의 핵심은 무엇인가요?

첫 번째 계명과 두 번째 계명이 우리가 하나님을 어떻게 대해야 하는지에 대한 규정이라면, 세 번째 계명은 우리가 하나님을 어떻게 드러내야 하는지에 대한 규정이라고 할 수 있습니다. 우리가 하나님을 드러내는 방법은 크게 두 가지입니다. 하나는 말이나 글로 직접 하나님을 표현하는 것이고, 다른 하나는 하나님의 섭리적인 사역을 삶으로 나타내는 것입니다. 이 두 가지의 방법 중에서 이 계명은 '말이나 글로 하나님을 직접 표현하는 경우'에 우리가 어떻게 해야 하는지를 다루고 있습니다.

"그러므로 너희는 이렇게 기도하라 하늘에 계신 우리 아버지여 이름이 거룩히 여김을 받으시오며"(마 6:9)

◆ 제54문답 ◆

Question: What is required in the third commandment?

Answer: The third commandment requireth the holy and reverend use of God's names, titles, attributes, ordinances, Word, and works.

문: 세 번째 계명에서 요구되는 것은 무엇인가요?

답: 세 번째 계명은 하나님의 이름들과 칭호들과 속성들과 규례들과 말씀과 사역들의 거룩하고 존경스러운 사용을 요구합니다.

● 세 번째 계명을 통해서 하나님께서 요구하시는 것은 무엇인가요?

첫째, 하나님께서는 세 번째 계명을 통해 우리가 하나님의 이름들을 언제나 거룩하고 존경하는 마음으로 사용할 것을 요구하십니다.

"여호와께 그의 이름에 합당한 영광을 돌리며 거룩한 옷을 입고 여호와께 예배할지어다"(시 29:2)

둘째, 하나님께서는 세 번째 계명을 통해 우리가 하나님의 칭호들을 언제나 거룩하고 존경하는 마음으로 사용할 것을 요구하십니다.

> "하나님의 종 모세의 노래, 어린 양의 노래를 불러 이르되 주 하나님 곧 전능하신 이시여 하시는 일이 크고 놀라우시도다 만국의 왕이시여 주의 길이 의롭고 참되시도다 주여 누가 주의 이름을 두려워하지 아니하며 영화롭게 하지 아니하오리이까 오직 주만 거룩하시니이다 주의 의로우신 일이 나타났으매 만국이 와서 주께 경배하리이다 하더라"(계 15:3,4)

셋째, 하나님께서는 세 번째 계명을 통해 우리가 하나님의 속성들을 언제나 거룩하고 존경하는 마음으로 사용할 것을 요구하십니다.

> "네 생물은 각각 여섯 날개를 가졌고 그 안과 주위에는 눈들이 가득하더라 그들이 밤낮 쉬지 않고 이르기를 거룩하다 거룩하다 거룩하다 주 하나님 곧 전능하신 이여 전에도 계셨고 이제도 계시고 장차 오실 이시라 하고"(계 4:8)

넷째, 하나님께서는 세 번째 계명을 통해 우리가 하나님의 규례들을 언제나 거룩하고 존경하는 마음으로 사용할 것을 요구하십니다.

> "너는 하나님의 집에 들어갈 때에 네 발을 삼갈지어다 가까이 하여 말씀을 듣는 것이 우매한 자들이 제물 드리는 것보다 나으니 그들은 악을 행하면서도 깨닫지 못함이니라"(전 5:1)

다섯째, 하나님께서는 세 번째 계명을 통해 우리가 하나님의 말씀을 언제나 거룩하고 존경하는 마음으로 사용할 것을 요구하십니다.

> "말씀을 멸시하는 자는 자기에게 패망을 이루고 계명을 두려워하는 자는 상을 받느니라"(잠 13:13)

여섯째, 하나님께서는 세 번째 계명을 통해 우리가 하나님의 사역들을 언제나 거룩하고 존경하는 마음으로 바라볼 것을 요구하십니다.

> "그대는 하나님께서 하신 일을 기억하고 높이라 잊지 말지니라 인생이 그의 일을 찬송하였느니라"(욥 36:24)

◆ 제55문답 ◆

Question: What is forbidden in the third commandment?

Answer: The third commandment forbiddeth all profaning or abusing of anything whereby God maketh himself known.

문: 세 번째 계명에서는 무엇이 금지되나요?

답: 세 번째 계명은 하나님께서 자신을 알리시는 것은 그 어떤 것이라도 속되게 하거나 오용하는 일체를 금지합니다.

● **하나님께서는 왜 세 번째 계명을 금지의 명령으로 표현하셨을까요?**

이 계명은 우리가 하나님의 이름을 어떠한 원리와 방법으로 사용해야 할 것인지를 규정합니다. 그런데 여기에서 하나님께서는 '네 하나님의 이름을 항상 경외함으로 불러라'는 식의 긍정의 명령이 아니라, '네 하나님 여호와의 이름을 망령되게 부르지 말라'고 부정의 명령으로 표현하십니다. 이처럼 하나님께서 이 규정을 부정의 명령으로 주신 이유는 죄로 오염된 사람들은 하나님의 이름을 경외함으로 사용하기보다는 주로 망령되게 사용하기 때문입니다. 다시 말해서 이러한 금지의 명령이 없다면 모든 사람이 다 하나님의 이름을 소홀히 사용할 것이기 때문입니다. 이뿐만 아니라 하나님께서는 이러한 금지의 표현을 통해 자신의 이름이 망령되게 사용되는 것을 매우 싫어하신다는 자신의 뜻을 더욱 강하게 드러내십니다.

> "만군의 여호와가 이르노라 너희가 만일 듣지 아니하며 마음에 두지 아니하여 내 이름을 영화롭게 하지 아니하면 내가 너희에게 저주를 내려 너희의 복을 저주하리라 내가 이미 저주하였나니 이는 너희가 그것을 마음에 두지 아니하였음이라"(말 2:2)

● 하나님께서는 세 번째 계명을 통해 무엇을 금지하셨나요?

첫째, 하나님께서는 세 번째 계명을 통해 하나님께서 자신을 나타내시는 것을 속되게 하는 것은 그 어떤 것이라도 금지하십니다.

> "너는 결단코 자녀를 몰렉에게 주어 불로 통과하게 함으로 네 하나님의 이름을 욕되게 하지 말라 나는 여호와이니라"(레 18:21)

둘째, 하나님께서는 이 계명을 통해 하나님께서 자신을 나타내시는 것을 오용하는 것은 그 어떤 것이라도 금지하십니다.

> "화 있을진저 외식하는 서기관들과 바리새인들이여 너희가 박하와 회향과 근채의 십일조는 드리되 율법의 더 중한 바 정의와 긍휼과 믿음은 버렸도다 그러나 이것도 행하고 저것도 버리지 말아야 할지니라"(마 23:23)

● **세 번째 계명에서 하나님께서 금지하시는 것들을 준수하기 위해 우리는 스스로 무엇을 경계해야 할까요?**

첫째, 우리는 하나님께서 자신을 나타내시는 것을 속되게 하지 않도록 항상 스스로를 경계해야 합니다.

> "내 이름을 멸시하는 제사장들아 나 만군의 여호와가 너희에게 이르기를 아들은 그 아버지를, 종은 그 주인을 공경하나니 내가 아버지일진대 나를 공경함이 어디 있느냐 내가 주인일진대 나를 두려워함이 어디 있느냐 하나 너희는 이르기를 우리가 어떻게 주의 이름을 멸시하였나이까 하는도다 너희가 더러운 떡을 나의 제단에 드리고도 말하기를 우리가 어떻게 주를 더럽게 하였나이까 하는도다 이는 너희가 여호와의 식탁은 경멸히 여길 것이라 말하기 때문이라"(말 1:6,7)

둘째, 우리는 하나님께서 자신을 나타내시는 것을 오용하지 않도록 항상 스스로를 경계해야 합니다.

> "나는 너희에게 이르노니 도무지 맹세하지 말지니 하늘로도 하지 말라 이는 하나님의 보좌임이요 땅으로도 하지 말라 이는 하나님의 발등상임이요 예루살렘으로도 하지 말라 이는 큰 임금의 성임이요"(마 5:35,36)

셋째, 우리는 하나님께서 자신을 나타내시는 것들을 항상 마음에 간직하고 있어야 합니다.

> "만군의 여호와가 이르노라 너희가 만일 듣지 아니하며 마음에 두지 아니하여 내 이름을 영화롭게 하지 아니하면 내가 너희에게 저주를 내려 너희의 복을 저주하리라 내가 이미 저주하였나니 이는 너희가 그것을 마음에 두지 아니하였음이라"(말 2:2)

◆ **제56문답** ◆

Question: What is the reason annexed to the third commandment?

Answer: The reason annexed to the third commandment is, that however the breakers of this commandment may escape punishment from men, yet the Lord our God will not suffer them to escape his righteous judgment.

문: 세 번째 계명에 첨부된 근거는 무엇인가요?

답: 세 번째 계명에 첨부된 근거는 비록 이 계명을 어기는 자들이 사람들로부터는 형벌을 모면할 수 있을지는 몰라도, 우리 주 하나님께서는 그들이 그의 의로운 심판을 모면하는 것을 결코 참지 않으신다는 것입니다.

● **세 번째 계명에 첨부된 근거는 무엇인가요?**

세 번째 계명에는 이 계명을 더욱 강화하기 위해 '여호와는 그의 이름을 망령되게 부르는 자를 죄 없다 하지 아니하리라'(출 20:7)가 첨부되어 있습니다.

> "......여호와는 그의 이름을 망령되게 부르는 자를 죄 없다 하지 아니하리라"(출 20:7)

● **세 번째 계명에 첨부된 근거는 우리에게 무엇을 가르쳐 주나요?**

첫째, 세 번째 계명에 첨부된 이 근거는 하나님의 이름을 헛되게 취하는 죄는 하나님께서 결단코 용서하지 않으신다는 것을 가르칩니다.

"네가 만일 이 책에 기록한 이 율법의 모든 말씀을 지켜 행하지 아니하고 네 하나님 여호와라 하는 영화롭고 두려운 이름을 경외하지 아니하면 여호와께서 네 재앙과 네 자손의 재앙을 극렬하게 하시리니 그 재앙이 크고 오래고 그 질병이 중하고 오랠 것이라"(신 28:58,59)

둘째, 세 번째 계명에 첨부된 근거는 하나님의 이름을 헛되게 취하는 죄는 하나님께서 반드시 벌하실 것이라는 것을 가르칩니다.

"그가 내게 묻되 네가 무엇을 보느냐 하기로 내가 대답하되 날아가는 두루마리를 보나이다 그 길이가 이십 규빗이요 너비가 십 규빗이니이다 그가 내게 이르되 이는 온 땅 위에 내리는 저주라 도둑질하는 자는 그 이쪽 글대로 끊어지고 맹세하는 자는 그 저쪽 글대로 끊어지리라 하니 만군의 여호와께서 이르시되 내가 이것을 보냈나니 도둑의 집에도 들어가며 내 이름을 가리켜 망령되이 맹세하는 자의 집에도 들어가서 그의 집에 머무르며 그 집을 나무와 돌과 아울러 사르리라 하셨느니라 하니라" (슥 5:2-4)

◆ 제57문답 ◆

Question: Which is the fourth commandment?

Answer: The fourth commandment is, Remember the sabbath day to keep it holy. Six days shalt thou labor, and do all thy work: but the seventh day is the sabbath of the Lord thy God: in it thou shalt not do any work, thou, nor thy son, nor thy daughter, thy manservant, nor thy maidservant, nor thy cattle, nor thy stranger that is within thy gates: For in six days the Lord made heaven and earth, the sea, and all that in them is, and rested the seventh day: wherefore the Lord blessed the sabbath day, and hallowed it.

문: 어떤 것이 네 번째 계명인가요?

답: 네 번째 계명은 '안식일을 기억하여 거룩하게 지키라 엿새 동안은 힘써 네 모든 일을 행할 것이나 일곱째 날은 네 하나님 여호와의 안식일인즉 너나 네 아들이나 네 딸이나 네 남종이나 네 여종이나 네 가축이나 네 문안에 머무는 객이라도 아무 일도 하지 말라 이는 엿새 동안에 나 여호와가 하늘과 땅과 바다와 그 가운데 모든 것을 만들고 일곱째 날에 쉬었음이라 그러므로 나 여호와가 안식일을 복되게 하여 그날을 거룩하게 하였느니라'입니다.

● '안식일을 거룩하게 지키라'는 어떤 뜻인가요?

네 번째 계명은 안식일에 관한 계명입니다. 이 계명은 십계명의 다른 계명들과 함께 출애굽기 20장과 신명기 5장에 기록되어 있습니다. 그런데 현재 한국 개신교 성도들이 공인된 성경으로 사용하는 개역개정을 살펴보면 출애굽기 20장과 신명기 5장에서 이 계명을 조금 다르게 표현하고 있다는 것을 알 수 있습니다. 출애굽기 20:8에서 이 계명은 '안식일을 기억하여 거룩하게 지키라'로 기록되어 있습니다. 반면에 신명기 5:12에서는 '네 하나님 여호와가 네게 명령한 대로 안식일을 지켜 거룩하게 하라'고 기록되어 있습니다.

이 두 가지의 표현을 한국어 독법에 따라 살펴보면 먼저 '안식일을 기억하여 거룩하게 지키라'는 '안식일이 아닌 날에도 그날을 잊지 않고 항상 기억하고 있다가, 그날이 되면 어떠한 거룩한 방식들을 통해 그날을 지켜야 한다'는 뜻으로 이해할 수 있습니다. 반면에 '네 하나님 여호와가 네게 명령한 대로 안식일을 지켜 거룩하게 하라'는 '하나님께서 명령하신 방식대로 안식일을 지키는 것이 그날을 거룩하게 하는 것'이라는 뜻으로 이해할 수 있습니다. 이 두 가지의 독법 중에 한국의 성도들에게는 첫 번째 독법이 많이 알려져 있습니다. 따라서 이 계명을 대하는 대부분의 한국 성도들은 안식일을 항상 기억하고 거룩한 방식으로 그날을 지키는 것을 이 계명을 잘 지키는 것으로 생각합니다.

그런데 소교리문답의 이 문항과 대교리문답의 115문답은 이 부분을 킹제임스성경(KJV, 1611)의 표현을 따라 Remember the sabbath day, to keep it holy로 정리하고 있습니다. 이 부분을 번역하면 '안식일을 기억해서 그날을 거룩한 상태로 유지하라'가 됩니다. 이 표현을 개역개정과 비교해 보면 '그날을 기억하라는 것'은 모두 동일합니다. 그런데 '거룩한 상태로 유지하라'의 to keep it holy는 거룩한 방식으로 그날을 지키라는 의미의 '거룩하게 지키라'와도 다르며, 그날을 거룩하게 만들라는 의미의 '거룩하게 하라'와도 다릅니다.

◆ 제58문답 ◆

Question: What is required in the fourth commandment?

Answer: The fourth commandment requireth the keeping holy to God such set times as he hath appointed in his Word; expressly one whole day in seven, to be a holy sabbath to himself.

문: 네 번째 계명에서는 무엇이 요구되나요?

답: 네 번째 계명은 하나님께서 그의 말씀 안에서 지정하신 구별된 때들과 특히 7일 중에서 하나님 자신에게 거룩한 안식일인 하루의 전체를 하나님께 거룩한 상태로 유지하는 것을 요구합니다.

● 네 번째 계명에서 요구하는 것을 따르기 위해 우리가 먼저 알아야 할 것들은 무엇인가요?

네 번째 계명의 핵심은 '안식일을 기억해서 그날을 거룩한 상태로 유지하라'Remember the sabbath day, to keep it holy 입니다. 하나님께서는 이 계명을 통해 우리에게 요구하시는 것이 있습니다. 그런데 이 계명을 하나님께서 명하신 대로 따르기 위해서는 우리가 먼저 알아야 할 것들이 있습니다.

첫째, 우리는 하나님께서는 자기를 예배할 특정한 때들을 지정하셨다는 것을 알아야 합니다. 우리는 하나님만을 예배해야 합니다. 그리고 예배의 방식 또한 하나님께서 정하신 대로 따라야 합니다. 여기에서 우리는 하나님께서 정하신 예배의 방식에는 예배하는 때도 포함된다는 것을 알아야 합니다.

"내 안식일을 지키고 내 성소를 귀히 여기라 나는 여호와이니라"(레 19:30)

둘째, 우리는 하나님께서는 칠일 중 하루를 자기를 위해 요구하신다는 것을 알아야 합니다.

"일곱째 날은 네 하나님 여호와의 안식일인즉 너나 네 아들이나 네 딸이나 네 남종이나 네 여종이나 네 소나 네 나귀나 네 모든 가축이나 네 문 안에 유하는 객이라도 아무 일도 하지 못하게 하고 네 남종이나 네 여종에게 너 같이 안식하게 할지니라"(신 5:14)

셋째, 우리는 안식일은 하나님을 예배하도록 지정된 날임을 알아야 합니다.

"엿새 동안은 일하고 일곱째 날은 너희를 위한 거룩한 날이니 여호와께 엄숙한 안식일이라 누구든지 이 날에 일하는 자는 죽일지니"(출 35:2)

넷째, 우리는 안식일을 하나님의 말씀대로 준수하는 자들은 하나님께서 예비하신 복을 받는다는 것을 알아야 합니다.

"안식일을 지켜 더럽히지 아니하며 그의 손을 금하여 모든 악을 행하지 아니하여야 하나니 이와 같이 하는 사람, 이와 같이 굳게 잡는 사람은 복이 있느니라 여호와께 연합한 이방인은 말하기를 여호와께서 나를 그의 백성 중에서 반드시 갈라내시리라 하지 말며 고자도 말하기를 나는 마른 나무라 하지 말라 여호와께서 이와 같이 말씀하시기를 나의 안식일을 지키며 내가 기뻐하는 일을 선택하며 나의 언약을 굳게 잡는 고자들에게는 내가 내 집에서, 내 성 안에서 아들이나 딸보다 나은 기념물과 이름을 그들에게 주며 영원한 이름을 주어 끊어지지 아니하게 할 것이며 또 여호와와 연합하여 그를 섬기며 여호와의 이름을 사랑하며 그의 종이 되며 안식일을 지켜 더럽히지 아니하며 나의 언약을 굳게 지키는 이방인마다 내가 곧 그들을 나의 성산으로 인도하여 기도하는 내 집에서 그들을 기쁘게 할 것이며 그들의 번제와 희생을 나의 제단에서 기꺼이 받게 되리니 이는 내 집은 만민이 기도하는 집이라 일컬음이 될 것임이라"(사 56:7)

● 네 번째 계명에서 하나님께서는 안식일은 어떻게 사용되고 지켜져야 한다고 요구하시나요?

첫째, 하나님께서는 이 계명에서 안식일은 하루 전체가 하나님의 것이기에, 이 날은 온전히 하나님을 예배하는 데 사용되어야 할 것을 요구합니다.

"엿새 동안은 일할 것이나 일곱째 날은 큰 안식일이니 여호와께 거룩한 것이라 안식일에 일하는 자는 누구든지 반드시 죽일지니라"(출 31:15)

둘째, 하나님께서는 이 계명에서 안식일은 거룩한 상태로 유지되어야 할 것을 요구합니다.

"네 하나님 여호와가 네게 명령한 대로 안식일을 지켜 거룩하게 하라"(신 5:12)

◆ 제59문답 ◆

Question: Which day of the seven hath God appointed to be the weekly sabbath?

Answer: From the beginning of the world to the resurrection of Christ, God appointed the seventh day of the week to be the weekly sabbath; and the first day of the week ever since, to continue to the end of the world, which is the Christian sabbath.

문: 하나님께서는 7일 중 어느 날을 주간 안식일로 지정하셨나요?

답: 하나님께서 세상의 처음부터 그리스도의 부활까지는 한 주의 일곱째 날을 주간 안식일로 정하셨으나, 그 이후부터는 한 주의 첫째 날이 주간 안식일로 세상 끝까지 지속되게 하셨는데, 그날이 기독교의 안식일입니다.

● 하나님께서 안식일로 정하신 날은 한 날인가요? 두 날인가요?

하나님께서는 한 주일의 7일 중에 한 날을 안식일로 지정하셨습니다. 따라서 우리는 하나님께서 지정하신 그날을 그리스도께서 다시 오실 때까지 안식일로 지켜야 합니다. 그런데 하나님께서는 이날을 단지 한 날로만 지정하시지 않으셨습니다. 하나님의 창조와 경륜 가운데서 시대에 따라 두 날을 따로 정하셨습니다. 창조부터 그리스도의 부활까지 지켜야 할 안식일로 정하신 날이 있었으며, 그리스도의 부활부터 그리스도께서 다시 오실 때까지 지켜야 할 안식일로 정하신 날이 있습니다.

● 하나님께서는 왜 일곱째 날을 안식일로 정하셨나요?

첫째, 하나님께서는 6일간 창조의 일을 하시고, 마지막 일곱째 날에는 안식하셨기 때문입니다.

> "하나님이 그가 하시던 일을 일곱째 날에 마치시니 그가 하시던 모든 일을 그치고 일곱째 날에 안식하시니라"(창 2:2)

둘째, 하나님께서는 일곱째 날을 복되게 하시고, 거룩하셨기 때문입니다.

> "하나님이 그 일곱째 날을 복되게 하사 거룩하게 하셨으니 이는 하나님이 그 창조하시며 만드시던 모든 일을 마치시고 그날에 안식하셨음이니라"(창 3:2)

셋째, 하나님께서 천지를 창조하시고 안식하신 날인 일곱째 날을 복되게 하시며, 그날을 주중 안식일로 정하셨기 때문입니다.

> "일곱째 날은 네 하나님 여호와의 안식일인즉 너나 네 아들이나 네 딸이나 네 남종이나 네 여종이나 네 소나 네 나귀나 네 모든 가축이나 네 문 안에 유하는 객이라도 아무 일도 하지 못하게 하고 네 남종이나 네 여종에게 너 같이 안식하게 할지니라"(신 5:14)

● 그리스도의 부활 이후부터는 7일 중 어느 날이 안식일인가요?

첫째, 그리스도의 부활 이후 안식일은 부활하신 바로 그날로 즉시 바뀌었습니다.

> "이 날 곧 안식 후 첫날 저녁 때에 제자들이 유대인들을 두려워하여 모인 곳의 문

들을 닫았더니 예수께서 오사 가운데 서서 이르시되 너희에게 평강이 있을지어다"(요 20:19)

둘째, 그리스도의 부활 이후 그리스도인의 안식일은 한 주의 첫째 날입니다. 그리고 이날을 주일라고 합니다.

"그 주간의 첫날에 우리가 떡을 떼려 하여 모였더니 바울이 이튿날 떠나고자 하여 그들에게 강론할새 말을 밤중까지 계속하매"(행 20:7)

셋째, 예수님의 부활 후 그리스도인들은 매주 첫째 날에 모입니다.

"매주 첫날에 너희 각 사람이 수입에 따라 모아 두어서 내가 갈 때에 연보를 하지 않게 하라"(고전 16:2)

● 이날은 다시 다른 날로 바뀔 수도 있나요?

주일이 한 주의 첫째 날인 것은 세상의 마지막 날까지 변하지 않을 것입니다.

"만일 누구든지 이 두루마리의 예언의 말씀에서 제하여 버리면 하나님이 이 두루마리에 기록된 생명나무와 및 거룩한 성에 참여함을 제하여 버리시리라"(계 22:19)

◆ 제60문답 ◆

Question: How is the sabbath to be sanctified?

Answer: The sabbath is to be sanctified by a holy resting all that day, even from such worldly employments and recreations as are lawful on other days; and spending the whole time in the public and private exercises of God's worship, except so much as is to be taken up in the works of necessity and mercy.

문: 안식일은 어떻게 성화되어야 하나요?

답: 안식일은 다른 날들에는 합법적인 세속의 업무들과 오락들로부터 그날 하루를 온종일 거룩하게 쉬는 것과, 필수적인 일들과 자비의 일들에 할애되어야 하는 그 정도를 제외하고는, 모든 시간을 하나님의 예배의 공적인 예식들과 사적인 예식들에 거룩하게 사용하는 것으로 성화되어져야 합니다.

● 안식일은 거룩해져야 하나요? 아니면 성화되어야 하나요?

이 문답을 다루기 전에 먼저 생각해 볼 것이 있습니다. 한국에 출판된 웨스트민스터 소교리문답과 대교리문답의 여러 번역들과 해설서들이 이 문답을 '안식일은 어떻게 거룩해지나요?'나 이와 유사한 번역으로 다루고 있습니다. 그러나 이 문답은 그와 같이 안식일을 거룩하게 만드는 방법을 다루고 있지 않습니다. 이는 이 문답의 원문을 보면 분명해집니다. 소교리문답은 '안식일은 어떻게 성화되어야 하나요?'How is the sabbath to be sanctified?로, 그리고 대교리문답(117문답)은 '안식일 혹은 주일은 어떻게 성화되어야 하나요?'How is the sabbath or Lord's day to be sanctified? 로 다루고 있습니다.

● '안식일이 성화되어야 한다'는 것은 무엇을 의미하나요?
성화는 거룩하지 않은 것이 거룩해지는 것을 말하는 것이 아닙니다. 또는 덜 거룩한 것이 더 거룩해 지는 것을 말하는 것도 아닙니다. 성화는 이미 거룩하게 된 것 안에서 그 거룩함이 잘 드러나는 것을 말합니다. 따라서 안식일이 무엇을 통해 성화된다는 것은 이미 거룩한 상태의 안식일이 무엇을 통해 더 잘 드러나게 되는 것을 말합니다.

● '안식일이 이미 거룩하다'는 것은 무슨 뜻인가요?
첫째, 그것은 하나님께서 그날을 복되게 하셔서 거룩하게 지정하셨기 hallowed 때문입니다.

"그러므로 나 여호와가 안식일을 복되게 하여 그 날을 거룩하게 하였느니라"(출 20:11b)

"wherefore the LORD blessed the sabbath day, and hallowed it.(KJV)"

둘째, 안식일은 하나님께서 복되게 하신 거룩한 holy 날입니다. 따라서 이날은 그 자체로 거룩 holy 합니다.

"하나님이 그 일곱째 날을 복되게 하사 거룩하게 하셨으니 이는 하나님이 그 창조하시며 만드시던 모든 일을 마치시고 그날에 안식하셨음이니라"(창 2:3)

셋째, 거룩한 holy 안식일은 우리의 행동을 통해 성화 sanctified 되어야 합니다. 다시 말해서 우리는 우리의 행동을 통해 안식일의 거룩함을 더 잘 드러내야 합니다.

"여호와께서 모세에게 이르시되 어느 때까지 너희가 내 계명과 내 율법을 지키지 아니하려느냐 볼지어다 여호와가 너희에게 안식일을 줌으로 여섯째 날에는 이틀 양식을 너희에게 주는 것이니 너희는 각기 처소에 있고 일곱째 날에는 아무도 그의 처소에서 나오지 말지니라"(출 16:28,29)

● 안식일을 성화시키는 두 가지 요소는 무엇인가요?

첫째, 거룩한 안식일은 '거룩한 쉼' a holy resting 을 통하여 성화됩니다.

"그 때에 내가 본즉 유다에서 어떤 사람이 안식일에 술틀을 밟고 곡식단을 나귀에 실어 운반하며 포도주와 포도와 무화과와 여러 가지 짐을 지고 안식일에 예루살렘에 들어와서 음식물을 팔기로 그날에 내가 경계하였고 또 두로 사람이 예루살렘에 살며 물고기와 각양 물건을 가져다가 안식일에 예루살렘에서도 유다 자손에게 팔기로 내가 유다의 모든 귀인들을 꾸짖어 그들에게 이르기를 너희가 어찌 이 악을 행하여 안식일을 범하느냐 너희 조상들이 이같이 행하지 아니하였느냐 그래서 우리 하나님이 이 모든 재앙을 우리와 이 성읍에 내리신 것이 아니냐 그럼에도 불구하고 너희가 안식일을 범하여 진노가 이스라엘에게 더욱 심하게 임하도록 하는도다 하고 안식일 전 예루살렘 성문이 어두워갈 때에 내가 성문을 닫고 안식일이 지나기 전에는 열지 말라 하고 나를 따르는 종자 몇을 성문마다 세워 안식일에는 아무 짐도 들어오지 못하게 하였으므로 장사꾼들과 각양 물건 파는 자들이 한두 번 예루살렘 성 밖에서 자므로 내가 그들에게 경계하여 이르기를 너희가 어찌하여 성 밑에서 자느냐 다시 이같이 하면 내가 잡으리라 하였더니 그후부터는 안식일에 그들이 다시 오지 아니하였느니라 내가 또 레위 사람들에게 몸을 정결하게 하고 와서 성문을 지켜서 안식일을 거룩하게 하라 하였느니라 내 하나님이여 나를 위하여 이 일도 기억하시옵고 주의 크신 은혜대로 나를 아끼시옵소서"(느 13:15-22)

둘째, 거룩한 안식일은 '거룩한 소비'ₐ holy spending를 통해 성화됩니다. 여기서 말하는 거룩한 소비란 안식일 하루의 시간을 하나님을 예배하는 데 사용하는 것을 의미합니다. 이 부분에 대해 대교리문답(117문답)은 단지 하루의 시간을 온전히 예배하는 데 할애하는 것을 넘어서, 그렇게 예배하는 것이 우리의 기쁨이 되게 할 때 안식일이 성화된다고 가르칩니다.

"아버지께 참되게 예배하는 자들은 영과 진리로 예배할 때가 오나니 곧 이 때라 아버지께서는 자기에게 이렇게 예배하는 자들을 찾으시느니라 하나님은 영이시니 예배하는 자가 영과 진리로 예배할지니라"(요 4:23,24)

● **안식일에는 누가 쉬어야 하나요?**

첫째, 안식일은 모든 사람이 자신을 위해 쉬는 날로 지켜져야 합니다.

"엿새 동안은 일할 것이나 일곱째 날은 큰 안식일이니 여호와께 거룩한 것이라 안식일에 일하는 자는 누구든지 반드시 죽일지니라"(출 31:15)

둘째, 안식일의 쉼은 모든 가족이 지켜져야 할 뿐 아니라, 종들이나 가축들까지 확장되어야 합니다.

"일곱째 날은 네 하나님 여호와의 안식일인즉 너나 네 아들이나 네 딸이나 네 남종이나 네 여종이나 네 소나 네 나귀나 네 모든 가축이나 네 문 안에 유하는 객이

라도 아무 일도 하지 못하게 하고 네 남종이나 네 여종에게 너 같이 안식하게 할 지니라"(신 5:14)

셋째, 안식일은 공동체가 함께 쉬는 날로 지켜야 합니다.
"엿새 동안은 일할 것이요 일곱째 날은 쉴 안식일이니 성회의 날이라 너희는 아무 일도 하지 말라 이는 너희가 거주하는 각처에서 지킬 여호와의 안식일이니라"(레 23:3)

● 안식일은 어떻게 하나님을 예배하는 날인가요?

첫째, 안식일은 하나님을 공적으로 예배하는 날입니다.
"여호와가 말하노라 매월 초하루와 매 안식일에 모든 혈육이 내 앞에 나아와 예배하리라"(사 66:23)

둘째, 안식일은 하나님을 사적으로 예배하는 날입니다.
"엿새 동안은 일할 것이요 일곱째 날은 쉴 안식일이니 성회의 날이라 너희는 아무 일도 하지 말라 이는 너희가 거주하는 각처에서 지킬 여호와의 안식일이니라"(레 23:3)

● 안식일에 우리가 삼가야 할 것들은 무엇인가요?

첫째, 안식일에 우리는 모든 세상적이고 불법적인 일들을 삼가야 합니다.
"여호와께서 이와 같이 말씀하시되 너희는 스스로 삼가서 안식일에 짐을 지고 예

루살렘 문으로 들어오지 말며"(렘 17:21)

둘째, 안식일에 우리는 다른 날로 연기할 수 있는 세속적인 일들을 삼가야 합니다.

"돌아가 향품과 향유를 준비하더라 계명을 따라 안식일에 쉬더라"(눅 23:56)

셋째, 안식일에 우리는 비록 다른 날들에는 합법적으로 즐길 수 있는 것이라 할지라도 오락과 유희는 삼가야 합니다.

"만일 안식일에 네 발을 금하여 내 성일에 오락을 행하지 아니하고 안식일을 일컬어 즐거운 날이라, 여호와의 성일을 존귀한 날이라 하여 이를 존귀하게 여기고 네 길로 행하지 아니하며 네 오락을 구하지 아니하며 사사로운 말을 하지 아니하면"(사 58:13)

● **안식일에도 합법적으로 할 수 있는 일들은 무엇인가요?**

첫째, 안식일에도 부득이한 일들 즉, 필수적인 일들은 하나님의 법에 어긋나지 않기에 합법적으로 행할 수 있습니다. 일상적인 집안일, 의사가 응급 환자를 치료하는 것, 가축들에게 먹이를 주는 것 등이 여기에 해당합니다.

"그때에 예수께서 안식일에 밀밭 사이로 가실새 제자들이 시장하여 이삭을 잘라 먹으니"(마 12:1)

둘째, 안식일에도 자비를 베푸는 것은 하나님의 법에 어긋나지 않기에 합법적으로 행할 수 있습니다.

"그러면 열여덟 해 동안 사탄에게 매인 바 된 이 아브라함의 딸을 안식일에 이 매임에서 푸는 것이 합당하지 아니하냐" (눅 13:16)

◆ 제61문답 ◆

Question: What is forbidden in the fourth commandment?

Answer: The fourth commandment forbiddeth the omission, or careless performance, of the duties required, and the profaning the day by idleness, or doing that which is in itself sinful, or by unnecessary thoughts, words, or works, about our worldly employments or recreations.

문: 네 번째 계명에서는 무엇이 금지되나요?

답: 네 번째 계명은 요구되어지는 의무들에 대한 간과나 부주의한 이행과, 그날에 그 자체로 죄악된 것을 하는 것이나, 게으름 또는 우리의 세속적인 업무들이나 오락들에 관한 불필요한 생각들이나, 말들이나 일들로 그날을 속되게 하는 것을 금지합니다.

● 네 번째 계명에서 금지하고 있는 것에 대해서 우리가 먼저 알아야 할 것은 무엇인가요?

첫째, 거룩한holy 안식일은 우리의 순종에 따라 그 거룩함이 더 잘 드러나기도 하고, 더 덜 드러나기도 합니다. 따라서 우리의 행동에 따라 안식일은 성화되기도 하고, 반대로 불경스러워지기도 한다는 것을 알아야 합니다.

"안식일을 기억하여 거룩하게 지키라"(출 20:8)

둘째, 안식일에 범하는 죄는 안식일 자체를 더럽힘으로 다른 날에 범하는 죄보다 하나님 보시기에 더욱 가증스럽게 여겨진다는 것을 알아야 합니다.

"이 외에도 그들이 내게 행한 것이 있나니 당일에 내 성소를 더럽히며 내 안식일을 범하였도다"(겔 23:38)

셋째, 안식일에 우리에게 요구된 의무들 중 어느 것 하나도 무시해서는 안 된다는 것을 알아야 합니다.

"그 제사장들은 내 율법을 범하였으며 나의 성물을 더럽혔으며 거룩함과 속된 것을 구별하지 아니하였으며 부정함과 정한 것을 사람이 구별하게 하지 아니하였으며 그의 눈을 가리어 나의 안식일을 보지 아니하였으므로 내가 그들 가운데에서 더럽힘을 받았느니라"(겔 22:26)

● 안식일에 우리에게 요구된 의무를 이행할 때 삼가야 할 태도는 무엇인가요?

첫째, 안식일에 우리에게 요구된 의무를 부주의하게 이행하지 않도록 해야 합니다.

"이스라엘아 네 하나님 여호와께서 네게 요구하시는 것이 무엇이냐 곧 네 하나님 여호와를 경외하여 그의 모든 도를 행하고 그를 사랑하며 마음을 다하고 뜻을 다

하여 네 하나님 여호와를 섬기고"(신 10:12)

둘째, 안식일에 우리에게 요구된 의무를 나태하게 이행하지 않도록 해야 합니다.
"안식일을 기억하여 거룩하게 지키라"(출 20:8)

● 안식일에 절대 금지되는 것들은 어떤 것들이 있나요?
첫째, 안식일에는 세상의 일들에 대한 불필요한 생각들이 금지됩니다.
"너희가 이르기를 월삭이 언제 지나서 우리가 곡식을 팔며 안식일이 언제 지나서 우리가 밀을 내게 할꼬 에바를 작게 하고 세겔을 크게 하여 거짓 저울로 속이며"(암 8:5)

둘째, 안식일에는 세상의 사건들에 대한 불필요한 대화들이 금지됩니다.
"만일 안식일에 네 발을 금하여 내 성일에 오락을 행하지 아니하고 안식일을 일컬어 즐거운 날이라, 여호와의 성일을 존귀한 날이라 하여 이를 존귀하게 여기고 네 길로 행하지 아니하며 네 오락을 구하지 아니하며 사사로운 말을 하지 아니하면"(사 58:13)

셋째, 안식일에는 세상의 일들을 위한 불필요한 업무들이 금지됩니다.
"여호와께서 이와 같이 말씀하시되 너희는 스스로 삼가서 안식일에 짐을 지고 예루살렘 문으로 들어오지 말며"(렘 17:21)

◆ 제62문답 ◆

Question: What are the reasons annexed to the fourth commandment?

Answer: The reasons annexed to the fourth commandment are, God's allowing us six days of the week for our own employments, his challenging a special propriety in the seventh, his own example, and his blessing the sabbath day.

문: 네 번째 계명에 첨부된 근거들은 무엇인가요?

답: 네 번째 계명에 첨부된 근거들은 하나님께서 우리 자신의 업무들을 위해 한 주 중에 6일을 우리에게 할당해 주시는 것과 일곱 번째는 자신이 특별한 정당성을 주장하시는 것과 스스로가 모범을 보이시는 것과 안식일을 복되게 하시는 것입니다.

● 네 번째 계명에 첨부된 근거는 무엇인가요?

네 번째 계명에는 이 계명을 강화하는 근거가 첨부되어 있습니다. 그런데 이 계명이 기록되어 있는 출애굽기 20:11과 신명기 5:15을 비교해 보면 그 근거가 서로 다르다는 것을 쉽게 발견할 수 있습니다.

모세가 출애굽 1세대들에게 이 계명을 전하는 내용이 기록된 출애굽기에서는 안식일을 지켜야 할 근거를 하나님의 창조 사역에 두고 있습니다. 하나님께서 엿새 동안 창조의 일을 하시고 일곱째 날에 안식하시며 그날을 구별하신 것에 그 근거를 두고 있습니다.

"이는 엿새 동안에 나 여호와가 하늘과 땅과 바다와 그 가운데 모든 것을 만들고 일곱째 날에 쉬었음이라 그러므로 나 여호와가 안식일을 복되게 하여 그날을 거룩하게 하였느니라"(출 20:11)

반면에 모세가 출애굽 2세대들에게 이 계명을 전하는 내용이 기록된 신명기에서는 안식일을 지켜야 하는 근거를 하나님의 구원 사역에 두고 있습니다. 하나님께서 이스라엘 백성들을 종살이하던 애굽 땅에서 건져내신 것을 그 근거로 두고 있습니다.

"너는 기억하라 네가 애굽 땅에서 종이 되었더니 네 하나님 여호와가 강한 손과 편 팔로 거기서 너를 인도하여 내었나니 그러므로 네 하나님 여호와가 네게 명령하여 안식일을 지키라 하느니라"(신 5:15)

● 네 번째 계명에 첨부된 근거는 무엇을 가르치나요?

소교리문답과 대교리문답은 출애굽기 20장에 소개된 내용을 이 계명에 첨부된 근거로 사용하여, 이 근거가 가르치는 내용을 다루고 있습니다. 소교리문답은 이 계명에 첨부된 근거가 가르치는 것을 다음의 4가지로 정리하고 있습니다.

첫째, 네 번째 계명에서 첨부된 근거는 하나님께서는 한 주의 6일은 우리의 일을 위해 사용하도록 할당해 주시고, 일곱 번째 날은 자기를 위한 날로 구별하셨다는 것을 가르칩니다.

"엿새 동안은 일할 것이나 일곱째 날은 큰 안식일이니 여호와께 거룩한 것이라 안식일에 일하는 자는 누구든지 반드시 죽일지니라"(출 31:15)

둘째, 네 번째 계명에서 첨부된 근거는 '하나님께서는 안식일을 자기의 날로 구별하시고, 그날에 대한 자신의 정당성을 주장하신다'고 가르칩니다.

"엿새 동안은 일할 것이요 일곱째 날은 쉴 안식일이니 성회의 날이라 너희는 아무 일도 하지 말라 이는 너희가 거주하는 각처에서 지킬 여호와의 안식일이니라"(레 23:3)

셋째, 네 번째 계명에서 첨부된 근거는 하나님께서 안식일에 쉬신 것은 우리에게 스스로가 모범을 보여주신 것이라고 가르칩니다.

"이는 나와 이스라엘 자손 사이에 영원한 표징이며 나 여호와가 엿새 동안에 천지를 창조하고 일곱째 날에 일을 마치고 쉬었음이니라 하라"(출 31:17)

넷째, 네 번째 계명에서 첨부된 근거는 안식일이 거룩한 것은 하나님께서 안식일을 복되고 거룩하게 구별하셨기 때문이라고 가르칩니다.

"하나님이 그 일곱째 날을 복되게 하사 거룩하게 하셨으니 이는 하나님이 그 창조하시며 만드시던 모든 일을 마치시고 그 날에 안식하셨음이니라"(창 2:3)

◆ 제63문답 ◆

Question: Which is the fifth commandment?

Answer: The fifth commandment is, Honor thy father and thy mother: that thy days may be long upon the land which the Lord thy God giveth thee.

문: 어떤 것이 다섯 번째 계명인가요?
답: 다섯 번째 계명은 '네 부모를 공경하라 그리하면 네 하나님 여호와가 네게 준 땅에서 네 생명이 길리라'입니다.

● 하나님께서는 사람들 사이의 관계에 따라 어떠한 규정들을 정해주셨나요?

하나님께서는 사람들 사이에서 각각의 관계에 따라 서로를 어떻게 대해야 할지에 대한 규정들을 정해 주셨습니다. 주로 누구에게 어떠한 대상을 대할 때 어떻게 해야 한다는 식으로 그 규정을 말씀해 주셨습니다. 예를 들면, 이웃끼리는 서로 사랑으로 대하라고 정해 주셨습니다.

"둘째도 그와 같으니 네 이웃을 네 자신 같이 사랑하라 하셨으니"(마 22:39)

첫째, 그리스도와 연합한 성도들끼리는 서로 교통하도록 하셨습니다. 성도들은 그리스도를 머리로 하는 하나의 몸의 지체들로서 서로 교통하도록 하셨습니다.

"그에게서 온 몸이 각 마디를 통하여 도움을 받음으로 연결되고 결합되어 각 지체의 분량대로 역사하여 그 몸을 자라게 하며 사랑 안에서 스스로 세우느니라"(엡 4:16)

둘째, 아내들에게는 남편에게 복종하도록 하셨습니다.

"아내들아 남편에게 복종하라 이는 주 안에서 마땅하니라"(골 3:18)

셋째, 남편들에게는 아내를 사랑하고 괴롭게 하지 말라고 하셨습니다.

"남편들아 아내를 사랑하며 괴롭게 하지 말라"(골 3:19)

넷째, 자녀들에게는 부모에게 순종하라고 하셨습니다.
"자녀들아 모든 일에 부모에게 순종하라 이는 주 안에서 기쁘게 하는 것이니라"(골 3:20)

다섯째, 아비들에게는 자녀들이 낙심하지 않도록 노엽게 하지 말라고 하셨습니다.
"아비들아 너희 자녀를 노엽게 하지 말지니 낙심할까 함이라"(골 3:21)

여섯째, 종들에게는 육신의 상전들에게 순종하라고 하셨습니다.
"종들아 모든 일에 육신의 상전들에게 순종하되 사람을 기쁘게 하는 자와 같이 눈가림만 하지 말고 오직 주를 두려워하여 성실한 마음으로 하라"(골 3:22)

● 사람 사이의 규정들 중 '네 부모를 공경하라'가 왜 특별한 규정인가요?

하나님께서 사람 사이의 관계에서 취해야 할 태도를 정해주신 것들 중에 남편들이나, 아내들이나, 아비들이나, 자녀들처럼 그 태도를 취해야 할 대상을 직접적으로 지목하지 않고, 그 규정만 전달하신 것이 있습니다. 그 이유는 그 규정을 지켜야 할 대상이 어떠한 특정 지위의 사람들이 아니라, 모든 사람이기 때문입니다. 모든 사람이 이 규정을 지켜야 할 의무가 있기 때문입니다. 십계명의 다섯 번째 계명인 '네 부모를 공경하라'가 바로 여기에 해당됩니다.

하나님께서는 이 규정을 통해 모든 사람들에게 공통적으로 요구하시는 특별한 태도가 있습니다. 그것은 바로 '공경'$_{honor}$과 '존중'$_{respect}$입니다. 여기서 '공경'은 상대를 그가 가진 권위에 따라 걸맞게 대우하는 것을 말합니다. 그리고 '존중'은 상대의 지위에 따라 그에 걸맞게 그를 대우하는 것을 말합니다.

◆ 제64문답 ◆

Question: What is required in the fifth commandment?

Answer: The fifth commandment requireth the preserving the honor, and performing the duties, belonging to everyone in their several places and relations, as superiors, inferiors, or equals.

문: 다섯 번째 계명에서는 무엇이 요구되나요?

답: 다섯 번째 계명은 윗사람들이나, 아랫사람들, 혹은 동등한 사람들로서 그들의 여러 지위들과 관계들 안에서 모든 사람에게 속한 명예를 보존하고 의무들을 이행하는 것을 요구합니다.

● 올바른 공경을 위해 우리가 먼저 알아야 할 것들은 무엇인가요?

첫째, 우리는 우리의 사회 속에 있는 권력들은 모두 하나님께서 위임하신 것임을 알아야 합니다.

"각 사람은 위에 있는 권세들에게 복종하라 권세는 하나님으로부터 나지 않음이 없나니 모든 권세는 다 하나님께서 정하신 바라"(롬 13:1)

둘째, 우리는 우리의 모든 사회적 의무들은 모두 하나님의 권위에 준하여 이행되어야 한다는 것을 알아야 합니다.

"기쁜 마음으로 섬기기를 주께 하듯 하고 사람들에게 하듯 하지 말라"(엡 6:7)

● **우리는 어떠한 사람들을 공경해야 하나요?**

첫째, 우리는 모든 사람을 그들의 각각의 권위에 합당하게 공경해야 합니다. 소교리문답은 이를 그 사람에게 속한 명예를 보존하는 것이라고 설명합니다.

"뭇사람을 공경하며 형제를 사랑하며 하나님을 두려워하며 왕을 존대하라"(벧전 2:17)

둘째, 우리는 우리의 윗사람들을 그들의 권위에 합당하게 공경함으로 그들에게 속한 명예를 보존해야 합니다.

"너는 센 머리 앞에서 일어서고 노인의 얼굴을 공경하며 네 하나님을 경외하라 나는 여호와이니라"(레 19:32)

셋째, 우리는 우리의 아랫사람들을 그들의 권위에 합당하게 공경함으로 그들에게 속한 명예를 보존해야 합니다.

"서로 마음을 같이하며 높은 데 마음을 두지 말고 도리어 낮은 데 처하며 스스로 지혜 있는 체 하지 말라"(롬 12:16)

넷째, 우리는 우리와 동등한 사람들을 그들의 권위에 합당하게 공경함으로 그들에게 속한 명예를 보존해야 합니다.

"형제를 사랑하여 서로 우애하고 존경하기를 서로 먼저 하며"(롬 12:10)

● 우리는 어떠한 사람들을 존중해야 하나요?

첫째, 우리는 모든 사람을 각각의 지위에 따라 합당하게 대우해 주어야 합니다. 이것이 바로 상대를 '존중'respect 하는 것입니다. 소교리문답은 이렇게 상대를 존중하는 것을 지위에 따라 부여된 의무들을 성실히 수행하는 것이라고 설명합니다.

> "모든 자에게 줄 것을 주되 조세를 받을 자에게 조세를 바치고 관세를 받을 자에게 관세를 바치고 두려워할 자를 두려워하며 존경할 자를 존경하라"(롬 13:7)

둘째, 우리는 우리의 윗사람에 대해 부여된 의무를 성실히 수행함으로 그들을 존중해야 합니다.

> "각 사람은 위에 있는 권세들에게 복종하라 권세는 하나님으로부터 나지 않음이 없나니 모든 권세는 다 하나님께서 정하신 바라"(롬 13:1)

셋째, 우리는 우리의 아랫사람에 대해 부여된 의무를 성실히 수행함으로 그들을 존중해야 합니다.

> "상전들아 너희도 그들에게 이와 같이 하고 위협을 그치라 이는 그들과 너희의 상전이 하늘에 계시고 그에게는 사람을 외모로 취하는 일이 없는 줄 너희가 앎이라"(엡 6:9)

넷째, 우리는 우리와 동등한 사람들에 대해 부여된 의무를 성실히 수행함으로 그들을 존중해야 합니다.

"그리스도를 경외함으로 피차 복종하라"(엡 5:21)

◆ 제65문답 ◆

Question: What is forbidden in the fifth commandment?

Answer: The fifth commandment forbiddeth the neglecting of, or doing anything against, the honor and duty which belongeth to everyone in their several places and relations.

문: 다섯 번째 계명에서 무엇이 금지되나요?

답: 다섯 번째 계명은 모든 사람들의 여러 지위들과 관계들에서 그들에게 속한 명예와 의무를 무시하거나 그것에 반하여 어떤 것을 하는 것을 금지합니다.

● 공경받을 자격에 대해 우리가 삼가야 할 태도는 무엇인가요?

첫째, 모든 사람은 하나님으로부터 공경받을 자격을 부여받았습니다. 따라서 우리는 모든 사람이 부여받은 이 자격을 무시하면 안 됩니다.

"마지막으로 말하노니 너희가 다 마음을 같이하여 동정하며 형제를 사랑하며 불쌍히 여기며 겸손하며"(벧전 3:8)

둘째, 우리의 윗사람에게 부여된 공경받을 자격을 무시해서는 안 됩니다.

> "모든 자에게 줄 것을 주되 조세를 받을 자에게 조세를 바치고 관세를 받을 자에게 관세를 바치고 두려워할 자를 두려워하며 존경할 자를 존경하라"(롬 13:7)

셋째, 우리의 아랫사람에게 부여된 공경받을 자격을 무시해서는 안 됩니다.

> "아브라함이 일어나 그 땅 주민 헷 족속을 향하여 몸을 굽히고"(창 23:7)

넷째, 우리와 동등한 사람에게 부여된 공경받을 자격을 무시해서는 안 됩니다.

> "서로 마음을 같이하며 높은 데 마음을 두지 말고 도리어 낮은 데 처하며 스스로 지혜 있는 체 하지 말라"(롬 12:16)

● 공경받을 자격에 대해 우리가 삼가야 할 행동은 무엇인가요?

첫째, 우리는 모든 사람에게 부여된 공경받을 자격에 반하는 행동을 해서는 안 됩니다.

> "약한 자들에게 내가 약한 자와 같이 된 것은 약한 자들을 얻고자 함이요 내가 여러 사람에게 여러 모습이 된 것은 아무쪼록 몇 사람이라도 구원하고자 함이니"(고전 9:22)

둘째, 우리의 윗사람에게 부여된 공경받을 자격에 반하는 행동을 해서는 안 됩니다.

> "심중에라도 왕을 저주하지 말며 침실에서라도 부자를 저주하지 말라 공중의 새

가 그 소리를 전하고 날짐승이 그 일을 전파할 것임이니라"(전 10:20)

셋째, 우리의 아랫사람에게 부여된 공경받을 자격에 반하는 행동을 해서는 안 됩니다.

"너희 중에 큰 자는 너희를 섬기는 자가 되어야 하리라"(마 23:11)

넷째, 우리와 동등한 사람에게 부여된 공경받을 자격에 반하는 행동을 해서는 안 됩니다.

"아무 일에든지 다툼이나 허영으로 하지 말고 오직 겸손한 마음으로 각각 자기보다 남을 낫게 여기고"(빌 2:3)

● 각 상대에게 행해야 할 의무에 대해 우리가 삼가야 할 태도는 무엇인가요?

첫째, 우리는 우리가 관계하는 사람들에게 행해야 할 의무를 등한시해서는 안 됩니다.

"피차 사랑의 빚 외에는 아무에게든지 아무 빚도 지지 말라 남을 사랑하는 자는 율법을 다 이루었느니라"(롬 13:8)

둘째, 우리는 우리의 윗사람들에게 행해야 할 의무를 등한시해서는 안 됩니다.

"너는 그들로 하여금 통치자들과 권세 잡은 자들에게 복종하며 순종하며 모든 선한 일 행하기를 준비하게 하며"(딛 3:1)

셋째, 우리는 우리의 아랫사람들에게 행해야 할 의무를 등한시해서는 안 됩니다.

"상전들아 의와 공평을 종들에게 베풀지니 너희에게도 하늘에 상전이 계심을 알지어다"(골 4:1)

넷째, 우리는 우리와 동등한 사람들에게 행해야 할 의무를 등한시해서는 안 됩니다.

"형제들아 너희가 자유를 위하여 부르심을 입었으나 그러나 그 자유로 육체의 기회를 삼지 말고 오직 사랑으로 서로 종 노릇 하라"(갈 5:13)

● 각 상대에게 행해야 할 의무에 대해 우리가 삼가야 할 행동은 무엇인가요?

첫째, 우리는 우리와 관계하는 사람들에 대한 의무에 반하는 행동을 해서는 안 됩니다.

"삼가 누가 누구에게든지 악으로 악을 갚지 말게 하고 서로 대하든지 모든 사람을 대하든지 항상 선을 따르라"(살전 5:15)

둘째, 우리는 우리의 윗사람들에 대한 의무에 반하는 행동을 해서는 안 됩니다.

"사라가 아브라함을 주라 칭하여 순종한 것 같이 너희는 선을 행하고 아무 두려운 일에도 놀라지 아니하면 그의 딸이 된 것이니라"(벧전 3:6)

셋째, 우리는 우리의 아랫사람들에 대한 의무에 반하는 행동을 해서는 안 됩니다.

> "또 무거운 짐을 묶어 사람의 어깨에 지우되 자기는 이것을 한 손가락으로도 움직이려 하지 아니하며"(마 23:4)

넷째, 우리와 동등한 사람들에 대한 의무에 반하는 행동을 해서는 안 됩니다.

> "아무 일에든지 다툼이나 허영으로 하지 말고 오직 겸손한 마음으로 각각 자기보다 남을 낫게 여기고"(빌 2:3)

◆ 제66문답 ◆

Question: What is the reason annexed to the fifth commandment?

Answer: The reason annexed to the fifth commandment is, a promise of long life and prosperity (as far as it shall serve for God's glory and their own good) to all such as keep this commandment.

문: 다섯 번째 계명에 첨부된 근거는 무엇인가요?

답: 다섯 번째 계명에 첨부된 근거는 이 계명을 지키는 모든 이들을 대상으로 한 장수와 번영의 약속인데, 이 약속이 하나님의 영광과 그들 자신들의 선에 제 역할을 하는 경우에만 그렇다는 것입니다.

● 다섯 번째 계명에 첨부된 근거는 무엇인가요?

다섯 번째 계명을 강화하기 위해 첨부된 근거는 '그리하면 네 하나님 여호와가 네게 준 땅에서 네 생명이 길리라'(출 20:12)입니다.

> "......그리하면 네 하나님 여호와가 네게 준 땅에서 네 생명이 길리라"(출 20:12)

● 하나님께서 이 계명을 통해 하신 약속은 무엇인가요?

첫째, 하나님께서는 부모를 공경하는 자들에게 장수를 약속하셨습니다.

> "네 아버지와 어머니를 공경하라 이것은 약속이 있는 첫 계명이니 이로써 네가 잘되고 땅에서 장수하리라"(엡 6:2,3)

둘째, 하나님께서는 부모를 공경하는 자들에게 번영을 약속하셨습니다.

> "네 아버지와 어머니를 공경하라 이것은 약속이 있는 첫 계명이니 이로써 네가 잘되고 땅에서 장수하리라"(엡 6:2,3)

● 하나님께서 이 계명을 통해 하신 약속인 장수와 번영은 무엇을 의미하나요?

첫째, 장수와 번영은 모두 하나님의 영광과 관련된 약속입니다.

> "예수께서 들으시고 이르시되 이 병은 죽을 병이 아니라 하나님의 영광을 위함이요 하나님의 아들이 이로 말미암아 영광을 받게 하려 함이라 하시더라"(요 11:4)

둘째, 하나님께서 장수와 번영을 주시는 목적은 계명을 지키는 자들의 유익을 통해 하나님께서 영광 받으시기 위함입니다.

"너는 네 하나님 여호와께서 명령한 대로 네 부모를 공경하라 그리하면 네 하나님 여호와가 네게 준 땅에서 네 생명이 길고 복을 누리리라"(신 5:16)

셋째, 장수는 단순히 수명이 긴 것을 넘어서 하나님께서 약속하신 복을 더 오래 누리게 되는 것을 의미합니다. 이를 통해 하나님께서는 자신의 영광을 더 많이 그리고 더 잘 드러내십니다.

"내 아들아 나의 법을 잊어버리지 말고 네 마음으로 나의 명령을 지키라 그리하면 그것이 네가 장수하여 많은 해를 누리게 하며 평강을 더하게 하리라"(잠 3:1,2)

넷째, 번영은 단순한 물질적인 풍족을 말하는 것이 아니라 하나님께서 그의 백성들에게 주시는 가장 적절하고 좋은 것을 의미합니다.

"곧 헛된 것과 거짓말을 내게서 멀리 하옵시며 나를 가난하게도 마옵시고 부하게도 마옵시고 오직 필요한 양식으로 나를 먹이시옵소서"(잠 30:8)

다섯째, 하나님께서 약속하신 장수와 번영의 복은 하나님의 영광과 계명을 지키는 자들의 유익에 합당하게 사용될 때 그 가치가 있습니다.

"이스라엘의 하나님 여호와여 주께서 주의 종 내 아버지 다윗에게 말씀하시기를 네 자손이 자기 길을 삼가서 네가 내 앞에서 행한 것 같이 내 앞에서 행하기만 하면 네게서 나서 이스라엘의 왕위에 앉을 사람이 내 앞에서 끊어지지 아니하리라 하셨사오니 이제 다윗을 위하여 그 하신 말씀을 지키시옵소서"(왕상 8:25)

◆ 제67문답 ◆

Question: Which is the sixth commandment?

Answer: The sixth commandment is, Thou shalt not kill.

문: 어떤 것이 여섯 번째 계명인가요?

답: 여섯 번째 계명은 '살인하지 말라'입니다.

● 여섯 번째 계명의 핵심은 무엇인가요?

여섯 번째 계명은 사람의 생명에 대한 하나님의 규정입니다. 그런데 이 규정은 사람이 생명을 어떻게 다루어야 할 것인지에 대한 규칙이 아닙니다. 다시 말해서 사람의 삶과 죽음을 결정하는 문제에 대한 규칙이 아닙니다. 하나님께서 사람에게 이 규정을 주신 것은 사람에게는 생명에 대한 어떠한 결정권이 없다는 것을 알려 주시기 위함입니다. 사람의 생명에 대한 결정권은 오직 생명의 주인이신 하나님께만 있다는 것을 사람들에게 각인시키시기 위함입니다.

> "하나님이 자기 형상 곧 하나님의 형상대로 사람을 창조하시되 남자와 여자를 창조하시고"(창 1:27)

● 하나님께서는 사람에게 생명에 대해 부여하신 것은 무엇인가요?

분명 사람에게는 사람의 생명에 대한 결정권이 없습니다. 그러나 사람에게는 생명에 대한 의무는 있습니다. 그것은 자신의 생명은 물론 다른 사람의 생명에 관해서도 동일합니다. 이 계명은 하나님께서 사람에게 주신 생명에 대한 의무를 다루고 있습니다.

> "누구든지 언제나 자기 육체를 미워하지 않고 오직 양육하여 보호하기를 그리스도께서 교회에게 함과 같이 하나니"(엡 5:29)

◆ 제68문답 ◆

Question: What is required in the sixth commandment?
Answer: The sixth commandment requireth all lawful endeavors to preserve our own life, and the life of others.

문: 여섯 번째 계명에서는 무엇이 요구되나요?
답: 여섯 번째 계명은 우리 자신의 생명과 다른 이들의 생명을 보존하는 모든 합법적인 노력들을 요구합니다.

● 자기 생명에 대한 의무는 무엇을 의미하나요?

첫째, 우리는 그리스도께서 교회를 보호하듯이 우리의 몸을 아끼고 보호해야 합니다.

> "누구든지 언제나 자기 육체를 미워하지 않고 오직 양육하여 보호하기를 그리스도께서 교회에게 함과 같이 하나니"(엡 5:29)

둘째, 우리는 우리의 생명을 보존하기 위해 합법적인 모든 노력을 해야 합니다.

"이제부터는 물만 마시지 말고 네 위장과 자주 나는 병을 위하여는 포도주를 조금씩 쓰라"(딤전 5:23)

셋째, 그리스도인은 그리스도의 도를 따르는 사람입니다. 또한 그리스도의 고난에 참여하는 자들입니다. 따라서 그리스도인이 박해받는 것은 당연한 이치입니다. 그러나 그러한 상황에서도 그리스도인은 자신의 몸을 지키기 위해서 박해에 정면으로 맞서기보다는 피하는 것이 지혜롭습니다.

"이 동네에서 너희를 박해하거든 저 동네로 피하라 내가 진실로 너희에게 이르노니 이스라엘의 모든 동네를 다 다니지 못하여서 인자가 오리라"(마 10:23)

● 다른 사람의 생명에 대한 의무는 무엇을 의미하나요?

첫째, 그리스도인들은 할 수 있는 한 최선을 다해 서로의 생명을 보존해야 합니다.

"이세벨이 여호와의 선지자들을 멸할 때에 오바댜가 선지자 백 명을 가지고 오십 명씩 굴에 숨기고 떡과 물을 먹였더라"(왕상 18:4)

둘째, 우리는 우리 이웃의 생명을 귀하게 여기고, 도움이 필요한 자들을 섬겨야 합니다.

"가난한 자와 고아를 위하여 판단하며 곤란한 자와 빈궁한 자에게 공의를 베풀지며 가난한 자와 궁핍한 자를 구원하여 악인들의 손에서 건질지니라 하시는도다"(시 82:3,4)

셋째, 우리는 이웃의 생명을 보존하기 위해 합법적인 모든 노력을 해야 합니다.

"너는 사망으로 끌려가는 자를 건져 주며 살륙을 당하게 된 자를 구원하지 아니하려고 하지 말라 네가 말하기를 나는 그것을 알지 못하였노라 할지라도 마음을 저울질 하시는 이가 어찌 통찰하지 못하시겠으며 네 영혼을 지키시는 이가 어찌 알지 못하시겠느냐 그가 각 사람의 행위대로 보응하시리라"(잠 24:11,12)

● 우리와 이웃의 생명을 보존하려 할 때 삼가야 할 것들은 무엇인가요?

첫째, 우리는 자신의 생명을 보존하기 위한다고 하더라도 불법적인 노력을 해서는 안 됩니다.

"누구든지 제 목숨을 구원하고자 하면 잃을 것이요 누구든지 나를 위하여 제 목숨을 잃으면 찾으리라"(마 16:25)

둘째, 우리는 이웃의 생명을 보존하기 위한다고 하더라도 불법적인 노력을 해서는 안 됩니다.

"고의로 살인죄를 범한 살인자는 생명의 속전을 받지 말고 반드시 죽일 것이며"(민 35:31)

◆ 제69문답 ◆

Question: What is forbidden in the sixth commandment?

Answer: The sixth commandment forbiddeth the taking away of our own life, or the life of our neighbor, unjustly, or whatsoever tendeth thereunto.

문: 여섯 번째 계명에서는 무엇이 금지되나요?

답: 여섯 번째 계명은 우리 자신의 생명이나 이웃의 생명을 부당하게 제거하는 것뿐 아니라, 이와 같은 경향이 있는 것은 무엇이라도 금지합니다.

● 우리가 우리와 이웃의 생명을 함부로 할 수 없는 이유는 무엇인가요?

우리가 우리와 이웃의 생명을 함부로 할 수 없는 이유는 모두가 하나님의 형상들이기 때문입니다.

"다른 사람의 피를 흘리면 그 사람의 피도 흘릴 것이니 이는 하나님이 자기 형상대로 사람을 지으셨음이니라"(창 9:6)

● 자신의 생명에 대해 삼가야 할 것들은 무엇인가요?

첫째, 우리는 스스로 자신의 생명을 끊어서는 안 됩니다.

"바울이 크게 소리 질러 이르되 네 몸을 상하지 말라 우리가 다 여기 있노라 하니"(행 16:28)

둘째, 우리는 우리 자신의 생명에 해를 가하는 것은 어떤 것도 해서는 안 됩니다.

"장정이라도 죽으면 어찌 다시 살리이까 나는 나의 모든 고난의 날 동안을 참으면서 풀려나기를 기다리겠나이다"(욥 14:14)

● 다른 사람의 생명에 대해 삼가야 할 것들은 무엇인가요?

첫째, 우리는 정당하지 않게 다른 사람의 생명을 취해서는 안 됩니다.

"사람을 쳐죽인 자는 반드시 죽일 것이요"(레 24:17)

둘째, 우리는 다른 사람의 생명에 해를 가하는 어떤 것도 해서는 안 됩니다.

"사람이 맷돌이나 그 위짝을 전당 잡지 말지니 이는 그 생명을 전당 잡음이니라"(신 24:6)

● 실제 살인 이외에 이 계명을 범하는 죄들에는 어떤 것들이 있나요?

첫째, 위험에 빠진 이웃을 그냥 지나치는 것도 이 계명을 범하는 것에 해당합니다.

"너는 사망으로 끌려가는 자를 건져 주며 살륙을 당하게 된 자를 구원하지 아니하려고 하지 말라"(잠 24:11)

둘째, 서로를 미워하는 것도 이 계명을 범하는 것에 해당합니다.

"그 형제를 미워하는 자마다 살인하는 자니 살인하는 자마다 영생이 그 속에 거하지 아니하는 것을 너희가 아는 바라"(요일 3:15)

셋째, 육체적으로든, 심적으로든 형제에게 해를 끼치는 것도 이 계명을 범하는 것에 해당합니다.

"나는 너희에게 이르노니 형제에게 노하는 자마다 심판을 받게 되고 형제를 대하여 라가라 하는 자는 공회에 잡혀가게 되고 미련한 놈이라 하는 자는 지옥 불에 들어가게 되리라"(마 5:22)

넷째, 물질적으로 이웃을 힘들게 하는 것도 이 계명을 범하는 것에 해당합니다.

"사람이 맷돌이나 그 위짝을 전당 잡지 말지니 이는 그 생명을 전당 잡음이니라"(신 24:6)

◆ 제70문답 ◆

Question: Which is the seventh commandment?

Answer: The seventh commandment is, Thou shalt not commit adultery.

문: 어떤 것이 일곱 번째 계명인가요?

답: 일곱 번째 계명은 '간음하지 말라'입니다.

● 일곱 번째 계명의 핵심은 무엇인가요?

일곱 번째 계명은 결혼에 관한 규정입니다. 하나님께서는 사람을 남자와 여자로 창조하셨습니다. 그리고 한 명의 남자와 한 명의 여자가 부부가 되어 한 가정을 꾸리게 하셨습니다. 하나님께서는 이 계명을 통해 하나님 자신이 정한 대로 결혼이 순수하게 성사되고, 가정이 순결하게 유지되어야 할 것을 규정하십니다.

> "창조 때로부터 사람을 남자와 여자로 지으셨으니 이러므로 사람이 그 부모를 떠나서 그 둘이 한 몸이 될지니라 이러한즉 이제 둘이 아니요 한 몸이니 그러므로 하나님이 짝지어 주신 것을 사람이 나누지 못할지니라 하시더라"(막 10:6-9)

◆ 제71문답 ◆

Question: What is required in the seventh commandment.?

Answer: The seventh commandment requireth the preservation of our own and our neighbor's chastity, in heart, speech, and behavior.

문: 일곱 번째 계명에서는 무엇이 요구되나요?

답: 일곱 번째 계명은 심정과 말과 행동에서 우리 자신과 우리 이웃의 순결이 보존되는 것을 요구합니다.

● **일곱 번째 계명에서 요구하는 것을 지키기 위해 먼저 알아야 할 것들은 무엇인가요?**

첫째, 순결을 파괴하는 것은 하나님을 모르는 자들이 범하는 죄를 따르는 것임을 알아야 합니다.

"하나님을 모르는 이방인과 같이 색욕을 따르지 말고"(살전 4:5)

둘째, 순결을 파괴하는 자들에게는 하나님의 심판이 있음을 알아야 합니다.

"모든 사람은 결혼을 귀히 여기고 침소를 더럽히지 않게 하라 음행하는 자들과 간음하는 자들을 하나님이 심판하시리라"(히 13:4)

셋째, 마음으로 음욕을 품은 것은 그 자체로 이미 순결을 파괴한 것임을 알아야 합니다.

"나는 너희에게 이르노니 음욕을 품고 여자를 보는 자마다 마음에 이미 간음하였느니라"(마 5:28)

넷째, 순결을 파괴하는 상황에 빠지지 않기 위해서는 의지적으로 힘써 유혹의 상황을 피해야 함을 알아야 합니다.

"네 길을 그에게서 멀리하라 그의 집 문에도 가까이 가지 말라"(잠 5:8)

● **우리가 순결을 보존해야 하는 대상은 누구인가요?**

첫째, 우리는 자기 자신의 순결을 보존하도록 노력해야 합니다.

"각각 거룩함과 존귀함으로 자기의 아내 대할 줄을 알고"(살전 4:4)

둘째, 우리는 우리의 순결뿐 아니라 이웃의 순결을 보존하기 위해서도 노력해야 합니다.

"너희는 열매 없는 어둠의 일에 참여하지 말고 도리어 책망하라"(엡 5:11)

● 우리는 어떻게 나와 이웃의 순결을 보존해야 하나요?

첫째, 우리는 생각에서 나와 이웃의 순결을 보존해야 합니다.

"또한 너는 청년의 정욕을 피하고 주를 깨끗한 마음으로 부르는 자들과 함께 의와 믿음과 사랑과 화평을 따르라"(딤후 2:22)

둘째, 우리는 말에서 나와 이웃의 순결을 보존해야 합니다.

"누추함과 어리석은 말이나 희롱의 말이 마땅치 아니하니 오히려 감사하는 말을 하라"(엡 5:4)

셋째, 우리는 행동에서 나와 이웃의 순결을 보존해야 합니다.

"너희의 두려워하며 정결한 행실을 봄이라"(벧전 3:2)

● 일곱 번째 계명을 지키는 것과 결혼은 어떠한 관련이 있나요?

첫째, 건전하고 바른 결혼은 우리가 순결을 보존하는 가장 합당한 수단입니다.

"음행을 피하기 위하여 남자마다 자기 아내를 두고 여자마다 자기 남편을 두라"(고전 7:2)

둘째, 하나님께서 요구하시는 바른 부부 관계의 핵심은 남편과 아내가 서로의 순결을 더욱 존중하고 보존하는 것입니다.

"남편은 그 아내에 대한 의무를 다하고 아내도 그 남편에게 그렇게 할지라 아내는 자기 몸을 주장하지 못하고 오직 그 남편이 하며 남편도 그와 같이 자기 몸을 주장하지 못하고 오직 그 아내가 하나니 서로 분방하지 말라 다만 기도할 틈을 얻기 위하여 합의상 얼마 동안은 하되 다시 합하라 이는 너희가 절제 못함으로 말미암아 사탄이 너희를 시험하지 못하게 하려 함이라"(고전 7:3-5)

◆ 제72문답 ◆

Question: What is forbidden in the seventh commandment?
Answer: The seventh commandment forbiddeth all unchaste thoughts, words, and actions.
문: 일곱 번째 계명에서는 무엇이 금지되나요?
답: 일곱 번째 계명은 순결하지 않은 모든 생각들과 말들과 행위들을 금지합니다.

● 일곱 번째 계명에서는 어떠한 것들이 금지되나요?

첫째, 순결하지 못한 생각은 어떤 것이라도 금지됩니다.

"나는 너희에게 이르노니 음욕을 품고 여자를 보는 자마다 마음에 이미 간음하였느니라"(마 5:28)

둘째, 순결하지 못한 대화는 어떤 것이라도 금지됩니다.

"무릇 더러운 말은 너희 입 밖에도 내지 말고 오직 덕을 세우는 데 소용되는 대로 선한 말을 하여 듣는 자들에게 은혜를 끼치게 하라"(엡 4:29)

셋째, 순결하지 못한 행동은 어떤 것이라도 금지됩니다.

"음행과 온갖 더러운 것과 탐욕은 너희 중에서 그 이름조차도 부르지 말라 이는 성도에게 마땅한 바니라"(엡 5:3)

◆ 제73문답 ◆

Question: Which is the eighth commandment?

Answer: The eighth commandment is, Thou shalt not steal.

문: 어떤 것이 여덟 번째 계명인가요?

답: 여덟 번째 계명은 '도둑질하지 말라'입니다.

● **여덟 번째 계명의 핵심은 무엇인가요?**

여덟 번째 계명은 재산에 관한 규정입니다. 특히, 이웃의 소유에 대한 태도에 관한 규정입니다. 하나님께서는 세상의 모든 것들을 창조하셨습니다. 따라서 세상의 모든 것은 다 하나님의 것입니다. 하나님께서 만물의 주인이십니다. 그런데 하나님께서는 이 만물들 중에서 어느 정도를 사람들에게 맡겨 주셨습니다. 그리고 그것을 각 사람이 자기의 소견에 따라 관리할 수 있도록 해 주셨습니다. 이렇게 하나님께서 맡겨 주신 것을 우리는 '재산'이라고 합니다. 또는 '소유'라고도 합니다.

> "하늘은 여호와의 하늘이라도 땅은 사람에게 주셨도다"(시 115:6)

● **하나님께서는 각자의 소유를 똑같이 주시나요?**

하나님께서는 모든 사람에게 각자의 소유를 주십니다. 구약에서는 이것을 분깃이라고 묘사하고 있습니다. 그런데 하나님께서는 이 분깃을 모든 사람에게 동등하고 균등하게 배분해 주시지는 않습니다. 누군가에게는 다른 사람보다 더 많이 주시기도 하고, 덜 주시기도 하십니다.

> "너희와 너희의 자녀와 노비와 함께 너희의 하나님 여호와 앞에서 즐거워할 것이요 네 성중에 있는 레위인과도 그리할지니 레위인은 너희 중에 분깃이나 기업이 없음이니라"(신 12:12)

● **각자 다른 분깃을 보며 오는 유혹은 무엇인가요?**

이러한 이유로 분깃을 받은 사람들은 종종 서로의 분깃을 비교하게 됩니다. 이 과정에서 누군가는 자신이 받은 분깃에 만족하지만, 누군가는 불평하기도 합니다. 이때 자신의 소유에 만족하지 못하는 사람들 중에는 다른 사람의 소유를 빼앗아서라도 자기의 소유를 늘리고 싶어 하는 유혹에 빠지기도 합니다.

> "부하려 하는 자들은 시험과 올무와 여러 가지 어리석고 해로운 욕심에 떨어지나니 곧 사람으로 파멸과 멸망에 빠지게 하는 것이라 돈을 사랑함이 일만 악의 뿌리가 되나니 이것을 탐내는 자들은 미혹을 받아 믿음에서 떠나 많은 근심으로써

자기를 찔렀도다"(딤전 6:9.10)

● 각자 다른 분깃의 이유는 무엇인가요?

하나님께서는 자신의 선하신 뜻을 따라 각자에게 분깃을 나누어 주십니다. 앞서 언급한 것처럼 이 분깃의 양이 모든 사람에게 동등하지는 않습니다. 그러나 여기서 우리가 분명히 알아야 할 것은 하나님께서 각각의 사람에 주시는 분깃은 각자에게 가장 적절한 분량이라는 것입니다.

"곧 헛된 것과 거짓말을 내게서 멀리 하옵시며 나를 가난하게도 마옵시고 부하게도 마옵시고 오직 필요한 양식으로 나를 먹이시옵소서"(잠 30:8)

◆ 제74문답 ◆

Question: What is required in the eighth commandment?

Answer: The eighth commandment requireth the lawful procuring and furthering the wealth and outward estate of ourselves and others.

문: 여덟 번째 계명에서는 무엇이 요구되나요?

답: 여덟 번째 계명은 우리 자신과 다른 사람들의 부와 재산을 합법적으로 얻고 늘리는 것을 요구합니다.

● **여덟 번째 계명에서 요구하는 것을 지키기 위해 먼저 알아야 할 것은 무엇인가요?**

첫째, 우리는 우리가 재산을 늘리고, '부'~wealth~를 얻는 목적은 언제나 이웃 사랑으로까지 확장되어야 한다는 것을 알아야 합니다.

> "도둑질하는 자는 다시 도둑질하지 말고 돌이켜 가난한 자에게 구제할 수 있도록 자기 손으로 수고하여 선한 일을 하라"(엡 4:28)

> "네 형제가 가난하게 되어 빈 손으로 네 곁에 있거든 너는 그를 도와 거류민이나 동거인처럼 너와 함께 생활하게 하되"(레 25:35)

둘째, 우리는 가족사랑과 이웃 사랑으로 표현되지 않는 '부'는 믿음을 배반하는 것과 같다는 것을 알아야 합니다.

> "누구든지 자기 친족 특히 자기 가족을 돌보지 아니하면 믿음을 배반한 자요 불신자보다 더 악한 자니라"(딤전 5:8)

셋째, 우리는 부지런한 자가 재산을 늘리고, '부'를 쌓는 것은 정당한 원리라는 것을 알아야 합니다.

> "게으른 자는 그 잡을 것도 사냥하지 아니하나니 사람의 부귀는 부지런한 것이니라"(잠 12:27)

넷째, 우리는 게으른 자가 가난하게 되는 것은 정당한 원리라는 것을 알아야 합니다.

> "게으른 자는 마음으로 원하여도 얻지 못하나 부지런한 자의 마음은 풍족함을 얻느니라"(잠13:4)

● 우리는 우리의 부와 재산에 대해 어떻게 생각하고 행동해야 하나요?

첫째, 우리는 부를 얻고 재산을 늘리기 위해 최선의 노력을 다해야 합니다.

"게으른 자여 개미에게 가서 그가 하는 것을 보고 지혜를 얻으라"(잠 6:6)

둘째, 우리는 언제나 합법적인 방법으로만 우리의 부와 재산을 늘려야 합니다.

"염소의 젖은 넉넉하여 너와 네 집의 음식이 되며 네 여종의 먹을 것이 되느니라"(잠 27:23)

● 우리는 다른 사람의 부와 재산에 대해 어떻게 생각하고 행동해야 하나요?

첫째, 우리는 다른 사람이 합법적으로 부와 재산을 취득할 수 있도록 지원해야 합니다.

"그러므로 우리는 기회 있는 대로 모든 이에게 착한 일을 하되 더욱 믿음의 가정들에게 할지니라"(갈 6:10)

둘째, 우리는 다른 사람이 합법적으로 부와 재산을 늘리는 것을 기쁨으로 돌아보아야 합니다.

"각각 자기 일을 돌볼뿐더러 또한 각각 다른 사람들의 일을 돌보아 나의 기쁨을 충만하게 하라"(빌 2:4)

◆ 제75문답 ◆

Question: What is forbidden in the eighth commandment?

Answer: The eighth commandment forbiddeth whatsoever doth, or may, unjustly hinder our own, or our neighbor's, wealth or outward estate.

문: 여덟 번째 계명에서는 무엇이 금지되나요?

답: 여덟 번째 계명은 우리 자신이나 우리 이웃의 부나 재산을 불공정하게 저해하거나, 그럴 가능성이 있는 것은 어떤 것이라도 금지합니다.

● 여덟 번째 계명에서 금지된 것들을 삼가기 위해 우리가 먼저 알아야 할 것들은 무엇인가요?

첫째, 우리는 모든 사람에게는 공정하고 합법적인 방법으로 자신이나 가족들을 위해 최선을 다해 부와 재산을 획득할 의무가 있다는 것을 알아야 합니다.

"누구든지 자기 친족 특히 자기 가족을 돌보지 아니하면 믿음을 배반한 자요 불신자보다 더 악한 자니라"(딤전 5:8)

둘째, 우리는 정당하게 쌓은 부는 수고한 자들에게 정당하게 분배되어야 한다는 것을 알아야 합니다.

"보라 너희 밭에서 추수한 품꾼에게 주지 아니한 삯이 소리 지르며 그 추수한 자의 우는 소리가 만군의 주의 귀에 들렸느니라"(약 5:4)

셋째, 우리는 어떠한 경우에도 불공정한 방법으로 부와 재산을 얻거나 유지해서는 안 된다는 것을 알아야 합니다.

"돈을 사랑함이 일만 악의 뿌리가 되나니 이것을 탐내는 자들은 미혹을 받아 믿음에서 떠나 많은 근심으로써 자기를 찔렀도다"(딤전 6:10)

넷째, 우리는 불공정하게 부를 쌓는 것은 죽음을 구하는 것과 같다는 것을 명심해야 합니다.

"속이는 말로 재물을 모으는 것은 죽음을 구하는 것이라 곧 불려다니는 안개니라"(잠 21:6)

다섯째, 우리는 불공정하게 부를 얻었다는 것을 알게 되면, 즉시 그 자리에서 돌아서야 한다는 것을 명심해야 합니다.

"도둑질하는 자는 다시 도둑질하지 말고 돌이켜 가난한 자에게 구제할 수 있도록 자기 손으로 수고하여 선한 일을 하라"(엡 4:28)

● 여덟 번째 계명은 부와 재산에 관해 우리가 삼가야 할 것으로 무엇들을 지적하나요?

첫째, 우리는 우리의 부와 재산을 늘리는 데 저해가 되는 것들을 삼가야 합니다.

"술 취하고 음식을 탐하는 자는 가난하여질 것이요 잠 자기를 즐겨 하는 자는 해어진 옷을 입을 것임이니라"(잠 23:21)

둘째, 우리는 이웃의 부와 재산을 늘리는데 저해가 되는 것들을 삼가야 합니다.

> "마음에 서로 해하기를 도모하지 말며 거짓 맹세를 좋아하지 말라 이 모든 일은 내가 미워하는 것이니라 여호와의 말이니라"(슥 8:17)

셋째, 우리는 재력이 허락하는 한 이웃이 재정적인 문제로 고통을 당할 때나, 재산을 증진하기 위해 노력할 때 그 상황을 등한시해서는 안 됩니다.

> "반드시 네 손을 그에게 펴서 그에게 필요한 대로 쓸 것을 넉넉히 꾸어 주라"(신 15:8)

◆ 제76문답 ◆

Question: Which is the ninth commandment?

Answer: The ninth commandment is, Thou shalt not bear false witness against thy neighbor.

문: 어떤 것이 아홉 번째 계명인가요?

답: 아홉 번째 계명은 '네 이웃에 대하여 거짓 증거하지 말라'입니다.

● 아홉 번째 계명의 핵심은 무엇인가요?

아홉 번째 계명은 각각의 사람의 명성에 관한 규정입니다. 여기서 '명성'은 사람에 대한 평판을 말합니다. 이 계명은 사람의 평판에 영향을 미치는 어떠한 증언을 할 때에 조금의 거짓도 없어야 할 것을 요구합니다.

"여호와여 주의 장막에 머무를 자 누구오며 주의 성산에 사는 자 누구오니이까 정직하게 행하며 공의를 실천하며 그의 마음에 진실을 말하며 그의 혀로 남을 허물하지 아니하고 그의 이웃에게 악을 행하지 아니하며 그의 이웃을 비방하지 아니하며"(시 15:1-3)

◆ 제77문답 ◆

Question: What is required in the ninth commandment?

Answer: The ninth commandment requireth the maintaining and promoting of truth between man and man, and of our own and our neighbor's good name, especially in witness bearing.

문: 아홉 번째 계명에서는 무엇이 요구되나요?

답: 아홉 번째 계명은 사람과 사람 사이의 진리와 우리 자신과 우리 이웃의 명성을 유지하고 증진시키는 것을 요구하는데, 특히 증언에서 그러합니다.

● **아홉 번째 계명에서 요구하는 것을 지키기 위해 우리가 먼저 알아야 할 것은 무엇인가요?**

첫째, 우리는 모든 인간은 본성적으로 서슴없이 거짓을 말한다는 것을 알아야 합니다.

"여호와의 말씀이니라 그들이 활을 당김 같이 그들의 혀를 놀려 거짓을 말하며 그들이 이 땅에서 강성하나 진실하지 아니하고 악에서 악으로 진행하며 또 나를 알지 못하느니라 너희는 각기 이웃을 조심하며 어떤 형제든지 믿지 말라 형제마다 완전히 속이며 이웃마다 다니며 비방함이라 그들은 각기 이웃을 속이며 진실을 말하지 아니하며 그들의 혀로 거짓말하기를 가르치며 악을 행하기에 지치거늘 네가 사는 곳이 속이는 일 가운데 있도다 그들은 속이는 일로 말미암아 나를 알기를 싫어하느니라 여호와의 말씀이니라"(렘 9:3-6)

둘째, 우리는 매사에 신중하게 말해야 한다는 것을 알아야 합니다.

"말을 아끼는 자는 지식이 있고 성품이 냉철한 자는 명철하니라"(잠 17:27)

셋째, 우리는 진실한 증언은 사람의 생명을 살린다는 것을 알아야 합니다.

"진실한 증인은 사람의 생명을 구원하여도 거짓말을 뱉는 사람은 속이느니라"(잠 14:25)

● 아홉 번째 계명은 우리가 진실을 어떻게 다루어야 할 것을 요구하나요?

첫째, 이 계명은 우리가 항상 진실을 보존하기 위해 노력해야 할 것을 요구합니다.

"너희가 행할 일은 이러하니라 너희는 이웃과 더불어 진리를 말하며 너희 성문에서 진실하고 화평한 재판을 베풀고"(슥 8:16)

둘째, 이 계명은 우리가 항상 진실만을 말해야 할 것을 요구합니다.

"데메드리오는 뭇 사람에게도, 진리에게서도 증거를 받았으매 우리도 증언하노니 너는 우리의 증언이 참된 줄을 아느니라"(요삼 1:12)

셋째, 이 계명은 우리가 언제나 진실을 드러내기 위해 최선의 노력을 해야 할 것을 요구합니다.

"끝으로 형제들아 무엇에든지 참되며 무엇에든지 경건하며 무엇에든지 옳으며 무엇에든지 정결하며 무엇에든지 사랑받을 만하며 무엇에든지 칭찬받을 만하며 무슨 덕이 있든지 무슨 기림이 있든지 이것들을 생각하라"(빌 4:8)

넷째, 이 계명은 증언을 할 때는 진실만을 말할 수 있도록 더욱 신중해야 할 것을 요구합니다.

"신실한 증인은 거짓말을 아니하여도 거짓 증인은 거짓말을 뱉느니라"(잠 14:5)

● 아홉 번째 계명은 사람의 명성에 대해 우리에게 무엇을 요구하나요?

첫째, 이 계명은 우리가 자신의 명성을 보존하기 위해 최선을 다해 노력해야 할 것을 요구합니다.

"이같이 너희 빛이 사람 앞에 비치게 하여 그들로 너희 착한 행실을 보고 하늘에 계신 너희 아버지께 영광을 돌리게 하라"(마 5:16)

둘째, 이 계명은 우리가 이웃의 명성을 보존하기 위해 최선을 다해 노력해야 할 것을 요구합니다.

"아무도 비방하지 말며 다투지 말며 관용하며 범사에 온유함을 모든 사람에게 나타낼 것을 기억하게 하라"(딛 3:2)

◆ 제78문답 ◆

Question: What is forbidden in the ninth commandment?

Answer: The ninth commandment forbiddeth whatsoever is prejudicial to truth, or injurious to our own, or our neighbor's good name.

문: 아홉 번째 계명에서는 무엇이 금지되나요?

답: 아홉 번째 계명은 진리에 편견을 갖게 하는 것이나, 우리 자신이나 우리 이웃의 명성에 해를 끼치는 것은 무엇이라도 금지합니다.

● 아홉 번째 계명에서 금지된 것들을 삼가기 위해 우리가 먼저 알아야 할 것은 무엇인가요?

첫째, 우리는 타락한 인간은 본성적으로 거짓을 즐겨 말한다는 것을 알아야 합니다.

> "그들의 목구멍은 열린 무덤이요 그 혀로는 속임을 일삼으며 그 입술에는 독사의 독이 있고"(롬 3:13)

둘째, 우리는 하나님께서는 거짓을 말하는 것을 매우 싫어하신다는 것을 알아야 합니다.

> "여호와께서 미워하시는 것 곧 그의 마음에 싫어하시는 것이 예닐곱 가지이니 곧 교만한 눈과 거짓된 혀와 무죄한 자의 피를 흘리는 손과 악한 계교를 꾀하는 마음과 빨리 악으로 달려가는 발과 거짓을 말하는 망령된 증인과 및 형제 사이를 이간하는 자이니라"(잠 16:16-19)

셋째, 우리는 신자가 거짓을 말하는 것은 신자에게 여전히 남아 있는 옛 자아의 모습 때문이라는 것을 알아야 합니다.

"너희가 서로 거짓말을 하지 말라 옛 사람과 그 행위를 벗어 버리고"(골 3:9)

넷째, 우리는 거짓말과 거짓 증언은 그에 따른 벌이 반드시 있다는 것을 알아야 합니다.

"거짓 증인은 벌을 면하지 못할 것이요 거짓말을 하는 자도 피하지 못하리라"(잠 19:5)

● 어떤 것들이 거짓을 말하는 죄에 해당하나요?

첫째, 부주의한 말은 그 자체로 거짓을 말하는 죄에 해당합니다.

"어리석은 자는 자기의 노를 다 드러내어도 지혜로운 자는 그것을 억제하느니라"(잠 29:11)

둘째, 진리에 편견을 줄 수 있는 모든 것은 거짓을 말하는 죄에 해당합니다.

"그런즉 거짓을 버리고 각각 그 이웃과 더불어 참된 것을 말하라 이는 우리가 서로 지체가 됨이라"(엡 4:25)

셋째, 아첨하는 모든 말은 거짓을 말하는 죄에 해당합니다.

"여호와께서 모든 아첨하는 입술과 자랑하는 혀를 끊으시리니"(시 12:3)

넷째, 허영심으로 자랑하는 모든 말은 거짓을 말하는 죄에 해당합니다.

"사람들이 자기를 사랑하며 돈을 사랑하며 자랑하며 교만하며 비방하며 부모를 거역하며 감사하지 아니하며 거룩하지 아니하며"(딤후 3:2)

다섯째, 사람을 비방하는 것과 필요 없는 정보를 퍼뜨리는 것도 거짓을 말하는 죄에 해당합니다.

"너는 네 백성 중에 돌아다니며 사람을 비방하지 말며 네 이웃의 피를 흘려 이익을 도모하지 말라 나는 여호와이니라"(레 19:16)

여섯째, 자신의 명성에 해를 끼치는 것도 거짓을 말하는 죄에 해당합니다.

"내가 내 공의를 굳게 잡고 놓지 아니하리니 내 마음이 나의 생애를 비웃지 아니하리라"(욥 27:6)

일곱째, 이웃의 명성에 해를 끼치는 것도 거짓을 말하는 죄에 해당합니다.

"너는 거짓된 풍설을 퍼뜨리지 말며 악인과 연합하여 위증하는 증인이 되지 말며"(출 23:1)

◆ 제79문답 ◆

Question: Which is the tenth commandment?
Answer: The tenth commandment is, Thou shalt not covet thy neighbor's house, thou shalt not covet thy neighbor's

wife, nor his manservant, nor his maidservant, nor his ox, nor his ass, nor anything that is thy neighbor's.

문: 어떤 것이 열 번째 계명인가요?

답: 열 번째 계명은 "네 이웃의 집을 탐내지 말라 네 이웃의 아내나 그의 남종이나 그의 여종이나 그의 소나 그의 나귀나 무릇 네 이웃의 소유를 탐내지 말라"입니다.

● 열 번째 계명의 핵심은 무엇인가요?

열 번째 계명은 사람의 '갈망'$_{desire}$에 관한 규율입니다. 사람의 갈망은 본질적으로 선합니다. 타락하기 전 인류가 품었던 갈망은 순수했습니다. 타락하기 전 아담과 하와가 품었던 갈망의 대상은 오직 창조주 하나님 한 분이셨습니다. 그리고 그 갈망을 품고 추구하는 방법 또한 전적으로 하나님께서 정해주신 방법을 따랐습니다. 이들은 이렇게 갈망하는 것들을 추구하며 매 순간 만족한 삶을 누렸습니다.

> "여호와 하나님이 흙으로 각종 들짐승과 공중의 각종 새를 지으시고 아담이 무엇이라고 부르나 보시려고 그것들을 그에게로 이끌어 가시니 아담이 각 생물을 부르는 것이 곧 그 이름이 되었더라"(창 2:19)

● 타락 이후로 사람의 갈망은 어떻게 변했나요?

그러나 타락 이후로 사람의 갈망은 그 대상과 방향을 잃었습니다. 갈망의 이유와 목적 또한 그 순수함을 잃었습니다. 바울은 이렇게 타락한 갈망을 '탐심'이라고 말합니다. 타락 이후로 사람은 결단코 자신의 소유에 만족하지 못하게 되었습니다. 자신의 소유가 항상 부족하다고 여깁니다. 본성적으로 그러하기에 자기의 소유가 얼마나 되는지는 전혀 문제가 되지 않습니다. 그래서 다른 사람의 소유에 불필요한 관심을 갖습니다.

> "그런즉 우리가 무슨 말을 하리요 율법이 죄냐 그럴 수 없느니라 율법으로 말미암지 않고는 내가 죄를 알지 못하였으니 곧 율법이 탐내지 말라 하지 아니하였더라면 내가 탐심을 알지 못하였으리라"(롬 7:7)

● 다른 사람의 소유에 관심을 갖는 것은 죄인가요?

다른 사람의 소유에 관심을 갖는 것이 그 자체로 잘못은 아닙니다. 때에 따라 우리는 다른 사람의 소유에 관해 적극적인 관심을 가져야 할 필요도 있습니다. 문제는 다른 사람의 소유에 관심을 갖게 되는 원인과 이유입니다. 그리고 그것보다 더 중요한 것은 자신의 소유에 대한 만족입니다. 자신의 소유에 만족할 줄 아는 사람이 다른 사람의 소유에 관심을 갖게 되면, 그는 다른 사람이 자신의 소유를 증진시키는 것을 함께 기뻐해 줄 수 있을 것입니다. 그리고 혹시라도 다른 사람이 자신의 소유의 문제로 힘들어한다면 그 사람이 그 문제를 해결 할 수 있도록 적극적으로 도움을 줄 수 있을 것입니다.

> "내가 주 안에서 크게 기뻐함은 너희가 나를 생각하던 것이 이제 다시 싹이 남이니 너희가 또한 이를 위하여 생각은 하였으나 기회가 없었느니라 내가 궁핍하므로 말하는 것이 아니니라 어떠한 형편에든지 나는 자족하기를 배웠노니 나는 비천에 처할 줄도 알고 풍부에 처할 줄도 알아 모든 일 곧 배부름과 배고픔과 풍부와 궁핍에도 처할 줄 아는 일체의 비결을 배웠노라 내게 능력 주시는 자 안에서

내가 모든 것을 할 수 있느니라 그러나 너희가 내 괴로움에 함께 참여하였으니 잘하였도다"(빌 4:10-14)

● **자신의 소유에 만족하지 못한 사람이 다른 사람의 소유에 관심을 가지면 어떻게 되나요?**

반면에 자신의 소유에 만족하지 못한 사람이 다른 사람의 소유에 관심을 갖게 되면, 먼저 그는 자신의 소유와 다른 사람의 소유를 비교하게 될 것입니다. 그리고 다른 사람의 소유를 부러워하고 시기하게 될 것입니다. 이러한 상태가 더 심해지면 그 마음은 탐심으로 가득차게 될 것입니다. 그리고 이러한 탐심은 보통 구체적인 죄를 초래하게 됩니다.

"오직 각 사람이 시험을 받는 것은 자기 욕심에 끌려 미혹됨이니 욕심이 잉태한즉 죄를 낳고 죄가 장성한즉 사망을 낳느니라"(약 1:14,15)

◆ 제80문답 ◆

Question: What is required in the tenth commandment?

Answer: The tenth commandment requireth full contentment with our own condition, with a right and charitable frame of spirit toward our neighbor, and all that is his.

문: 열 번째 계명에서는 무엇이 요구되나요?

답: 열 번째 계명은 우리의 이웃과 그가 가진 모든 것에 대한 올바르고 자애로운 영의 틀과 함께, 우리 자신의 형편에 대한 온전한 만

족을 요구합니다.

● 열번 째 계명에서 요구하는 것을 지키기 위해 먼저 알아야 할 것은 무엇인가요?

첫째, 우리는 우리의 소유와 삶의 형편에 만족할 수 있어야 한다는 것을 알아야 합니다.

> "돈을 사랑하지 말고 있는 바를 족한 줄로 알라 그가 친히 말씀하시기를 내가 결코 너희를 버리지 아니하고 너희를 떠나지 아니하리라 하셨느니라"(히 13:5)

둘째, 우리는 자족하는 마음은 경건에 많은 유익을 준다는 것을 알아야 합니다.

> "그러나 자족하는 마음이 있으면 경건은 큰 이익이 되느니라"(딤전 6:6)

셋째, 우리는 자족할 수 있는 능력은 그 자체가 하나님의 은혜라는 것을 알아야 합니다.

> "내가 궁핍하므로 말하는 것이 아니니라 어떠한 형편에든지 나는 자족하기를 배웠노니 나는 비천에 처할 줄도 알고 풍부에 처할 줄도 알아 모든 일 곧 배부름과 배고픔과 풍부와 궁핍에도 처할 줄 아는 일체의 비결을 배웠노라 내게 능력 주시는 자 안에서 내가 모든 것을 할 수 있느니라"(빌 4:11-13)

넷째, 우리는 우리가 이웃이 가진 재산에 정당하고 의로운 마음을 가질 수 있는 근간은 바로 이웃 사랑에 있다는 것을 알아야 합니다.

> "원수를 갚지 말며 동포를 원망하지 말며 네 이웃 사랑하기를 네 자신과 같이 사랑하라 나는 여호와이니라"(레 19:18)

● 열 번째 계명은 우리에게 무엇을 요구하나요?

첫째, 이 계명은 이웃을 의롭고 자애로운 마음으로 대할 수 있도록 우리의 심정을 함양해야 할 것을 요구합니다.

> "즐거워하는 자들과 함께 즐거워하고 우는 자들과 함께 울라"(롬 12:15)

둘째, 이 계명은 이웃이 가진 재산에 대해 정당하고 의로운 마음을 가질 것을 요구합니다.

> "그들에게 이르시되 삼가 모든 탐심을 물리치라 사람의 생명이 그 소유의 넉넉한 데 있지 아니하니라 하시고"(눅 12:15)

◆ 제81문답 ◆

Question: What is forbidden in the tenth commandment?

Answer: The tenth commandment forbiddeth all discontentment with our own estate, envying or grieving at the good of our neighbor, and all inordinate motions and affections to anything that is his.

문: 열 번째 계명에서는 무엇이 금지되나요?

답: 열 번째 계명은 우리 자신의 재산에 대한 모든 불만과 우리 이웃의 이익을 부러워하거나 배 아파하는 것과 그가 소유한 것에 대한 모든 과도한 활동들과 애착들을 금지합니다.

● 열 번째 계명에서 금지된 것들을 삼가기 위해 우리가 먼저 알아야 할 것은 무엇인가요?

첫째, 우리는 기본적인 의식주에 만족할 수 있어야 한다는 것을 알아야 합니다.

> "우리가 먹을 것과 입을 것이 있은즉 족한 줄로 알 것이니라"(딤전 6:8)

둘째, 우리는 우리의 소유와 삶의 형편에 불만을 품어서는 안 된다는 것을 알아야 합니다. 우리가 소유한 모든 것은 하나님께서 우리에게 주신 가장 적절한 분량입니다. 따라서 자기의 소유와 삶의 형편을 불평하는 것은 그것을 주신 하나님을 원망하는 것입니다.

> "그들 가운데 어떤 사람들이 원망하다가 멸망시키는 자에게 멸망하였나니 너희는 그들과 같이 원망하지 말라"(고전 10:10)

셋째, 우리는 힘써 탐심을 물리쳐야 한다는 것을 알아야 합니다.

> "그들에게 이르시되 삼가 모든 탐심을 물리치라 사람의 생명이 그 소유의 넉넉한 데 있지 아니하니라 하시고"(눅 12:15)

넷째, 우리는 이웃의 이익을 볼 때 우리가 취해야 할 바른 자세는 여호와 앞에서 잠잠하고 참고 기다리는 것이라는 것을 알아야 합니다.

> "여호와 앞에 잠잠하고 참고 기다리라 자기 길이 형통하며 악한 꾀를 이루는 자 때문에 불평하지 말지어다"(시 37:7)

● **열 번째 계명은 우리가 이웃의 부와 재산에 대해 무엇을 해서는 안 된다고 지적하나요?**

첫째, 이 계명은 우리는 이웃의 재산이나, 그들이 이익을 얻는 것을 부러워해서는 안 된다고 지적합니다.

"헛된 영광을 구하여 서로 노엽게 하거나 서로 투기하지 말지니라"(갈 5:26)

둘째, 이 계명은 우리는 이웃의 재산이나, 그들이 이익을 얻는 것을 보고 자괴감에 빠져서는 안 된다고 지적합니다.

"이스르엘 사람 나봇이 아합에게 대답하여 이르기를 내 조상의 유산을 왕께 줄 수 없다 하므로 아합이 근심하고 답답하여 왕궁으로 돌아와 침상에 누워 얼굴을 돌리고 식사를 아니하니"(왕상 21:4)

셋째, 이 계명은 우리가 이웃의 부와 재산을 저주하면 안 된다고 지적합니다.

"심중에라도 왕을 저주하지 말며 침실에서라도 부자를 저주하지 말라 공중의 새가 그 소리를 전하고 날짐승이 그 일을 전파할 것임이니라"(전 10:20)

넷째, 이 계명은 우리가 이웃의 재산을 정당하지 않은 방법으로 소유하려 해서는 안 된다고 지적합니다.

"네 이웃의 아내를 탐내지 말지니라 네 이웃의 집이나 그의 밭이나 그의 남종이나 그의 여종이나 그의 소나 그의 나귀나 네 이웃의 모든 소유를 탐내지 말지니라"(신 5:21)

다섯째, 이 계명은 우리가 이웃의 재산을 불법적으로 취득하려는 마음을 가져서는 안 된다고 지적합니다.

"그러한데 어찌하여 네가 여호와의 말씀을 업신여기고 나 보기에 악을 행하였느냐 네가 칼로 헷 사람 우리아를 치되 암몬 자손의 칼로 죽이고 그의 아내를 빼앗아 네 아내로 삼았도다"(삼하 12:9)

제82-84문답: 율법과 죄 그리고 보응

◆ 제82문답 ◆

Question: Is any man able perfectly to keep the commandments of God?

Answer: No mere men, since the fall, is able in this life perfectly to keep the commandments of God, but doth daily break them in thought, word, and deed.

문: 어느 사람이라도 하나님의 계명들을 완벽하게 지킬 수 있나요?

답: 타락 이후로부터 보통의 사람은 그 누구도 하나님의 계명을 이생에서 완벽하게 지킬 수 없고, 오히려 생각과 말과 행동에서 그것들을 매일 어깁니다.

● 모든 인류 중에 하나님의 계명을 완벽하게 지키는 사람이 있나요?

첫째, 타락 이전에 아담과 하와는 하나님의 법을 완벽하게 지킬 수 있었습니다.
> "내가 깨달은 것은 오직 이것이라 곧 하나님은 사람을 정직하게 지으셨으나 사람이 많은 꾀들을 낸 것이니라"(전 7:29)

둘째, 예수 그리스도는 보통의 사람과는 달리 죄성이 없으신 분이시기에 이생에서 하나님의 계명들을 완벽하게 지킬 수 있었습니다.
> "여호와께서 그의 의로 말미암아 기쁨으로 교훈을 크게 하며 존귀하게 하려 하셨으나"(사 42:21)

셋째, 이생을 떠나 거룩하게 된 자들은 하나님의 법을 완벽하게 지킬 수 있습니다.
> "그들은 평안에 들어갔나니 바른 길로 가는 자들은 그들의 침상에서 편히 쉬리라"(사 57:2)

● **타락 이후로 보통의 사람들 중에 하나님의 계명을 완벽하게 지킬 수 있는 자가 있나요?**

첫째, 타락 이후부터 보통의 사람은 이생에서 그 누구도 하나님의 계명들을 완벽하게 지킬 수 없습니다.
> "선을 행하고 전혀 죄를 범하지 아니하는 의인은 세상에 없기 때문이로다"(전 7:20)

둘째, 타락 이후로부터 보통의 사람 중에 이생에서 하나님의 계명을 어기지 않는 사람은 하나도 없습니다.
> "범죄하지 아니하는 사람이 없사오니 그들이 주께 범죄함으로 주께서 그들에게

진노하사 그들을 적국에게 넘기시매 적국이 그들을 사로잡아 원근을 막론하고 적국의 땅으로 끌어간 후에"(왕상 8:46)

셋째, 타락 이후로부터 보통의 사람 중에 이생에서 온전한 선을 행하는 사람은 하나도 없습니다.

"다 치우쳐 함께 무익하게 되고 선을 행하는 자는 없나니 하나도 없도다"(롬 3:12)

● **타락 이후로부터 보통의 사람은 주로 어떻게 하나님의 계명을 어기나요?**

첫째, 타락 이후로부터 보통의 사람은 이생에서 하나님의 계명을 매일 어깁니다.

"여호와께서 사람의 죄악이 세상에 가득함과 그의 마음으로 생각하는 모든 계획이 항상 악할 뿐임을 보시고"(창 6:5)

둘째, 타락 이후부터 보통의 사람은 이생에서 생각으로 매일 하나님의 계명을 어깁니다.

"여호와께서 그 향기를 받으시고 그 중심에 이르시되 내가 다시는 사람으로 말미암아 땅을 저주하지 아니하리니 이는 사람의 마음이 계획하는 바가 어려서부터 악함이라 내가 전에 행한 것 같이 모든 생물을 다시 멸하지 아니하리니"(창 8:21)

셋째, 타락 이후부터 보통의 사람은 이생에서 말로 매일 하나님의 계명을 어깁니다.

"혀는 능히 길들일 사람이 없나니 쉬지 아니하는 악이요 죽이는 독이 가득한 것

이라"(약 3:8)

넷째, 타락 이후부터 보통의 사람은 이생에서 행동으로 매일 하나님의 계명을 어깁니다.

"내가 원하는 바 선은 행하지 아니하고 도리어 원하지 아니하는 바 악을 행하는도다"(롬 7:19)

◆ 제83문답 ◆

Question: Are all transgressions of the law equally heinous?

Answer: Some sins in themselves, and by reason of several aggravations, are more heinous in the sight of God than others.

문: 율법을 범하는 행위들은 모두 동등하게 가증스러운가요?

답: 어떤 죄들은 그것들 자체에 있어서, 또한 여러 가지 악화시키는 것들의 원인에 의해서 하나님 보시기에 다른 죄들보다 더욱 가증스럽습니다.

● **죄 중에 하나님 보시기에 더욱 가증스러운 죄가 있나요?**

모든 죄는 다 하나님 보시기에 가증스럽습니다. 그러나 모든 죄가 다 동등한 것은 아닙니다. 죄 중에는 그 죄책이 하나님 보시기에 더 무거운 죄가 있습니다.

"예수께서 대답하시되 위에서 주지 아니하셨더라면 나를 해할 권한이 없었으리니 그러므로 나를 네게 넘겨 준 자의 죄는 더 크다 하시니라"(요 19:11)

● 그 크기가 너무 작아서 형벌을 모면할 수 있는 죄도 있나요?

모든 죄의 형벌은 사망입니다. 그 아무리 작아 보이는 죄라도 사망의 형벌을 피할 수 있는 죄는 하나도 없습니다. 그러나 죄 중에는 그 형벌이 더 무거운 죄도 있습니다.

"하물며 하나님의 아들을 짓밟고 자기를 거룩하게 한 언약의 피를 부정한 것으로 여기고 은혜의 성령을 욕되게 하는 자가 당연히 받을 형벌은 얼마나 더 무겁겠느냐 너희는 생각하라"(히 10:29)

● 죄 중에 절대 용서 받을 수 없는 죄는 무엇인가요?

죄 중에는 절대 용서 받을 수 없는 죄가 있습니다. 성령을 모독하는 죄가 바로 그것입니다. 여기서 성령을 모독한다는 것은 성령의 부르심을 거부하고, 그리스도를 구주로 영접하지 않으며, 하나님을 유일한 창조자로 인정하지 않는 것을 말합니다.

"누구든지 말로 인자를 거역하면 사하심을 받으려니와 성령을 모독하는 자는 사하심을 받지 못하리라"(눅 12:10)

● 죄에도 더 가증스러운 죄가 있나요?

어떤 죄들은 그 자체로 하나님 보시기에 다른 죄들에 비해 더욱 가증스럽습니다.

> "누구든지 형제가 사망에 이르지 아니하는 죄 범하는 것을 보거든 구하라 그리하면 사망에 이르지 아니하는 범죄자들을 위하여 그에게 생명을 주시리라 사망에 이르는 죄가 있으니 이에 관하여 나는 구하라 하지 않노라"(요일 5:16)

● 죄를 하나님 보시기에 더욱 가증스럽게 만드는 요소들도 있나요?

어떠한 죄들은 그 죄책을 가중시키는 요인들에 의해 하나님 보시기에 더욱 가증스럽게 여겨집니다.

> "화 있을진저 외식하는 서기관들과 바리새인들이여 너희는 천국 문을 사람들 앞에서 닫고 너희도 들어가지 않고 들어가려 하는 자도 들어가지 못하게 하는도다"(마 23:13)

● 죄책을 가중시키는 원인은 무엇인가요?

죄책을 가중시키는 것들에는 원인이 있습니다. 하나님 보시기에 죄를 더욱 가증스럽게 만드는 것은 그것을 가중시키는 원인들 때문이다. 대교리문답은 '범죄를 행하는 사람', '범죄의 대상', '범죄 자체의 본질', 그리고 '범죄의 시기와 장소'들을 죄책을 가중시키는 원인들로 설명합니다.

> "그가 또 내게 이르시되 인자야 이스라엘 족속이 행하는 일을 보느냐 그들이 여기에서 크게 가증한 일을 행하여 나로 내 성소를 멀리 떠나게 하느니라 너는 다

[사랑] 제39~87문답

시 다른 큰 가증한 일을 보리라 하시더라"(겔 8:6)

● **사람의 죄는 어디까지 더욱 가증스러워질 수 있나요?**
사람의 죄는 하나님을 시험하고 그분의 뜻에 반항하기까지 더욱 가증스러워질 수 있습니다.

"그러나 그들은 지존하신 하나님을 시험하고 반항하여 그의 명령을 지키지 아니하며"(시 78:56)

◆ **제84문답** ◆

Question: What doth every sin deserve?
Answer: Every sin deserveth God's wrath and curse, both in this life, and that which is to come.
문: 모든 죄는 무엇을 마땅히 받을 만한가요?
답: 모든 죄는 이생과 오는 생 모두에서 하나님의 진노와 저주를 받기에 마땅합니다.

● **하나님께서는 죄를 어떻게 대하시나요?**
첫째, 어떠한 죄도 하나님의 진노와 저주를 피할 수 없습니다.

"누구든지 헛된 말로 너희를 속이지 못하게 하라 이로 말미암아 하나님의 진노가 불순종의 아들들에게 임하나니"(엡 5:6)

둘째, 죄로 인해 하나님으로부터 저주를 받은 자들은 그 누구도 영원한 지옥의 불을 피할 수 없습니다.

"또 왼편에 있는 자들에게 이르시되 저주를 받은 자들아 나를 떠나 마귀와 그 사자들을 위하여 예비된 영원한 불에 들어가라"(마 25:41)

● 죄에 대한 하나님의 진노와 저주는 언제 임하나요?

첫째, 죄에 대한 하나님의 진노와 저주는 이생에서 그 죄인에게 임합니다.

"무릇 율법 행위에 속한 자들은 저주 아래에 있나니 기록된 바 누구든지 율법 책에 기록된 대로 모든 일을 항상 행하지 아니하는 자는 저주 아래에 있는 자라 하였음이라"(갈 3:10)

둘째, 죄에 대한 하나님의 진노와 저주는 오는 생에서도 그 죄인에게 임합니다.

"죄의 삯은 사망이요 하나님의 은사는 그리스도 예수 우리 주 안에 있는 영생이니라"(롬 6:23)

● 다른 사람의 죄 때문에 하나님으로부터 벌을 받기도 하나요?

첫째, 누구도 다른 사람의 죄 때문에 벌을 받지 않습니다. 모두가 다 자기 죄 때문에 벌을 받습니다.

"살아 있는 사람은 자기 죄들 때문에 벌을 받나니 어찌 원망하랴"(애 3:39)

둘째, 누구도 다른 사람의 죄 때문에 자신도 벌을 받는다고 불평할 수 없습니다. 타락한 사람은 누구나 자신의 잘못을 다른 사람에게 돌리려는 경향이 있습니다. 이러한 모습은 선악과를 따 먹고 그 책임을 자신의 아내에게 돌렸던 아담에게서부터 나타났습니다. 그러나 이러한 불평은 공의의 하나님 앞에서 오히려 자신의 죄를 더욱 가증스럽게 할 뿐입니다.

"너희가 이스라엘 땅에 관한 속담에 이르기를 아버지가 신 포도를 먹었으므로 그의 아들의 이가 시다고 함은 어찌 됨이냐 주 여호와의 말씀이니라 내가 나의 삶을 두고 맹세하노니 너희가 이스라엘 가운데에서 다시는 이 속담을 쓰지 못하게 되리라 모든 영혼이 다 내게 속한지라 아버지의 영혼이 내게 속함 같이 그의 아들의 영혼도 내게 속하였나니 범죄하는 그 영혼은 죽으리라"(겔 18:2-4)

제85-87문답: 회심(믿음과 회개)

◆ 제85문답 ◆

Question: What doth God require of us, that we may escape his wrath and curse, due to us for sin?

Answer: To escape the wrath and curse of God, due to us for sin, God requireth of us faith in Jesus Christ, repentance unto life, with the diligent use of all the outward means whereby Christ communicateth to us the benefits of redemption.

문: 하나님께서는 죄로 인해 우리에게 마땅한 그분의 진노와 저주를 모면하도록 우리에게 무엇을 요구하시나요?

답: 죄로 인해 우리에게 마땅한 하나님의 진노와 저주를 모면하도록 하나님께서는 우리에게 그리스도께서 우리에게 구속의 은덕들을 전달하시는 모든 외적인 수단들의 성실한 사용과 함께 그리스도 안에 있는 믿음과 생명으로의 회개를 요구하십니다.

● '믿음' Faith 과 '믿는 것' to believe 은 어떤 차이가 있나요?

'믿음' Faith 과 '믿는 것' to believe 은 구별됩니다. '믿음으로' by faith '믿는' to believe 것과 '믿음 없이' without faith '믿는' to believe 것은 다릅니다. 하나님께서 택자에게 선물로 주신 믿음 Faith(엡 2:8)은 참 신자의 자질을 의미한다고 할 수 있습니다. 믿음 Faith 은 택자가 신자가 되는 유일한 수단입니다. 뿐만 아니라 이 믿음은 신자가 그리스도와 교제하는 유일한 통로입니다. 택자가 자기의 죄를 고백하고, 그리스도를 구주로 영접할 때 작용하는 믿음을 '구원에 이르는 믿음'이라고 합니다. 이 구원에 이르는 믿음은 그리스도의 의가 전가되고, 그리스도의 구속의 효력이 적용되기에 충분한 믿음입니다. 구원받기에 조금도 부족함이 없는 믿음입니다. 따라서 구원에 이르는 믿음은 그 고백의 내용과 깊이가 누구에게나 동일합니다. 그러나 신자의 삶에서 드러나는 믿음의 모양은 신자마다 조금씩 다릅니다. 다시 말해 구원에 이르는 믿음을 통해 의롭다함을 받고, 하나님의 양자가 되어 신자로 살아갈 때, 각각의 신자들이 생각과 행동을 통해 드러내는 믿음은 모두 동일하지 않고 다양합니다. 어떤 신자는 그 믿음이 강하게 드러나지만, 어떤 신자는 약한 믿음을 보이기도 합니다. 뿐만 아니라 이 믿음은 한 신자의 삶에 있어서도 어떨 때는 강하게 드러나지만, 때로는 약해질 때도 있습니다. 선물로 받은 믿음 Faith이 강해지는 경우는 신자가 은혜의 외적인 방편들인 말씀과 성례와 기도를 잘 사용할 때입니다. 반면에 믿음이 약해지는 경우는 은혜의 외적인 방편들을 등한시함으로 육체의 정욕을 이기지 못할 때입니다. 믿음으로 by faith 믿는 to believe 자가 참 신자인 것입니다. 믿는 것 to believe는 신자의 태도 혹은 신자의 증거라고 할 수 있습니다. 그런데 믿음 없이 without faith 믿는 to believe 경우가 있습니다. 이것은 믿음 Faith을 선물로 받지 않았지만 하나의 좋은 사상으로 기독교에 심취하거나 자신들의 생각이 가장 성경적이며 지혜롭고 하나님의 뜻에 합당하다고 생각하거나 믿는 척하면서 교회 공동체를 통해 자신의 실속을 챙기는 것입니다. 믿음 없이 without faith 믿는 to believe 것을 성경은 '스스로에게 속는 자들'(고전 3:18; 갈 6:7)이라고 표현하며 경계하고 마태복음 13장 '곡식과 가라지'비유에서 가라지에 속합니다.

> "너희는 그 은혜에 의하여 믿음으로 말미암아 구원을 받았으니 이것은 너희에게서 난 것이 아니요 하나님의 선물이라"(엡 2:8)

● 하나님께서는 모든 인류를 죄로 인한 진노와 저주 아래 그대로 내버려 두시나요?

하나님께서는 자기의 백성들이 죄로 인한 진노와 저주에서 벗어날 수 있는 길을 직접 마련하셨습니다.

> "하나님이 세상을 이처럼 사랑하사 독생자를 주셨으니 이는 그를 믿는 자마다 멸망하지 않고 영생을 얻게 하려 하심이라"(요 3:16)

● **특정한 민족만이 하나님의 진노를 벗어날 수 있나요?**

죄로 인한 하나님의 진노와 저주에서 벗어날 수 있는 자들은 특정한 민족에 국한된 것이 아니라, 모든 민족들 가운데 속해 있습니다.

> "유대인과 헬라인들에게 하나님께 대한 회개와 우리 주 예수 그리스도께 대한 믿음을 증언한 것이라"(행 20:21)

● **하나님의 진노와 저주를 모면하도록 마련된 구원의 은덕들은 죄인에게 어떻게 전달되나요?**

죄로 인한 하나님의 진노와 저주를 모면하도록 마련된 구원의 은덕들은 일반적으로 하나님께서 제정하신 규례들을 통해 죄인들에게 전달됩니다.

> "그런즉 그들이 믿지 아니하는 이를 어찌 부르리요 듣지도 못한 이를 어찌 믿으리요 전파하는 자가 없이 어찌 들으리요"(롬 10:14)

● **왜 소교리문답은 믿음을 '예수 그리스도 안에 있는 믿음'으로 다루나요?**

소교리문답에서는 믿음을 '그리스도 안에 있는 믿음'으로 다룹니다. 이는 이 '믿음'Faith이 그리스도에 대한 신자 개인의 의지나 확신이나 신념이 아니라, 하나님께서 그를 효력있게 부르실 때 성령을 통해 받은 선물을 말합니다. 이 문답서가 믿음을 '그리스도 안에 있는 믿음'으로 다루고 있는 것은 문답서가 작성될 당시 참고 성경으로 사용했던 KJV(1611)의 갈 3:26 번역인 '그리스도 안에 있는 믿음으로 말미암아'through the faith in Jesus Christ을 따르기 때문입니다. 반면에 개역개정의 번역은 소교리문답 원문의 표현과는 다릅니다. 개역개정은 이 부분을 '믿음으로 말미암아 그리스도 예수 안에서'로 번역하고 있습니다. 영어 성경들 중에는 이 부분을 KJV처럼 번역한 성경들도 있고, 개역개정처럼 번역한 성경들도 있습니다. KJV처럼 '그리스도 안에 있는 믿음으로 말미암아'로 번역한 버전들은 NAS, NKJ, NLT 등이 있고, 개역개정처럼 '믿음으로 말미암아 그리스도 예수 안에서'로 번역한 영어 성경들은 ESV, NET, NIV, RSV 등이 있습니다. '그리스도 안에 있는 믿음으로 말미암아'에서 처음 자신이 죄인이라는 것을 알게 되고 오직 그리스도만이 나의 구원자가 되신다는 것을 고백하는 수단이 되는 믿음Faith이 강조된다면, '믿음으로 말미암아 그리스도 예수 안에서'에서는 구원의 확신 속에 살아가는 성도가 그리스도와 교통하는 수단으로서의 믿음이 강조된다고 할 수 있습니다. 참고로, 대교리문답과 신앙고백서는 믿음Faith를 소교리문답처럼 '그리스도 안에 있는 믿음'으로 다루지 않습니다. 대교리문답은 제72문답에서 '의롭게 하는 믿음'Justifying Faith로 신앙고백서는 제14장에서 '구원하는 믿음'Saving Faith로 각각 다루고 있습니다.

"너희가 다 믿음으로 말미암아 그리스도 예수 안에서 하나님의 아들이 되었으니"(갈 3:26)

"For ye are all the children of God [by faith in Christ Jesus]"(Gal. 3:26, KJV)

● **하나님의 진노와 저주를 모면하기 위해서는 무엇이 요구되나요?**

첫째, 하나님의 진노와 저주를 모면하기 위해서는 그리스도 안에 있는 믿음이 필수적으로 요구됩니다.

"너희가 다 믿음으로 말미암아 그리스도 예수 안에서 하나님의 아들이 되었으니"(갈 3:26)

둘째, 하나님의 진노와 저주를 모면하기 위해서는 생명으로의 회개가 필수적으로 요구됩니다.

"너희에게 이르노니 아니라 너희도 만일 회개하지 아니하면 다 이와 같이 망하리라"(눅 13:3)

셋째, 믿음 Faith은 사람의 노력으로 만들어내는 것이 아니라, 하나님께서 주시는 선물입니다.

"너희는 그 은혜에 의하여 믿음으로 말미암아 구원을 받았으니 이것은 너희에게서 난 것이 아니요 하나님의 선물이라"(엡 2:8)

● **하나님의 심판을 어떻게 피하나요?**

첫째, 하나님을 믿음으로 심판을 피합니다. 반면에 하나님에 대한 믿음이 없는 것은 그 자체가 바로 심판입니다.

"그를 믿는 자는 심판을 받지 아니하는 것이요 믿지 아니하는 자는 하나님의 독생자의 이름을 믿지 아니하므로 벌써 심판을 받은 것이니라"(요 3:18)

둘째, 생명으로의 회개는 인간의 수고가 아니라 하나님께서 주시는 은혜입니다.

"그들이 이 말을 듣고 잠잠하여 하나님께 영광을 돌려 이르되 그러면 하나님께서 이방인에게도 생명 얻는 회개를 주셨도다 하니라"(행 11:18)

셋째, 믿음과 회개는 세례로 이어져야 합니다.

"베드로가 이르되 너희가 회개하여 각각 예수 그리스도의 이름으로 세례를 받고 죄 사함을 받으라 그리하면 성령의 선물을 받으리니"(행 2:38)

● 하나님의 진노와 저주를 모면하려는 자들은 은혜의 외적인 수단들을 어떻게 사용해야 하나요?

첫째, 하나님의 진노와 저주를 모면하려는 사람들은 은혜의 외적인 수단들을 부지런히 사용해야 합니다.

"그러므로 나의 사랑하는 자들아 너희가 나 있을 때뿐 아니라 더욱 지금 나 없을 때에도 항상 복종하여 두렵고 떨림으로 너희 구원을 이루라"(빌 2:12)

둘째, 하나님의 진노와 저주를 모면하려는 사람들은 은혜의 외적인 수단들은 스스로 잘 사용할 뿐 아니라, 잘 가르쳐야 합니다.

"네가 네 자신과 가르침을 살펴 이 일을 계속하라 이것을 행함으로 네 자신과 네게 듣는 자를 구원하리라"(딤전 4:16)

셋째, 하나님의 진노와 저주를 모면하려는 사람들은 은혜의 외적인 수단들을 부지런히 사용함으로 부르심과 택하심을 더욱 굳게 할 수 있습니다.

"그러므로 형제들아 더욱 힘써 너희 부르심과 택하심을 굳게 하라 너희가 이것을 행한즉 언제든지 실족하지 아니하리라"(벧후 1:10)

◆ 제86문답 ◆

Question: What is faith in Jesus Christ?

Answer: Faith in Jesus Christ is a saving grace, whereby we receive and rest upon him alone for salvation, as he is offered to us in the gospel.

문: 예수 그리스도 안에 있는 믿음은 무엇인가요?

답: 예수 그리스도 안에 있는 믿음은 구원하는 은혜인데, 이를 통해 우리는 그분이 복음 안에서 우리에게 제시되는 대로 구원을 위해 그분만을 영접하고 의지합니다.

● 예수 그리스도 안에 있는 믿음은 무엇인가요?

첫째, 예수 그리스도 안에 있는 믿음은 하나님의 구원하는 은혜입니다.

"오직 이것을 기록함은 너희로 예수께서 하나님의 아들 그리스도이심을 믿게 하려 함이요 또 너희로 믿고 그 이름을 힘입어 생명을 얻게 하려 함이니라"(요 20:31)

둘째, 예수 그리스도 안에 있는 믿음은 하나님의 선물입니다.

"너희는 그 은혜에 의하여 믿음으로 말미암아 구원을 받았으니 이것은 너희에게서 난 것이 아니요 하나님의 선물이라"(엡 2:8)

셋째, 예수 그리스도 안에 있는 믿음은 예수 그리스도를 구원자로 영접하는 유일한 수단입니다.

"영접하는 자 곧 그 이름을 믿는 자들에게는 하나님의 자녀가 되는 권세를 주셨으니"(요 1:12)

● 예수 그리스도 안에 있는 믿음은 어떠한 수단인가요?

첫째, 예수 그리스도 안에 있는 믿음은 구원을 위해 그리스도를 의지하는 유일한 수단입니다. 이 믿음을 통해 그리스도를 자신의 의지할 분으로 처음으로 알고, 인정하고, 고백하게 됩니다.

"그러나 우리는 그들이 우리와 동일하게 주 예수의 은혜로 구원받는 줄을 믿노라 하니라"(행 15:11)

둘째, 예수 그리스도 안에 있는 믿음은 구원을 위해 그리스도만을 의지하는 수단입니다. 이 믿음을 통해 그 이전까지 의지했던 모든 것을 다 버리고 오직 그리스도만을 의지하게 됩니다.

"사람이 의롭게 되는 것은 율법의 행위로 말미암음이 아니요 오직 예수 그리스도를 믿음으로 말미암는 줄 알므로 우리도 그리스도 예수를 믿나니 이는 우리가 율법의 행위로써가 아니고 그리스도를 믿음으로써 의롭다 함을 얻으려 함이라 율법의 행위로써는 의롭다 함을 얻을 육체가 없느니라"(갈 2:16)

셋째, 예수 그리스도 안에 있는 믿음은 그리스도를 복음에 소개된 대로 영접하는 유일한 수단입니다.

"그 안에서 너희도 진리의 말씀 곧 너희의 구원의 복음을 듣고 그 안에서 또한 믿

어 약속의 성령으로 인치심을 받았으니"(엡 1:13)

● 예수 그리스도 안에 있는 믿음과 신자의 의는 어떻게 연결되나요?

첫째, 신자의 의는 믿음으로 말미암아 하나님께로부터 난 의입니다.

"그 안에서 발견되려 함이니 내가 가진 의는 율법에서 난 것이 아니요 오직 그리스도를 믿음으로 말미암은 것이니 곧 믿음으로 하나님께로부터 난 의라"(빌 3:9)

둘째, 칭의의 수단은 행위가 아니라, 오직 믿음입니다.

"사람이 의롭게 되는 것은 율법의 행위로 말미암음이 아니요 오직 예수 그리스도를 믿음으로 말미암는 줄 알므로 우리도 그리스도 예수를 믿나니 이는 우리가 율법의 행위로써가 아니고 그리스도를 믿음으로써 의롭다 함을 얻으려 함이라 율법의 행위로써는 의롭다 함을 얻을 육체가 없느니라"(갈 2:16)

셋째, 신자는 영혼을 구원함에 이르는 믿음을 가진 자들입니다.

"우리는 뒤로 물러가 멸망할 자가 아니요 오직 영혼을 구원함에 이르는 믿음을 가진 자니라"(히 10:39)

◆ 제87문답 ◆

Question: What is repentance unto life?

Answer: Repentance unto life is a saving grace, whereby a sinner, out of a true sense of his sin, and apprehension of the mercy of God in Christ, doth, with grief and hatred of his sin, turn from it unto God, with full purpose of, and endeavor after, new obedience.

문: 생명으로의 회개는 무엇인가요?

답: 생명으로의 회개는 구원하는 은혜인데, 이를 통해 죄인은 자신의 죄에 대한 참된 지각과 그로 인한 하나님의 자비에 대한 그리스도 안에서의 이해 덕분에 자신의 죄를 비통해하고 혐오하면서, 새로운 순종에 대한 온전한 목적과 그것을 따르는 온전한 노력과 함께 죄에서 하나님께로 돌아섭니다.

● **생명으로의 회개를 이해하기 위해 먼저 알아야 할 것은 무엇인가요?**

첫째, 생명으로의 회개는 하나님의 구원하시는 은혜 중 하나입니다.

"하나님의 뜻대로 하는 근심은 후회할 것이 없는 구원에 이르게 하는 회개를 이루는 것이요 세상 근심은 사망을 이루는 것이니라"(고후 7:10)

둘째, 죄인에 대한 하나님의 자비는 오직 그리스도 안에서만 드러납니다.

"이 예수를 하나님이 그의 피로써 믿음으로 말미암는 화목제물로 세우셨으니 이는 하나님께서 길이 참으시는 중에 전에 지은 죄를 간과하심으로 자기의 의로우심을 나타내려 하심이니"(롬 3:25)

● 생명으로부터의 회개는 어디에서 나오나요?

첫째, 생명으로의 회개는 죄에 대한 진정한 각성에서 나옵니다.

"내가 주께만 범죄하여 주의 목전에 악을 행하였사오니 주께서 말씀하실 때에 의로우시다 하고 주께서 심판하실 때에 순전하시다 하리이다"(시 51:4)

둘째, 생명으로의 회개는 하나님의 자비에 대한 바른 이해에서 나옵니다.

"혹 네가 하나님의 인자하심이 너를 인도하여 회개하게 하심을 알지 못하여 그의 인자하심과 용납하심과 길이 참으심이 풍성함을 멸시하느냐"(롬 2:4)

● 생명으로의 회개, 즉 진정한 회개는 어떻게 드러나요?

첫째, 생명으로의 회개, 즉 진정한 회개는 죄에 대한 진술한 애통함으로 드러납니다.

"내가 돌이킨 후에 뉘우쳤고 내가 교훈을 받은 후에 내 볼기를 쳤사오니 이는 어렸을 때의 치욕을 지므로 부끄럽고 욕됨이니이다 하도다"(렘 31:19)

둘째, 생명으로의 회개, 즉 진정한 회개는 죄를 진정으로 미워하는 마음으로 드러납니다.

"그때에 너희가 너희 악한 길과 너희 좋지 못한 행위를 기억하고 너희 모든 죄악

과 가증한 일로 말미암아 스스로 밉게 보리라"(겔 36:31)

셋째, 생명으로의 회개, 즉 진정한 회개는 죄인이 자신의 죄에서 돌아서는 것으로 나타납니다.

"주 여호와의 말씀이니라 이스라엘 족속아 내가 너희 각 사람이 행한 대로 심판할지라 너희는 돌이켜 회개하고 모든 죄에서 떠날지어다 그리한즉 그것이 너희에게 죄악의 걸림돌이 되지 아니하리라"(겔 18:30)

넷째, 생명으로의 회개, 즉 진정한 회개는 죄인이 하나님께로 돌아서는 것으로 나타납니다.

"우리가 스스로 우리의 행위들을 조사하고 여호와께로 돌아가자"(애 3:40)

다섯째, 생명으로의 회개, 즉 진정한 회개는 하나님께 순종하고자 하는 마음의 목표를 세우는 것으로 나타납니다.

"내가 내 행위를 생각하고 주의 증거들을 향하여 내 발길을 돌이켰사오며"(시 119:59)

여섯째, 생명으로의 회개, 즉 진정한 회개는 하나님께 더욱 순종하도록 노력하는 것으로 나타납니다.

"에브라임이 스스로 탄식함을 내가 분명히 들었노니 주께서 나를 징벌하시매 멍에에 익숙하지 못한 송아지 같은 내가 징벌을 받았나이다 주는 나의 하나님 여호와이시니 나를 이끌어 돌이키소서 그리하시면 내가 돌아오겠나이다"(렘 31:18)

일곱째, 생명으로의 회개, 즉 진정한 회개를 따라 나타나는 순종은 이전과는 다른 완전히 새로운 순종입니다.

"이제는 우리가 얽매였던 것에 대하여 죽었으므로 율법에서 벗어났으니 이러므로 우리가 영의 새로운 것으로 섬길 것이요 율법 조문의 묵은 것으로 아니할지니라"(롬 7:6)

제88문답: 은혜의 외적수단들

◆ **제88문답** ◆

Question: What are the outward and ordinary means whereby Christ communicateth to us the benefits of redemption?

Answer: The outward and ordinary means whereby Christ communicateth to us the benefits of redemption are, his ordinances, especially the Word, sacraments, and prayer; all which are made effectual to the elect for salvation.

문: 그리스도께서 구속의 은덕들을 우리에게 전달하시는 외적이고 통상적인 수단들은 무엇인가요?

답: 그리스도께서 구속의 은덕들을 우리에게 전달하시는 외적이고 통상적인 수단들은 그의 규례들로서, 특히 말씀과 성례들과 기도, 즉 구원을 위해 택자들에게 효력 있게 되는 모든 것입니다.

● 은혜의 수단에 대해 신자들은 무엇을 알아야 하나요?

첫째, 하나님의 백성들에게는 준수해야 할 은혜의 수단들이 있습니다.

"그들이 사도의 가르침을 받아 서로 교제하고 떡을 떼며 오로지 기도하기를 힘쓰니라"(행 2:42)

둘째, 은혜의 수단들을 지정하신 분은 그리스도이십니다.

"내가 너희에게 분부한 모든 것을 가르쳐 지키게 하라 볼지어다 내가 세상 끝날까지 너희와 항상 함께 있으리라 하시니라"(마 28:20)

셋째, 은혜의 수단들은 그리스도께서 취득하신 구속의 은덕들을 전달합니다.

"그가 어떤 사람은 사도로, 어떤 사람은 선지자로, 어떤 사람은 복음 전하는 자로, 어떤 사람은 목사와 교사로 삼으셨으니 이는 성도를 온전하게 하여 봉사의 일을 하게 하며 그리스도의 몸을 세우려 하심이라"(엡 4:11,12)

넷째, 성령님께서 은혜의 수단들을 하나님의 백성들의 구원을 위해 효력 있게 만드십니다.

"이는 우리 복음이 너희에게 말로만 이른 것이 아니라 또한 능력과 성령과 큰 확신으로 된 것임이라 우리가 너희 가운데서 너희를 위하여 어떤 사람이 된 것은 너희가 아는 바와 같으니라"(살전 1:5)

● **그리스도께서 구속의 은덕들을 우리에게 전달하시는 외적이고 통상적인 수단들은 무엇인가요?**

첫째, 하나님의 말씀은 그리스도께서 구속의 은덕들을 우리에게 전달하시는 외적이고 통상적인 은혜의 특별한 수단입니다.

"오직 이것을 기록함은 너희로 예수께서 하나님의 아들 그리스도이심을 믿게 하려 함이요 또 너희로 믿고 그 이름을 힘입어 생명을 얻게 하려 함이니라"(요 20:31)

둘째, 세례와 성찬의 성례들은 그리스도께서 구속의 은덕들을 우리에게 전달하시는 외적이고 통상적인 은혜의 특별한 수단들입니다.

"우리가 축복하는 바 축복의 잔은 그리스도의 피에 참여함이 아니며 우리가 떼는 떡은 그리스도의 몸에 참여함이 아니냐"(고전 10:16)

셋째, 기도는 그리스도께서 구속의 은덕들을 우리에게 전달하시는 외적이고 통상적인 은혜의 특별한 수단입니다.

"그러므로 내가 너희에게 말하노니 무엇이든지 기도하고 구하는 것은 받은 줄로 믿으라 그리하면 너희에게 그대로 되리라"(막 11:24)

제89-90문답: 말씀

◆ 제89문답 ◆

Question: How is the Word made effectual to salvation?

Answer: The Spirit of God maketh the reading, but especially the preaching, of the Word, an effectual means of convincing and converting sinners, and of building them up in holiness and comfort, through faith, unto salvation.

문: 말씀은 어떻게 구원에 효력이 있게 되나요?

답: 하나님의 영은 말씀을 읽는 것, 특히 말씀을 설교하는 것이 죄인들을 깨닫고 회심하게 하고, 그로 인해 거룩함과 위로 안에서 믿음을 통해 구원에 이르도록 그들을 세우는 효력 있는 수단이 되게 합니다.

● **말씀을 구원에 효력있게 하는 근원은 어디에 있나요?**

오직 성령만이 말씀을 구원에 효력 있게 하십니다.

"너희가 진리를 순종함으로 너희 영혼을 깨끗하게 하여 거짓이 없이 형제를 사랑하기에 이르렀으니 마음으로 뜨겁게 서로 사랑하라"(벧전 1:22)

● **말씀을 읽는 것이 어떻게 구원에 효력있는 수단인가요?**

첫째, 말씀을 읽는 것은 죄인들을 각성시키는 차원에서 구원에 효력 있는 수단입니다.

"또 서기관 사반이 왕에게 말하여 이르되 제사장 힐기야가 내게 책을 주더이다 하고 사반이 왕의 앞에서 읽으매 왕이 율법책의 말을 듣자 곧 그의 옷을 찢으니라"(왕하 22:10,11)

둘째, 말씀을 읽는 것은 죄인들을 회심시키는 차원에서 구원에 효력 있는 수단입니다.

"여호와의 율법은 완전하여 영혼을 소성시키며 여호와의 증거는 확실하여 우둔한 자를 지혜롭게 하며"(시 19:7)

셋째, 말씀을 읽는 것은 하나님의 백성들을 거룩하게 세우는 차원에서 구원에 효력 있는 수단입니다.

"지금 내가 여러분을 주와 및 그 은혜의 말씀에 부탁하노니 그 말씀이 여러분을 능히 든든히 세우사 거룩하게 하심을 입은 모든 자 가운데 기업이 있게 하시리라"(행 20:32)

넷째, 말씀을 읽는 것은 하나님의 백성들을 위로하는 차원에서 구원에 효력 있는 수단입니다.

"무엇이든지 전에 기록된 바는 우리의 교훈을 위하여 기록된 것이니 우리로 하여금 인내로 또는 성경의 위로로 소망을 가지게 함이니라"(롬 15:4)

다섯째, 말씀을 읽는 것은 오직 믿음으로 구원에 이르는 지혜가 있게 하는 차원에서 구원에 효력 있는 수단입니다.

"또 어려서부터 성경을 알았나니 성경은 능히 너로 하여금 그리스도 예수 안에 있는 믿음으로 말미암아 구원에 이르는 지혜가 있게 하느니라"(딤후 3:15)

● **말씀을 설교하는 것이 어떻게 구원에 특별히 효력 있는 수단인가요?**

첫째, 말씀을 설교하는 것은 죄인들을 각성하는 차원에서 특별히 효력 있는 수단입니다.

"그들이 이 말을 듣고 마음에 찔려 베드로와 다른 사도들에게 물어 이르되 형제들아 우리가 어찌할꼬 하거늘"(행 2:37)

둘째, 말씀을 설교하는 것은 죄인들을 회심시키는 차원에서 특별히 효력 있는 수단입니다.

"이스라엘과 이방인들에게서 내가 너를 구원하여 그들에게 보내어"(행 26:17,18)

셋째, 말씀을 설교하는 것은 하나님의 백성들을 거룩하게 세우는 차원에서 특별히 효력 있는 수단입니다.

"우리가 그를 전파하여 각 사람을 권하고 모든 지혜로 각 사람을 가르침은 각 사람을 그리스도 안에서 완전한 자로 세우려 함이니"(골 1:28)

넷째, 말씀을 설교하는 것은 하나님의 백성들을 위로하는 차원에서 특별히 효력 있는 수단입니다.

"우리 형제 곧 그리스도의 복음을 전하는 하나님의 일꾼인 디모데를 보내노니 이는 너희를 굳건하게 하고 너희 믿음에 대하여 위로함으로"(살전 3:2)

다섯째, 말씀을 설교하는 것은 오직 믿음으로 구원에 이르게 하는 차원에서 특별히 효력이 있는 수단입니다.

"그들과 같이 우리도 복음 전함을 받은 자이나 들은 바 그 말씀이 그들에게 유익

하지 못한 것은 듣는 자가 믿음과 결부시키지 아니함이라"(히 4:2)

◆ 제90문답 ◆

Question: How is the Word to be read and heard, that it may become effectual to salvation?

Answer: That the Word may become effectual to salvation, we must attend thereunto with diligence, preparation, and prayer; receive it with faith and love, lay it up in our hearts, and practice it in our lives.

문: 말씀은 구원에 효력 있게 되기 위해서 어떻게 읽혀지고 들려져야 하나요?

답: 말씀이 구원에 효력 있게 되기 위해서 우리는 근면과 준비와 기도로 그것에 주의를 기울이고, 그로 인해 그것을 믿음과 사랑으로 받고, 우리의 심정에 간직하며, 우리의 삶에서 실천해야 합니다.

● 하나님의 말씀이 구원에 효력 있게 되기 위해서는 어떻게 다루어져야 하나요?

첫째, 하나님의 말씀은 잘 이해될 수 있도록 신중히 다루어져야 합니다. 읽을 때나, 가르칠 때나, 배울 때 문장 하나하나, 단어 하나하나를 신중하게 다뤄야 합니다. 특히 더 잘 이해될 수 있는 다양한 방법들을 신중하게 연구하고 적용해야 합니다.

"빌립이 달려가서 선지자 이사야의 글 읽는 것을 듣고 말하되 읽는 것을 깨닫느냐"(행 8:30)

둘째, 하나님의 말씀은 부지런히 다루어져야 합니다.
"베뢰아에 있는 사람들은 데살로니가에 있는 사람들보다 더 너그러워서 간절한 마음으로 말씀을 받고 이것이 그러한가 하여 날마다 성경을 상고하므로"(행 17:11)

셋째, 하나님의 말씀을 바로 다루기 위해서는 철저한 준비가 필요합니다.
"그러므로 모든 더러운 것과 넘치는 악을 내버리고 너희 영혼을 능히 구원할 바 마음에 심어진 말씀을 온유함으로 받으라"(약 1:21)

넷째, 하나님의 말씀은 언제나 기도와 함께 다루어져야 합니다.
"내 눈을 열어서 주의 율법에서 놀라운 것을 보게 하소서"(시 119:18)

● 하나님의 말씀이 구원에 효력 있게 되기 위해서는 어떻게 받아야 하나요?

첫째, 하나님의 말씀은 믿음으로 받아야 합니다.
"이러므로 우리가 하나님께 끊임없이 감사함은 너희가 우리에게 들은 바 하나님의 말씀을 받을 때에 사람의 말로 받지 아니하고 하나님의 말씀으로 받음이니 진실로 그러하도다 이 말씀이 또한 너희 믿는 자 가운데에서 역사하느니라"(살전 2:13)

둘째, 하나님의 말씀은 사랑하는 마음으로 받아야 합니다.
"내가 주의 법을 어찌 그리 사랑하는지요 내가 그것을 종일 작은 소리로 읊조리

나이다"(시 119:97)

● 하나님의 말씀을 듣거나 읽을 때 그것이 구원에 효력 있게 되기 위해서는 어떻게 해야 하나요?

첫째, 듣거나 읽은 하나님의 말씀은 마음에 간직해야 구원에 효력이 있습니다.

"그러므로 너희는 나의 이 말을 너희의 마음과 뜻에 두고 또 그것을 너희의 손목에 매어 기호를 삼고 너희 미간에 붙여 표를 삼으며"(신 11:18)

둘째, 듣거나 읽은 말씀의 진리는 우리의 삶 속에서 실천함으로 적용해야 구원에 효력이 있습니다.

"너희는 말씀을 행하는 자가 되고 듣기만 하여 자신을 속이는 자가 되지 말라"(약 1:22)

제91-97문답: 성례들

◆ 제91문답 ◆

Question: How do the sacraments become effectual means of salvation?

Answer: The sacraments become effectual means of salvation, not from any virtue in them, or in him that doth administer them; but only by the blessing of Christ, and the working of his Spirit in them that by faith receive them.

문: 성례들은 어떻게 구원의 효력 있는 수단들이 되나요?
답: 성례들은 그것들 안이나 그것들을 시행하는 자 안에 있는 공덕이 아니라, 오직 그리스도의 축복하심과 그것들을 믿음으로 받는 자들 안에 있는 그의 영의 역사하심에 의해 효력 있는 구원의 수단들이 됩니다.

● 성례들의 구원의 효력에 대한 잘못된 견해들을 피하기 위해서는 우리는 먼저 무엇을 알아야 하나요?

첫째, 성례들 자체에는 구원에 관한 효력을 발휘하는 덕이 없습니다. 즉, 세례와 성찬 자체가 구원을 주는 것은 아닙니다.

> "시몬도 믿고 세례를 받은 후에 전심으로 빌립을 따라다니며 그 나타나는 표적과 큰 능력을 보고 놀라니라…내가 보니 너는 악독이 가득하며 불의에 매인 바 되었도다"(행 8:13,23)

둘째, 성례들은 그것들을 시행하는 자의 덕에 의해 효력이 발휘되지 않습니다. 집례자의 의지나 능력은 성례의 효력에 어떠한 영향도 주지 않습니다.

> "그런즉 심는 이나 물주는 이는 아무것도 아니로되 오직 자라게 하시는 이는 하나님뿐이니라"(고전 3:7)

● 성례들은 어떻게 구원의 효력 있는 수단들이 되나요?

첫째, 성례들은 그리스도의 축복하심에 의해 효력을 발휘하게 됩니다.

"나는 너희로 회개하게 하기 위하여 물로 세례를 베풀거니와 내 뒤에 오시는 이는 나보다 능력이 많으시니 나는 그의 신을 들기도 감당하지 못하겠노라 그는 성령과 불로 너희에게 세례를 베푸실 것이요"(마 3:11)

둘째, 성례들은 성령님의 작용으로 효력을 발휘하게 됩니다.

"살리는 것은 영이니 육은 무익하니라 내가 너희에게 이른 말은 영이요 생명이라"(요 6:63)

셋째, 성례들은 오직 믿음으로 그것을 받은 자들에게만 효력을 발휘하게 됩니다.

"믿고 세례를 받는 사람은 구원을 얻을 것이요 믿지 않는 사람은 정죄를 받으리라"(막 16:16)

◆ 제92문답 ◆

Question: What is a sacrament?

Answer: A sacrament is a holy ordinance instituted by Christ; wherein, by sensible signs, Christ, and the benefits of the new covenant, are represented, sealed, and applied to believers.

문: 성례는 무엇인가요?

답: 성례는 그리스도에 의해 제정된 거룩한 규례인데, 그 안에서 감각적인 표들에 의해 그리스도와 새 언약의 은덕들이 신자들에게 드러나고, 인 쳐지며, 적용됩니다.

● **성례들**sacraments**은 규례들**ordinances**과 어떻게 구별되나요?**
첫째, 성례들은 세례와 성찬으로 모두 하나님의 거룩한 규례들에 속합니다.
　"너희가 주의 잔과 귀신의 잔을 겸하여 마시지 못하고 주의 식탁과 귀신의 식탁에 겸하여 참여하지 못하리라"(고전 10:21)

둘째, 성례들 중 하나인 세례는 그리스도께서 그의 교회에서 제정하셨습니다.
　"그러므로 너희는 가서 모든 민족을 제자로 삼아 아버지와 아들과 성령의 이름으로 세례를 베풀고"(마 28:19)

셋째, 성례들 중 하나인 성찬은 그리스도께서 그의 교회에서 제정하셨습니다.
　"그들이 먹을 때에 예수께서 떡을 가지사 축복하시고 떼어 제자들에게 주시며 이르시되 받아서 먹으라 이것은 내 몸이니라 하시고"(마 26:26)

● **성례들, 즉 세례와 성찬에서 그리스도께서는 어떻게 자신을 나타내시나요?**

첫째, 세례에서 그리스도는 감지할 수 있는 표들로 자신을 나타내십니다. 세례의 요소인 물과 그것으로 씻는 의식을 표로 자신을 나타내십니다.

> "무릇 그리스도 예수와 합하여 세례를 받은 우리는 그의 죽으심과 합하여 세례를 받은 줄을 알지 못하느냐 그러므로 우리가 그의 죽으심과 합하여 세례를 받음으로 그와 함께 장사되었나니 이는 아버지의 영광으로 말미암아 그리스도를 죽은 자 가운데서 살리심과 같이 우리로 또한 새 생명 가운데서 행하게 하려 함이라"(롬 6:3,4)

둘째, 성찬에서 그리스도는 감지할 수 있는 표들로 자신을 나타내십니다. 성찬의 요소인 떡과 포도주와 그것들을 나누는 의식을 표로 자신을 나타내십니다.

> "축사하시고 떼어 이르시되 이것은 너희를 위하는 내 몸이니 이것을 행하여 나를 기념하라 하시고"(고전 11:24)

● **성례들, 즉 세례와 성찬에서 그리스도와 새언약의 은덕들은 신자들에게 어떻게 관계되나요?**

첫째, 성례들, 즉 세례와 성찬에서 그리스도와 새언약의 은덕들이 신자들에게 드러납니다.

> "예수께서 이르시되 내가 진실로 진실로 너희에게 이르노니 인자의 살을 먹지 아니하고 인자의 피를 마시지 아니하면 너희 속에 생명이 없느니라 내 살을 먹고 내 피를 마시는 자는 영생을 가졌고 마지막 날에 내가 그를 다시 살리리니"(요 6:53,54)

둘째, 성례들, 즉 세례와 성찬에서 그리스도와 새 언약의 은덕들이 신자들에게 인쳐집니다.

> "그가 할례의 표를 받은 것은 무할례시에 믿음으로 된 의를 인친 것이니 이는 무할례자로서 믿는 모든 자의 조상이 되어 그들도 의로 여기심을 얻게 하려 하심이라"(롬 4:11)

셋째, 성례들, 즉 세례와 성찬에서 그리스도와 새 언약의 은덕들이 신자들에게 적용됩니다.

> "내 살을 먹고 내 피를 마시는 자는 내 안에 거하고 나도 그의 안에 거하나니 살아 계신 아버지께서 나를 보내시매 내가 아버지로 말미암아 사는 것 같이 나를 먹는 그 사람도 나로 말미암아 살리라"(요 6:56,57)

◆ 제93문답 ◆

Question: Which are the sacraments of the New Testament?

Answer: The sacraments of the New Testament are, Baptism, and the Lord's Supper.

문: 신약의 성례들은 어떤 것들인가요?

답: 신약의 성례들은 세례와 성찬입니다.

● **신약의 성례들은 어떤 것들이 있나요?**

첫째, 그리스도께서 그의 교회에 제정하신 세례는 신약의 성례입니다.

"그러므로 너희는 가서 모든 민족을 제자로 삼아 아버지와 아들과 성령의 이름으로 세례를 베풀고"(마 28:19)

둘째, 그리스도께서 그의 교회에 제정하신 성찬은 신약의 성례입니다.

"내가 너희에게 전한 것은 주께 받은 것이니 곧 주 예수께서 잡히시던 밤에 떡을 가지사 축사하시고 떼어 이르시되 이것은 너희를 위하는 내 몸이니 이것을 행하여 나를 기념하라 하시고 식후에 또한 그와 같이 잔을 가지시고 이르시되 이 잔은 내 피로 세운 새 언약이니 이것을 행하여 마실 때마다 나를 기념하라 하셨으니 너희가 이 떡을 먹으며 이 잔을 마실 때마다 주의 죽으심을 그가 오실 때까지 전하는 것이니라"(고전 11:23-26)

◆ 제94문답 ◆

Question: What is Baptism?

Answer: Baptism is a sacrament, wherein the washing with water in the name of the Father, and of the Son, and of the Holy Ghost, doth signify and seal our ingrafting into Christ, and partaking of the benefits of the covenant of grace, and our engagement to be the Lord's.

문: 세례는 무엇인가요?

답: 세례는 성례인데, 그 안에서 아버지와 아들과 성령의 이름으로 물을 가지고 씻는 것은 우리가 그리스도에게로 접붙임으로 은혜 언약의 유익들에 참여하는 것과 그로 인해 주님의 소유가 되겠다는 우리의 맹세를 표하고 인칩니다.

● **신약의 성례인 세례는 구약의 어떠한 규례와 연결되나요?**
첫째, 신약의 성례인 세례는 은혜 언약의 표와 인으로써 구약의 할례와 연결됩니다.
"너희 중 남자는 다 할례를 받으라 이것이 나와 너희와 너희 후손 사이에 지킬 내 언약이니라"(창 17:10)

둘째, 신약의 성례인 세례는 사람의 손으로 하지 않는 할례입니다. 세례는 그리스도에 의해 받는 할례입니다.
"또 그 안에서 너희가 손으로 하지 아니한 할례를 받았으니 곧 육의 몸을 벗는 것이요 그리스도의 할례니라"(골 2:11)

● **그리스도께서는 무엇을 세례의 요소로 지정하셨나요?**
그리스도께서는 물을 세례의 요소로 지정하셨습니다.
"이에 베드로가 이르되 이 사람들이 우리와 같이 성령을 받았으니 누가 능히 물로 세례 베풂을 금하리요 하고"(행 10:47)

● **신약의 성례인 세례는 누구의 이름으로 베풀어야 하나요?**

신약의 성례인 세례는 아버지와 아들과 성령의 이름으로 베풀어야 합니다.

> "그러므로 너희는 가서 모든 민족을 제자로 삼아 아버지와 아들과 성령의 이름으로 세례를 베풀고"(마 28:19)

● **세례는 무엇을 상징하고 인정하는 성례인가요?**

첫째, 세례는 신자가 그리스도에게 접붙임 받은 것을 상징하고 인정하는 성례입니다.

> "우리가 유대인이나 헬라인이나 종이나 자유인이나 다 한 성령으로 세례를 받아 한 몸이 되었고 또 다 한 성령을 마시게 하셨느니라"(고전 12:13)

둘째, 세례는 신자가 그리스도로 옷 입은 자라는 것을 상징하고 인정하는 성례입니다.

> "누구든지 그리스도와 합하기 위하여 세례를 받은 자는 그리스도로 옷 입었느니라"(갈 3:27)

셋째, 세례는 신자가 은혜 언약의 은덕들에 대한 권한이 있음을 상징하고 인정하는 성례입니다.

> "베드로가 이르되 너희가 회개하여 각각 예수 그리스도의 이름으로 세례를 받고 죄 사함을 받으라 그리하면 성령의 선물을 받으리니"(행 2:38)

넷째, 믿음으로 그리스도를 고백하고, 생명으로의 회개를 함으로 세례를 받을 준비가 된 자들은 이미 성령을 받은 자들입니다. 세례는 이들이 성령의 인도를 받는 자들이라는 것을 상징하고 인정하는 성례입니다.

"이에 베드로가 이르되 이 사람들이 우리와 같이 성령을 받았으니 누가 능히 물로 세례 베풂을 금하리요 하고"(행 10:47)

● 세례를 통해 신자는 무엇을 맹세하나요?

첫째, 세례를 통해 신자는 주님의 소유가 될 것과 헌신을 맹세합니다.

"무릇 그리스도 예수와 합하여 세례를 받은 우리는 그의 죽으심과 합하여 세례를 받은 줄을 알지 못하느냐 그러므로 우리가 그의 죽으심과 합하여 세례를 받음으로 그와 함께 장사되었나니 이는 아버지의 영광으로 말미암아 그리스도를 죽은 자 가운데서 살리심과 같이 우리로 또한 새 생명 가운데서 행하게 하려 함이라"(롬 6:3,4)

둘째, 세례를 통해 신자는 자신의 몸을 하나님께 의의 무기로 드릴 것을 맹세합니다.

"또한 너희 지체를 불의의 무기로 죄에게 내주지 말고 오직 너희 자신을 죽은 자 가운데서 다시 살아난 자 같이 하나님께 드리며 너희 지체를 의의 무기로 하나님께 드리라"(롬 6:13)

◆ 제95문답 ◆

Question: To whom is Baptism to be administered?

Answer: Baptism is not to be administered to any that are out of the visible church, till they profess their faith in Christ, and obedience to him; but the infants of such as are members of the visible church are to be baptized.

문: 누구에게 세례가 시행되어야 하나요?

답: 세례는 보이는 교회 밖에 있는 자에게는 그들이 그리스도 안에서 자신들의 믿음과 그리스도에 대한 순종을 공언하기 전까지는 그 누구에게라도 시행되어서는 안 됩니다. 그러나 보이는 교회의 회원들의 유아들은 세례를 받아야 합니다.

● 세례는 누구에게 시행해야 하나요?

첫째, 세례는 비록 가시적인 교회의 회원이라 할지라도 그리스도를 공적으로 고백하기 전에는 누구에게도 베풀어져서는 안 됩니다.

> "길 가다가 물 있는 곳에 이르러 그 내시가 말하되 보라 물이 있으니 내가 세례를 받음에 무슨 거리낌이 있느냐 [빌립이 이르되 네가 마음을 온전히 하여 믿으면 가하니라 대답하여 이르되 내가 예수 그리스도께서 하나님의 아들인 줄 믿노라] 에 명하여 수레를 멈추고 빌립과 내시가 둘 다 물에 내려가 빌립이 세례를 베풀고"(행 8:36-38)[9]

둘째, 세례는 말씀을 믿음으로 받은 자들과 그들의 자녀들에게 베풀어야 합니다.

> "이 약속은 너희와 너희 자녀와 모든 먼 데 사람 곧 주 우리 하나님이 얼마든지 부르시는 자들에게 하신 것이라 하고 또 여러 말로 확증하며 권하여 이르되 너희가 이 패역한 세대에서 구원을 받으라 하니 그 말을 받은 사람들은 **세례를 받으매 이 날에 신도의 수가 삼천이나 더하더라**"(행 2:39-41)

셋째, 세례는 그리스도에 대한 순종을 공적으로 맹세하는 자들에게만 베풀어야 합니다.

> "물은 예수 그리스도께서 부활하심으로 말미암아 이제 너희를 구원하는 표니 곧 세례라 이는 육체의 더러운 것을 제하여 버림이 아니요 하나님을 향한 선한 양심의 간구니라"(벧전 3:21)

● 신자의 자녀들에게 세례를 베풀어야 하는 근거는 어디에 있나요?

첫째, 하나님께서는 세례가 표하는 많은 복을 신자들뿐 아니라 그들의 자녀들에게도 주셨습니다.

> "예수께서 그 어린 아이들을 불러 가까이 하시고 이르시되 어린 아이들이 내게 오는 것을 용납하고 금하지 말라 하나님의 나라가 이런 자의 것이니라"(눅 18:16)

둘째, 하나님께서 은혜 언약의 약속들을 신자들뿐 아니라, 그들의 자녀에게도 주셨습니다. 따라서 신자의 유아들은 부모의 신앙고백과 세례에 기초하여 언약의 표를 받을 자격이 있습니다.

> "이 약속은 너희와 너희 자녀와 모든 먼 데 사람 곧 주 우리 하나님이 얼마든지

부르시는 자들에게 하신 것이라 하고"(행 2:39)

"그 밤 그 시각에 간수가 그들을 데려다가 그 맞은 자리를 씻어 주고 자기와 그 온 가족이 다 세례를 받은 후"(행 16:33)

셋째, 신자들의 자녀는 그들의 부모 중 한 명이라도 교회 회원권이 있고 공적으로 신앙을 고백하면, 거룩할 뿐 아니라, 은혜 언약의 표를 받을 자격이 있는 것으로 간주됩니다.

"믿지 아니하는 남편이 아내로 말미암아 거룩하게 되고 믿지 아니하는 아내가 남편으로 말미암아 거룩하게 되나니 그렇지 아니하면 너희 자녀도 깨끗하지 못하니라 그러나 이제 거룩하니라"(고전 7:14)

◆ 제96문답 ◆

Question: What is the Lord's Supper?

Answer: The Lord's Supper is a sacrament, wherein, by giving and receiving bread and wine, according to Christ's appointment, his death is showed forth; and the worthy receivers are, not after a corporal and carnal manner, but by faith, made partakers of his body and blood, with all his benefits, to their spiritual nourishment, and growth in grace.

문: 성찬은 무엇인가요?

답: 성찬은 성례인데, 그 안에서 그리스도의 지정에 따라 떡과 포도주

를 주고받음으로써 그의 죽음이 분명하게 드러나고, 그로 인해 가치 있게 받는 자들은 그의 모든 은덕들을 가지고 영적인 양육과 은혜 안에 있는 성장에 이르도록, 육체적이고 세속적인 방식을 따르지 않고 믿음으로, 그의 몸과 피의 참여자들이 됩니다.

● **신약의 성례인 성찬은 구약의 어떠한 규례와 연결되나요?**
은혜 언약의 표와 인으로서 구약의 유월절 만찬은 신약의 성찬으로 이어집니다.
> "때가 이르매 예수께서 사도들과 함께 앉으사 이르시되 내가 고난을 받기 전에 너희와 함께 이 유월절 먹기를 원하고 원하였노라 내가 너희에게 이르노니 이 유월절이 하나님의 나라에서 이루기까지 다시 먹지 아니하리라 하시고"(눅 22:14-16)

● **신약의 성례인 성찬은 누가 제정하셨나요?**
성찬은 그리스도께서 그의 교회에 제정하신 신약의 성례입니다.
> "내가 너희에게 전한 것은 주께 받은 것이니 곧 주 예수께서 잡히시던 밤에 떡을 가지사 축사하시고 떼어 이르시되 이것은 너희를 위하는 내 몸이니 이것을 행하여 나를 기념하라 하시고 식후에 또한 그와 같이 잔을 가지시고 이르시되 이 잔은 내 피로 세운 새 언약이니 이것을 행하여 마실 때마다 나를 기념하라 하셨으니 너희가 이 떡을 먹으며 이 잔을 마실 때마다 주의 죽으심을 그가 오실 때까지 전하는 것이니라"(고전 11:23-26)

● 그리스도께서는 성찬의 요소로 무엇과 무엇을 지정하셨나요?

첫째, 그리스도께서는 떡을 성찬의 한 요소로 지정하셨습니다.

> "또 떡을 가져 감사 기도 하시고 떼어 그들에게 주시며 이르시되 이것은 너희를 위하여 주는 내 몸이라 너희가 이를 행하여 나를 기념하라 하시고"(눅 22:19)

둘째, 그리스도께서는 포도주를 성찬의 한 요소로 지정하셨습니다.

> "또 잔을 가지사 감사 기도 하시고 그들에게 주시며 이르시되 너희가 다 이것을 마시라"(마 26:27)

● 성찬에서 신자는 그리스도의 몸과 피를 어떻게 받나요?

첫째, 성찬에서 그리스도의 몸과 피는 육적이거나 물질적인 방식으로 받는 것이 아닙니다.

> "우리가 축복하는 바 축복의 잔은 그리스도의 피에 참여함이 아니며 우리가 떼는 떡은 그리스도의 몸에 참여함이 아니냐"(고전 10:16)

둘째, 성찬에서 그리스도의 몸과 피는 믿음으로 받습니다.

> "예수께서 이르시되 나는 생명의 떡이니 내게 오는 자는 결코 주리지 아니할 터이요 나를 믿는 자는 영원히 목마르지 아니하리라"(요 6:35)

● **신자는 성찬에서 떡과 잔을 주고받음으로써 무엇을 드러내나요?**

첫째, 신자는 성찬에서 떡과 잔을 주고받음으로써 그리스도의 죽음을 드러냅니다.

> "너희가 이 떡을 먹으며 이 잔을 마실 때마다 주의 죽으심을 그가 오실 때까지 전하는 것이니라"(고전 11:26)

둘째, 신자는 성찬에서 떡과 잔을 주고받음으로써 그리스도의 생명이 그 안에 있음을 드러냅니다.

> "예수께서 이르시되 내가 진실로 진실로 너희에게 이르노니 인자의 살을 먹지 아니하고 인자의 피를 마시지 아니하면 너희 속에 생명이 없느니라 내 살을 먹고 내 피를 마시는 자는 영생을 가졌고 마지막 날에 내가 그를 다시 살리리니"(요 6:53,54)

● **성찬에서 떡과 잔을 주고받는 신자에게는 어떠한 일이 발생하나요?**

첫째, 신자는 성찬에서 떡과 잔을 주고받음으로써 그리스도의 몸과 피에 참여합니다.

> "우리가 축복하는 바 축복의 잔은 그리스도의 피에 참여함이 아니며 우리가 떼는 떡은 그리스도의 몸에 참여함이 아니냐"(고전 10:16)

둘째, 신자는 성찬에서 떡과 잔을 주고받음으로써 그리스도의 모든 은덕들에 참여자가 됩니다.

> "나는 하늘에서 내려온 살아 있는 떡이니 사람이 이 떡을 먹으면 영생하리라 내

가 줄 떡은 곧 세상의 생명을 위한 내 살이니라 하시니라"(요 6:51)

셋째, 신자는 성찬에서 떡과 잔을 주고받음으로써 영적인 양식을 실제로 공급받습니다. 성찬에서 신자가 축사된 떡과 잔을 먹을 때, 그리스도의 살과 피가 신자의 믿음에 영적이고 실질적으로 임합니다(WCF 29.7). 이것을 영적 임재라고 합니다.

"내 살은 참된 양식이요 내 피는 참된 음료로다"(요 6:55)

넷째, 신자는 성찬에서 떡과 잔을 주고받음으로써 은혜 안에서 성장할 수 있게 됩니다.

"내가 주는 물을 마시는 자는 영원히 목마르지 아니하리니 내가 주는 물은 그 속에서 영생하도록 솟아나는 샘물이 되리라"(요 4:14)

◆ 제97문답 ◆

Question: What is required for the worthy receiving of the Lord's Supper?

Answer: It is required of them that would worthily partake of the Lord's Supper, that they examine themselves of their knowledge to discern the Lord's body, of their faith to feed upon him, of their repentance, love, and new obedience; lest, coming unworthily, they eat and drink judgment to themselves.

문: 성찬을 가치 있게 받기 위해서는 무엇이 요구되나요?
답: 성찬에 가치 있게 참여하려는 자들에게는 주님의 몸을 분별하는 지식에 대해서와, 그분을 양식으로 삼는 믿음에 대해서와, 회개와 사랑과 새로운 순종에 대해서 자신이 스스로를 점검할 것이 요구되는데, 이는 그들이 가치 없이 나와서 그들에게 임할 심판을 먹고 마시지 않도록 하기 위함입니다.

● 성찬에 가치 있게 참여하려는 자들은 무엇을 먼저 점검해야 하나요?

첫째, 성찬에 가치 있게 참여하려는 자들은 항상 스스로를 점검해야 합니다.

"사람이 자기를 살피고 그 후에야 이 떡을 먹고 이 잔을 마실지니"(고전 11:28)

둘째, 성찬에 가치 있게 참여하려는 자들은 그리스도의 몸을 분별할 수 있는 지혜가 있는지 스스로를 점검해야 합니다.

"주의 몸을 분별하지 못하고 먹고 마시는 자는 자기의 죄를 먹고 마시는 것이니라"(고전 11:29)

셋째, 성찬에 가치 있게 참여하려는 자들은 자신들의 믿음을 스스로 점검해야 합니다.

"너희는 믿음 안에 있는가 너희 자신을 시험하고 너희 자신을 확증하라 예수 그리스도께서 너희 안에 계신 줄을 너희가 스스로 알지 못하느냐 그렇지 않으면 너희는 버림받은 자니라"(고후 13:5)

넷째, 성찬에 가치 있게 참여하려는 자들은 오직 믿음으로 참여해야 합니다.

> "그리스도 예수 안에서는 할례나 무할례나 효력이 없으되 사랑으로써 역사하는 믿음뿐이니라"(갈 5:6)

다섯째, 성찬에 가치 있게 참여하려는 자들은 자신들의 회개를 스스로 점검해야 합니다.

> "우리가 스스로 우리의 행위들을 조사하고 여호와께로 돌아가자"(렘 3:40)

여섯째, 성찬에 가치 있게 참여하려는 자들은 하나님께서 회개를 기쁘게 받으신다는 것을 확신해야 합니다.

> "만일 우리가 우리 죄를 자백하면 그는 미쁘시고 의로우사 우리 죄를 사하시며 우리를 모든 불의에서 깨끗하게 하실 것이요"(요일 1:9)

일곱째, 성찬에 가치 있게 참여하려는 자들은 자신들의 사랑을 스스로 점검해야 합니다.

> "사랑하지 아니하는 자는 하나님을 알지 못하나니 이는 하나님은 사랑이심이라"(요일 4:8)

여덟째, 성찬에 가치 있게 참여하려는 자들은 자신들이 새롭게 맹세한 순종을 점검해야 합니다.

> "이러므로 우리가 명절을 지키되 묵은 누룩으로도 말고 악하고 악의에 찬 누룩으로도 말고 누룩이 없이 오직 순전함과 진실함의 떡으로 하자"(고전 5:8)

● 성찬에 가치 있게 참여하려는 자들은 무엇을 기억해야 하나요?

첫째, 성찬에 참여하려는 자들은 세례를 받을 때 자신들의 몸을 하나님께 드리겠다고 맹세한 것을 항상 기억해야 합니다.

> "또한 너희 지체를 불의의 무기로 죄에게 내주지 말고 오직 너희 자신을 죽은 자 가운데서 다시 살아난 자 같이 하나님께 드리며 너희 지체를 의의 무기로 하나님께 드리라"(롬 6:13)

둘째, 성찬에 참여하려는 자들은 자신을 스스로 점검하지 않는 것은 잘못된 것을 넘어 위험한 행위라는 것을 기억해야 합니다.

> "우리가 우리를 살폈으면 판단을 받지 아니하려니와"(고전 11:31)

셋째, 성찬에 참여하려는 자들은 죄의 지배를 벗어나기 위해 부단히 노력해야 한다는 것을 기억해야 합니다.

> "그러므로 너희는 죄가 너희 죽을 몸을 지배하지 못하게 하여 몸의 사욕에 순종하지 말고"(롬 6:12)

넷째, 성찬에 참여하려는 자들은 가치 없이 떡과 잔을 받기 위해 나가는 것은 스스로를 하나님의 심판의 자리에 내놓는 것임을 기억해야 합니다.

> "주의 몸을 분별하지 못하고 먹고 마시는 자는 자기의 죄를 먹고 마시는 것이니라"(고전 11:29)

제98-107문답: 기도 (주기도문)

◆ 제98문답 ◆

Question: What is prayer?

Answer: Prayer is an offering up of our desires unto God, for things agreeable to his will, in the name of Christ, with confession of our sins, and thankful acknowledgment of his mercies.

문: 기도는 무엇인가요?

답: 기도는 하나님의 뜻에 부합하는 것들을 따라서, 그리스도의 이름으로, 우리들의 죄들에 대한 고백과 그의 자비에 대해 감사하는 마음을 담아서 우리의 소원들을 하나님께 올려드리는 것입니다.

● 기도는 무엇인가요?

첫째, 기도는 우리의 소원을 하나님께 올려드리는 것입니다.

"백성들아 시시로 그를 의지하고 그의 앞에 마음을 토하라 하나님은 우리의 피난처시로다 (셀라)"(시 62:8)

둘째, 기도는 우리의 입으로 하나님을 고백하고 선포하는 것입니다.

"내 하나님 여호와께 기도하며 자복하여 이르기를 크시고 두려워할 주 하나님, 주를 사랑하고 주의 계명을 지키는 자를 위하여 언약을 지키시고 그에게 인자를 베푸시는 이시여"(단 9:4)

셋째, 기도는 오직 그리스도와 연합한 자들만이 누리는 은혜입니다.
> "너희가 내 안에 거하고 내 말이 너희 안에 거하면 무엇이든지 원하는 대로 구하라 그리하면 이루리라"(요 15:7)

넷째, 기도는 하나님의 격려를 통해 소원을 말하고자 하는 용기가 생길 때 하게 됩니다.
> "여호와여 주는 겸손한 자의 소원을 들으셨사오니 그들의 마음을 준비하시며 귀를 기울여 들으시고"(시 10:17)

다섯째, 예수님의 이름으로 드리는 기도는 언제나 응답이 있습니다.
> "지금까지는 너희가 내 이름으로 아무것도 구하지 아니하였으나 구하라 그리하면 받으리니 너희 기쁨이 충만하리라"(요 16:24)

● 성부와 성자와 성령님은 우리의 기도에서 각각 어떠한 분으로 함께 하시나요?

첫째, 기도는 오직 성부 하나님께만 올려져야 합니다. 오직 성부 하나님만이 우리의 기도를 들으시는 분이시기 때문입니다.
> "땅의 모든 끝이여 내게로 돌이켜 구원을 받으라 나는 하나님이라 다른 이가 없느니라 내가 나를 두고 맹세하기를 내 입에서 공의로운 말이 나갔은즉 돌아오지 아니하나니 내게 모든 무릎이 꿇겠고 모든 혀가 맹세하리라 하였노라"(사 45:22,23)

둘째, 기도는 예수 그리스도의 이름으로 해야 합니다. 신자의 기도는 오직 그리스도의 중보기도 사역을 통해 하나님께 올려지기 때문입니다.

"그날에는 너희가 아무 것도 내게 묻지 아니하리라 내가 진실로 진실로 너희에게 이르노니 너희가 무엇이든지 아버지께 구하는 것을 내 이름으로 주시리라"(요 16:23)

셋째, 기도는 성령님의 도움으로 해야 합니다. 성령님께서 하나님의 뜻에 적합한 것들만을 따라서 기도할 수 있도록 도우시기 때문입니다.

"이와 같이 성령도 우리의 연약함을 도우시나니 우리는 마땅히 기도할 바를 알지 못하나 오직 성령이 말할 수 없는 탄식으로 우리를 위하여 친히 간구하시느니라"(롬 8:26)

"그를 향하여 우리가 가진 바 담대함이 이것이니 그의 뜻대로 무엇을 구하면 들으심이라"(요일 5:14)

● 우리의 기도에는 무엇이 담겨 있어야 하나요?

첫째, 우리는 죄의 고백을 담아서 기도해야 합니다.

"내 하나님 여호와께 기도하며 자복하여 이르기를 크시고 두려워할 주 하나님, 주를 사랑하고 주의 계명을 지키는 자를 위하여 언약을 지키시고 그에게 인자를 베푸시는 이시여"(단 9:4)

둘째, 우리는 하나님의 자비에 대한 감사하는 마음을 담아서 기도해야 합니다.

"내 하나님 여호와께 기도하며 자복하여 이르기를 크시고 두려워할 주 하나님, 주를 사랑하고 주의 계명을 지키는 자를 위하여 언약을 지키시고 그에게 인자를 베푸시는 이시여"(단 9:4)

● **우리는 어떠한 태도로 기도해야 하나요?**

첫째, 우리는 진솔하게 기도해야 합니다.

"너희가 온 마음으로 나를 구하면 나를 찾을 것이요 나를 만나리라"(렘 29:13)

둘째, 우리는 할 수 있는 한 자주 기도해야 합니다.

"쉬지 말고 기도하라"(살전 5:17)

◆ **제99문답** ◆

Question: What rule hath God given for our direction in prayer?

Answer: The whole Word of God is of use to direct us in prayer; but the special rule of direction is that form of prayer which Christ taught his disciples, commonly called the Lord's Prayer.

문: 하나님께서는 기도에 있어서 우리를 위한 지침으로 무슨 법칙을 주셨나요?

답: 하나님의 말씀 전체가 기도에 있어서 우리를 지도하기에 유용하지만, 지침의 특별한 법칙은 그리스도께서 그의 제자들에게 가르치신 바로 그 기도의 형식인데, 그것은 보통 주님의 기도라고 불립니다.

● 우리는 왜 기도를 배워야 하나요?

첫째, 우리가 기도를 배워야 하는 이유는 하나님의 뜻에 맞는 기도를 하기 위해서입니다

> "그를 향하여 우리가 가진 바 담대함이 이것이니 그의 뜻대로 무엇을 구하면 들으심이라"(요일 5:14)

둘째, 우리의 기도의 모델은 예수님이십니다. 따라서 우리는 예수님께 기도를 배워야 합니다.

> "예수께서 한 곳에서 기도하시고 마치시매 제자 중 하나가 여짜오되 주여 요한이 자기 제자들에게 기도를 가르친 것과 같이 우리에게도 가르쳐 주옵소서"(눅 11:1)

셋째, 우리는 성령님께 바른 방향의 기도를 지도받아야 합니다.

> "이와 같이 성령도 우리의 연약함을 도우시나니 우리는 마땅히 기도할 바를 알지 못하나 오직 성령이 말할 수 없는 탄식으로 우리를 위하여 친히 간구하시느니라"(롬 8:26)

● 우리의 기도의 방향을 지도하기에 유익한 자료는 무엇인가요?

첫째, 하나님의 말씀 전체가 기도 안에서 우리를 지도하기에 유용합니다.

> "모든 성경은 하나님의 감동으로 된 것으로 교훈과 책망과 바르게 함과 의로 교육하기에 유익하니 이는 하나님의 사람으로 온전하게 하며 모든 선한 일을 행할 능력을 갖추게 하려 함이라"(딤후 3:16,17)

둘째, 주기도문은 우리의 기도의 방향을 지도하도록 주어진 특별한 규칙입니다.

> "그러므로 너희는 이렇게 기도하라 하늘에 계신 우리 아버지여 이름이 거룩히 여김을 받으시오며"(마 6:9)

◆ 제100문답 ◆

Question: What doth the preface of the Lord's Prayer teach us?

Answer: The preface of the Lord's Prayer, which is, Our Father which art in heaven, teacheth us to draw near to God with all holy reverence and confidence, as children to a father, able and ready to help us; and that we should pray with and for others.

문: 주기도문의 서언은 우리에게 무엇을 가르쳐 주나요?

답: 주기도문의 서언, 즉 '하늘에 계신 우리 아버지여'는 우리를 도울 수 있고 동시에 그렇게 할 준비가 되어있는 아버지에게 자녀들이 다가가듯이 우리가 완벽히 거룩한 공경과 확신을 가지고 하나님께 다가가도록 가르칠 뿐 아니라, 우리가 우리의 이웃들과 함께 그리고 그들을 위해서 기도해야 한다는 것을 우리에게 가르쳐 줍니다.

● 주기도문의 서언인 '하늘에 계신 우리 아버지여'는 우리가 기도할 때 하나님께 어떠한 자세로 나아가야 할 것을 가르쳐 주나요?

첫째, '하늘에 계신 우리 아버지여'는 우리가 기도할 때 하나님께 거룩한 공경으로 나아가야 할 것을 가르쳐 줍니다.

> "그는 자기를 경외하는 자들의 소원을 이루시며 또 그들의 부르짖음을 들으사 구원하시리로다"(시 145:19)

둘째, '하늘에 계신 우리 아버지여'는 우리가 기도할 때 하나님께 거룩한 확신을 가지고 나아가야 할 것을 가르쳐 줍니다.

> "우리가 그 안에서 그를 믿음으로 말미암아 담대함과 확신을 가지고 하나님께 나아감을 얻느니라"(엡 3:12)

● '하늘에 계신 우리 아버지여'는 우리가 어떠한 하나님께 기도하는지를 가르쳐 주나요?

첫째, '하늘에 계신 우리 아버지여'는 우리가 우리의 아버지인 하나님께 기도함을 가르쳐 줍니다.

> "너희는 다시 무서워하는 종의 영을 받지 아니하고 양자의 영을 받았으므로 우리가 아빠 아버지라고 부르짖느니라"(롬 8:15)

> "너희가 아들이므로 하나님이 그 아들의 영을 우리 마음 가운데 보내사 아빠 아버지라 부르게 하셨느니라"(갈 4:6)

둘째, '하늘에 계신 우리 아버지여'는 우리가 우리를 보호하실 수 있는 능력이 있는 하나님께 기도함을 가르쳐 줍니다.

"여호와는 나의 반석이시요 나의 요새시요 나를 건지시는 이시요 나의 하나님이시요 내가 그 안에 피할 나의 바위시요 나의 방패시요 나의 구원의 뿔이시요 나의 산성이시로다"(시 18:2)

셋째, '하늘에 계신 우리 아버지여'는 우리가 우리를 도울 수 있는 능력이 있는 하나님께 기도함을 가르쳐 줍니다.

"우리 가운데서 역사하시는 능력대로 우리가 구하거나 생각하는 모든 것에 더 넘치도록 능히 하실 이에게"(엡 3:20)

넷째, '하늘에 계신 우리 아버지여'는 우리가 우리를 기꺼이 도우시려는 하나님께 기도함을 가르칩니다.

"너희가 악한 자라도 좋은 것으로 자식에게 줄 줄 알거든 하물며 하늘에 계신 너희 아버지께서 구하는 자에게 좋은 것으로 주시지 않겠느냐"(마 7:11)

다섯째, '하늘에 계신 우리 아버지여'는 우리에게 성령을 주시는 분이신 하나님께 기도함을 가르칩니다.

"너희가 악할지라도 좋은 것을 자식에게 줄 줄 알거든 하물며 너희 하늘 아버지께서 구하는 자에게 성령을 주시지 않겠느냐 하시니라"(눅 11:13)

여섯째, '하늘에 계신 우리 아버지여'는 우리가 성령 안에서 기도해야 함을 가르칩니다.

"모든 기도와 간구를 하되 항상 성령 안에서 기도하고 이를 위하여 깨어 구하기를 항상 힘쓰며 여러 성도를 위하여 구하라"(엡 6:18)

● '하늘에 계신 우리 아버지여'에서 '우리'는 무엇을 가르치나요?

첫째, '하늘에 계신 우리 아버지여'에서 '우리'는 우리가 기도 안에서 다른 사람들과 교제함을 가르칩니다.

> "깨닫고 마가라 하는 요한의 어머니 마리아의 집에 가니 여러 사람이 거기에 모여 기도하고 있더라"(행 12:12)

둘째, '하늘에 계신 우리 아버지여'에서 '우리'는 우리가 다른 사람들을 위해 기도해야 할 것을 가르칩니다.

> "그러므로 내가 첫째로 권하노니 모든 사람을 위하여 간구와 기도와 도고와 감사를 하되"(딤전 2:1)

셋째, '하늘에 계신 우리 아버지여'에서 '우리'는 우리가 함께 기도하기를 서로 독려해야 할 것을 가르칩니다.

> "이 성읍 주민이 저 성읍에 가서 이르기를 우리가 속히 가서 만군의 여호와를 찾고 여호와께 은혜를 구하자 하면 나도 가겠노라 하겠으며"(슥 8:21)

넷째, '하늘에 계신 우리 아버지여'에서 '우리'는 우리가 세상의 평화와 위정자들을 위해서도 기도해야 함을 가르칩니다.

> "그러므로 내가 첫째로 권하노니 모든 사람을 위하여 간구와 기도와 도고와 감사를 하되 임금들과 높은 지위에 있는 모든 사람을 위하여 하라 이는 우리가 모든 경건과 단정함으로 고요하고 평안한 생활을 하려 함이라"(딤전 2:1,2)

◆ 제101문답 ◆

Question: What do we pray for in the first petition?

Answer: In the first petition, which is, Hallowed be thy name, we pray that God would enable us, and others, to glorify him in all that whereby he maketh himself known; and that he would dispose all things to his own glory.

문: 첫 번째 간구에서 우리는 무엇을 기도하나요?

답: 첫 번째 간구, 즉 '이름이 거룩히 여김을 받으시오며'에서 우리는 하나님께서 스스로 자신을 알리시는 모든 것 안에서 우리와 다른 이들이 하나님께 영광을 돌릴 수 있도록 해 주실 것과 그가 자기 자신의 영광을 위해서 모든 것들을 조정하시기를 기도합니다.

● 첫 번째 간구인 '이름이 거룩히 여김을 받으시오며'를 기도할 때 우리는 무엇을 알아야 하나요?

첫째, 우리의 삶은 오직 하나님을 영화롭게 하는 것으로 드러나야 한다는 것을 알아야 합니다.

"그런즉 너희가 먹든지 마시든지 무엇을 하든지 다 하나님의 영광을 위하여 하라"(고전 10:31)

둘째, 하나님의 도우심이 없이는 하나님을 영화롭게 할 수 없다는 것을 알아야 합니다.

"우리가 무슨 일이든지 우리에게서 난 것 같이 스스로 만족할 것이 아니니 우리

의 만족은 오직 하나님으로부터 나느니라"(고후 3:5)

셋째, 그리스도를 통하지 않고는 하나님께 감사할 수 없다는 것을 알아야 합니다.

"또 무엇을 하든지 말에나 일에나 다 주 예수의 이름으로 하고 그를 힘입어 하나님 아버지께 감사하라"(골 3:17)

● 우리는 '이름이 거룩히 여김을 받으시오며'를 통해 무엇을 기도하나요?

첫째, 우리는 '이름이 거룩히 여김을 받으시오며'를 통해 하나님의 말씀이 더 많은 곳에서 영광을 받도록 기도합니다.

"끝으로 형제들아 너희는 우리를 위하여 기도하기를 주의 말씀이 너희 가운데서와 같이 퍼져 나가 영광스럽게 되고"(살후 3:1)

둘째, 우리는 '이름이 거룩히 여김을 받으시오며'를 통해 만물의 영광이 하나님께 있음을 고백합니다.

"이는 만물이 주에게서 나오고 주로 말미암고 주에게로 돌아감이라 그에게 영광이 세세에 있을지어다 아멘 "(롬 11:36)

셋째, 우리는 '이름이 거룩히 여김을 받으시오며'를 통해 하나님께서 합당한 영광을 받으시도록 기도합니다.

"우리 주 하나님이여 영광과 존귀와 권능을 받으시는 것이 합당하오니 주께서 만물을 지으신지라 만물이 주의 뜻대로 있었고 또 지으심을 받았나이다 하더라"(계 4:11)

넷째, 우리는 '이름이 거룩히 여김을 받으시오며'를 통해 하나님께서 우리가 하나님을 영화롭게 할 수 있는 능력을 주시기를 기도합니다.

"내가 죄악 중에서 출생하였음이여 어머니가 죄 중에서 나를 잉태하였나이다"(시 51:5)

"내게 능력 주시는 자 안에서 내가 모든 것을 할 수 있느니라." (빌 4:13)

다섯째, 우리는 '이름이 거룩히 여김을 받으시오며'를 통해 하나님께서 다른 사람들이 하나님을 영화롭게 할 수 있는 능력을 주시기를 기도합니다.

"하나님이여 민족들이 주를 찬송하게 하시며 모든 민족들이 주를 찬송하게 하소서"(시 67:3)

여섯째, 우리는 '이름이 거룩히 여김을 받으시오며'를 통해 하나님께서 자신을 스스로 영화롭게 하도록 그분이 모든 것을 적절히 조정하시기를 기도합니다.

"아버지여, 아버지의 이름을 영광스럽게 하옵소서 하시니 이에 하늘에서 소리가 나서 이르되 내가 이미 영광스럽게 하였고 또다시 영광스럽게 하리라 하시니"(요 12:28)

◆ 제102문답 ◆

Question: What do we pray for in the second petition?

Answer: In the second petition, which is, Thy kingdom come, we pray that Satan's kingdom may be destroyed; and that the kingdom of grace may be advanced, ourselves and others brought into it, and kept in it; and that the kingdom of glory may be hastened.

문: 두 번째 간구에서 우리는 무엇을 위해 기도하나요?

답: 두 번째 간구, 즉 '나라가 임하옵시며'에서 우리는 사탄의 나라가 파괴되기를 기도하며, 은혜의 나라가 흥왕해지고, 우리와 다른 이들이 그 안으로 데려가져서 그 안에서 머물게 되기를 기도하며, 영광의 나라가 속히 임하기를 기도합니다.

● 두 번째 간구인 '나라가 임하옵시며'를 기도할 때 우리는 무엇을 알아야 하나요?

첫째, 온 우주 왕국의 주인은 하나님이라는 것을 알아야 합니다.

"여호와께서 그의 보좌를 하늘에 세우시고 그의 왕권으로 만유를 다스리시도다"(시 103:19)

둘째, 사탄은 이 세상에서 자기의 왕국을 갖고 있다는 것을 알아야 합니다.

"이 후에는 내가 너희와 말을 많이 하지 아니하리니 이 세상의 임금이 오겠음이라 그러나 그는 내게 관계할 것이 없으니"(요 14:30)

셋째, 하나님께서는 그리스도 안에서 이 세상에 은혜의 왕국을 세우셨다는 것을 알아야 합니다.

"영원히 야곱의 집을 왕으로 다스리실 것이며 그 나라가 무궁하리라"(눅 1:33)

넷째, 하나님의 백성들을 위한 영광의 나라가 도래하고 있다는 것을 알아야 합니다.

"다시 밤이 없겠고 등불과 햇빛이 쓸 데 없으니 이는 주 하나님이 그들에게 비치심이라 그들이 세세토록 왕 노릇 하리로다"(계 22:5)

다섯째, 영광의 나라가 임하기를 간절히 사모해야 한다는 것을 알아야 합니다.

"하나님의 날이 임하기를 바라보고 간절히 사모하라 그날에 하늘이 불에 타서 풀어지고 물질이 뜨거운 불에 녹아지려니와 우리는 그의 약속대로 의가 있는 곳인 새 하늘과 새 땅을 바라보도다"(벧후 3:12,13)

● 우리는 '나라가 임하옵시며'를 통해 무엇을 기도하나요?

첫째, 우리는 '나라가 임하옵시며'를 통해 사탄의 권세와 왕국이 파괴되길 기도합니다.

"하나님이 일어나시니 원수들은 흩어지며 주를 미워하는 자들은 주 앞에서 도망하리이다"(시 68:1)

둘째, 우리는 '나라가 임하옵시며'를 통해 하나님께서 사탄의 권세와 왕국을 속히 파괴하시기를 기도합니다.

"평강의 하나님께서 속히 사탄을 너희 발 아래에서 상하게 하시리라 우리 주 예수의 은혜가 너희에게 있을지어다"(롬 16:20)

셋째, 우리는 '나라가 임하옵시며'를 통해 이 땅에서 은혜의 왕국이 번영하기를 기도합니다.
"또 여호와께서 예루살렘을 세워 세상에서 찬송을 받게 하시기까지 그로 쉬지 못하시게 하라"(사 62:7)

넷째, 우리는 '나라가 임하옵시며'를 통해 하나님의 말씀으로 은혜의 왕국이 흥왕해지기를 기도합니다.
"끝으로 형제들아 너희는 우리를 위하여 기도하기를 주의 말씀이 너희 가운데서와 같이 퍼져 나가 영광스럽게 되고"(살후 3:1)

다섯째, 우리는 '나라가 임하옵시며'를 통해 우리가 그리스도의 왕국에 적합해지길 기도합니다.
"이르되 예수여 당신의 나라에 임하실 때에 나를 기억하소서 하니"(눅 23:42)

여섯째, 우리는 '나라가 임하옵시며'를 통해 다른 사람들이 은혜의 왕국에 들어갈 수 있기를 기도합니다.
"형제들아 내 마음에 원하는 바와 하나님께 구하는 바는 이스라엘을 위함이니 곧 그들로 구원을 받게 함이라"(롬 10:1)

일곱째, 우리는 '나라가 임하옵시며'를 통해 하나님께서 은혜의 왕국 안에서 우리를 지키시도록 기도합니다.

"나를 붙드소서 그리하시면 내가 구원을 얻고 주의 율례들에 항상 주의하리이다"(시 119:117)

여덟째, 우리는 '나라가 임하옵시며'를 통해 하나님께서 은혜의 왕국 안에서 다른 사람들을 지키시도록 기도합니다.

"평강의 하나님이 친히 너희를 온전히 거룩하게 하시고 또 너희의 온 영과 혼과 몸이 우리 주 예수 그리스도께서 강림하실 때에 흠 없게 보전되기를 원하노라"(살전 5:23)

아홉째, 우리는 '나라가 임하옵시며'를 통해 영광의 나라가 속히 임하기를 기도합니다.

"이것들을 증언하신 이가 이르시되 내가 진실로 속히 오리라 하시거늘 아멘 주 예수여 오시옵소서"(계 22:20)

◆ 제103문답 ◆

Question: What do we pray for in the third petition?

Answer: In the third petition, which is, Thy will be done in earth, as it is in heaven, we pray that God, by his grace, would make us able and willing to know, obey, and submit to his will in all things, as the angels do in heaven.

문: 세 번째 간구에서 우리는 무엇을 위해 기도하나요?

답: 세 번째 간구, 즉 '뜻이 하늘에서 이루어진 것 같이 땅에서도 이루어지이다'에서 우리는 하늘에서 천사들이 하듯이 하나님께서 그의 은혜로 우리가 모든 것에서 그의 뜻을 알고, 순종하고, 복종할 수 있을 뿐 아니라, 기꺼이 그렇게 하게 해 주실 것을 기도합니다.

● **세 번째 간구인 '뜻이 하늘에서 이루어진 것 같이 땅에서도 이루어지이다'를 기도할 때 우리는 무엇을 알아야 하나요?**

첫째, 이 땅의 일은 하나도 예외 없이 모두 하나님의 뜻대로 실행된다는 것을 알아야 합니다.

> "조금 나아가사 얼굴을 땅에 대시고 엎드려 기도하여 이르시되 내 아버지여 만일 할 만하시거든 이 잔을 내게서 지나가게 하옵소서 그러나 나의 원대로 마시옵고 아버지의 원대로 하옵소서 하시고……다시 두 번째 나아가 기도하여 이르시되 내 아버지여 만일 내가 마시지 않고는 이 잔이 내게서 지나갈 수 없거든 아버지의 원대로 되기를 원하나이다 하시고"(마 26:39,42)

둘째, 사람은 스스로 능력으로는 하나님의 뜻을 알 수도 없고, 행할 수도 없다는 것을 알아야 합니다.

> "누가 주의 마음을 알아서 주를 가르치겠느냐 그러나 우리가 그리스도의 마음을 가졌느니라"(고전 2:16)

셋째, 하나님의 뜻은 오직 하나님께서 보여주셔야만 알 수 있다는 것을 알아야 합니다.

> "내 눈을 열어서 주의 율법에서 놀라운 것을 보게 하소서"(시 119:18)

넷째, 우리는 하나님께서 주시는 지혜와 계시의 영을 통해 하나님께서 보여주시는 뜻을 알게 된다는 것을 알아야 합니다.

> "우리 주 예수 그리스도의 하나님, 영광의 아버지께서 지혜와 계시의 영을 너희에게 주사 하나님을 알게 하시고 너희 마음의 눈을 밝히사 그의 부르심의 소망이 무엇이며 성도 안에서 그 기업의 영광의 풍성함이 무엇이며"(엡 1:17)

다섯째, 오직 하나님만이 우리가 하나님의 뜻에 순종할 마음을 갖게 할 수 있을 뿐만 아니라, 그렇게 할 수 있는 능력을 주실 수 있다는 것을 알아야 합니다.

> "너희 안에서 행하시는 이는 하나님이시니 자기의 기쁘신 뜻을 위하여 너희에게 소원을 두고 행하게 하시나니"(빌 2:13)

여섯째, 우리는 모든 것에서 하나님의 뜻에 순종해야 한다는 것을 알아야 합니다. 순종은 마음으로 동의하고, 그 뜻을 따르는 것입니다. 따라서 우리는 하나님의 모든 뜻에 마음으로 동의할 뿐만 아니라, 그의 뜻을 우리의 삶에 적용시켜야 합니다.

> "내 길을 굳게 정하사 주의 율례를 지키게 하소서 내가 주의 모든 계명에 주의할 때에는 부끄럽지 아니하리이다"(시 119:5,6)

일곱째, 우리는 모든 것에서 하나님의 뜻에 복종해야 한다는 것을 알아야 합니다. 복종은 권위를 절대적으로 따르는 것입니다. 따라서 하나님의 뜻에 복종한다는 것은 비록 우리의 마음에 동의가 되지 않는 것들이 있다 할지라도 그 뜻을 전적으로 인정하며 따르는 것을 의미합니다.

"사무엘이 그것을 그에게 자세히 말하고 조금도 숨기지 아니하니 그가 이르되 이는 여호와이시니 선하신 대로 하실 것이니라 하니라"(삼상 3:18)

● 우리는 '뜻이 하늘에서 이루어진 것 같이 땅에서도 이루어지이다'를 통해 무엇을 기도하나요?

첫째, 우리는 '뜻이 하늘에서 이루어진 것 같이 땅에서도 이루어지이다'를 통해 하나님의 뜻이 이 땅 모든 곳에 알려지고, 순종되어지길 기도합니다.

"주의 도를 땅 위에, 주의 구원을 모든 나라에게 알리소서"(시 67:2)

둘째, 우리는 '뜻이 하늘에서 이루어진 것 같이 땅에서도 이루어지이다'를 통해 하나님께서 우리가 하나님의 뜻을 알고자 하고, 또한 알 수 있도록 해 주시길 기도합니다.

"너희 마음의 눈을 밝히사 그의 부르심의 소망이 무엇이며 성도 안에서 그 기업의 영광의 풍성함이 무엇이며"(엡 1:18)

셋째, 우리는 '뜻이 하늘에서 이루어진 것 같이 땅에서도 이루어지이다'를 통해 하나님께서 우리가 하나님의 뜻을 순종하고자 하고, 또한 순종할 수 있도록 해 주시길 기도합니다.

"나로 하여금 주의 계명들의 길로 행하게 하소서 내가 이를 즐거워함이니이다"(시 119:35)

넷째, 우리는 '뜻이 하늘에서 이루어진 것 같이 땅에서도 이루어지이다'를 통해 하나님께서 우리가 하나님의 뜻에 복종하고자 하고, 또한 복종할 수 있도록 해 주시길 기도합니다.

"그가 권함을 받지 아니하므로 우리가 주의 뜻대로 이루어지이다 하고 그쳤노라"(행 21:14)

● 우리는 '뜻이 하늘에서 이루어진 것 같이 땅에서도 이루어지이다'를 통해 하나님의 뜻에 어떠한 자세로 순종할 수 있기를 기도하나요?

첫째, 우리는 '뜻이 하늘에서 이루어진 것 같이 땅에서도 이루어지이다'를 통해 즐거운 마음으로 하나님의 뜻에 순종할 수 있기를 기도합니다.

"기쁨으로 여호와를 섬기며 노래하면서 그의 앞에 나아갈지어다"(시 100:2)

둘째, 우리는 '뜻이 하늘에서 이루어진 것 같이 땅에서도 이루어지이다'를 통해 부지런히 하나님의 뜻에 순종할 수 있기를 기도합니다.

"내 눈을 돌이켜 허탄한 것을 보지 말게 하시고 주의 길에서 나를 살아나게 하소서"(시 119:37)

셋째, 우리는 '뜻이 하늘에서 이루어진 것 같이 땅에서도 이루어지이다'를 통해 지속적으로 하나님의 뜻에 순종할 수 있기를 기도합니다.

"내가 주의 율례들을 영원히 행하려고 내 마음을 기울였나이다"(시 119:112)

● '뜻이 하늘에서 이루어진 것 같이'는 우리에게 무엇을 가르치나요?

첫째, 타락하지 않은 천사들과 이생을 마감하고 죄악된 육체를 벗고 낙원에 있는 성도들은 하나님의 뜻을 온전히 행할 수 있고, 또 그렇게 하고 있습니다.

"능력이 있어 여호와의 말씀을 행하며 그의 말씀의 소리를 듣는 여호와의 천사들이여 여호와를 송축하라 그에게 수종들며 그의 뜻을 행하는 모든 천군이여 여호와를 송축하라"(시 103:20,21)

둘째, 우리는 천사들이 하늘에서 하는 것처럼 하나님의 뜻에 겸허하게 순종하도록 노력해야 합니다.

"이르되 내가 모태에서 알몸으로 나왔사온즉 또한 알몸이 그리로 돌아가올지라 주신 이도 여호와시요 거두신 이도 여호와시오니 여호와의 이름이 찬송을 받으실지니이다 하고"(욥 1:21)

◆ 제104문답 ◆

Question: What do we pray for in the fourth petition?

Answer: In the fourth petition, which is, Give us this day our daily bread, we pray that of God's free gift we may receive a competent portion of the good things of this life, and enjoy his blessing with them.

문: 네 번째 간구에서 우리는 무엇을 위해 기도하나요?

답: 네 번째 간구, 즉 '오늘 우리에게 일용할 양식을 주시옵고'에서 우리는 우리가 하나님의 값없는 선물에 속하는 이생에서의 좋은 것들에 대한 충분한 몫을 받고, 그로 인해 그것들을 가지고 그의 복을 누리기를 기도합니다.

● **네 번째 간구인 '오늘 우리에게 일용할 양식을 주시옵고'를 기도할 때 우리는 무엇을 알아야 하나요?**

첫째, 일용할 양식을 간구함으로 하나님께서 주신 은혜에 대한 만족을 매일 고백한다는 것을 알아야 합니다.

> "그러나 자족하는 마음이 있으면 경건은 큰 이익이 되느니라 우리가 세상에 아무 것도 가지고 온 것이 없으매 또한 아무 것도 가지고 가지 못하리니 우리가 먹을 것과 입을 것이 있은즉 족한 줄로 알 것이니라"(딤전 6:6-8)

둘째, 하나님으로부터 받은 일용할 양식은 기도를 통해 우리의 삶 속에서 거룩해진다는 것을 알아야 합니다.

> "하나님께서 지으신 모든 것이 선하매 감사함으로 받으면 버릴 것이 없나니 하나님의 말씀과 기도로 거룩하여짐이라"(딤전 4:4,5)

셋째, 우리에게 당장 유익한 것들은 모두 우리의 기도 제목이 될 수 있다는 것을 알아야 합니다.

> "야곱이 서원하여 이르되 하나님이 나와 함께 계셔서 내가 가는 이 길에서 나를 지키시고 먹을 떡과 입을 옷을 주시어"(창 28:20)

넷째, 우리가 즐기는 모든 것들은 우리에게서 나온 것이 아니라, 모두 하나님께서 값없이 주신 선물이라는 것을 알아야 합니다.

> "나는 주께서 주의 종에게 베푸신 모든 은총과 모든 진실하심을 조금도 감당할 수 없사오나 내가 내 지팡이만 가지고 이 요단을 건넜더니 지금은 두 떼나 이루었나이다"(창 32:10)

● 우리는 '오늘 우리에게 일용할 양식을 주시옵고'를 통해 무엇을 기도하나요?

첫째, 우리는 '오늘 우리에게 일용할 양식을 주시옵고'를 통해 현재 꼭 필요한 것들을 간구합니다. 미래에 대한 걱정과 염려는 이 간구의 내용이 될 수 없습니다.

> "그러므로 내일 일을 위하여 염려하지 말라 내일 일은 내일이 염려할 것이요 한 날의 괴로움은 그날로 족하니라"(마 6:34)

둘째, 우리는 '오늘 우리에게 일용할 양식을 주시옵고'를 통해 우리의 생명에 유익한 것들을 간구합니다. 우리와 이웃의 생명에 위협이 되는 것은 이 간구의 내용이 될 수 없습니다.

> "곧 헛된 것과 거짓말을 내게서 멀리 하옵시며 나를 가난하게도 마옵시고 부하게도 마옵시고 오직 필요한 양식으로 나를 먹이시옵소서"(잠 30:8)

셋째, 우리는 '오늘 우리에게 일용할 양식을 주시옵고'를 통해 우리에게 유익한 것들을 더욱 가치 있게 만드는 하나님의 복을 간구합니다.

"여호와께서 주시는 복은 사람을 부하게 하고 근심을 겸하여 주지 아니하시느니라"(잠 10:22)

◆ 제105문답 ◆

Question: What do we pray for in the fifth petition?

Answer: In the fifth petition, which is, And forgive us our debts, as we forgive our debtors, we pray that God, for Christ's sake, would freely pardon all our sins; which we are the rather encouraged to ask, because by his grace we are enabled from the heart to forgive others.

문: 다섯 번째 간구에서 우리는 무엇을 위해 기도하나요?

답: 다섯 번째 간구, 즉 '그리고 우리가 우리의 빚진 자들을 사해 주는 것과 같이 우리와 우리의 빚을 사해 주시고'에서 우리는 하나님께서 그리스도에 의해서만 우리의 모든 죄들을 값없이 용서해 주시기를 기도하는데, 우리가 그것을 간구하도록 어느 정도 용기를 얻을 수 있는 것은 하나님의 은혜로 우리가 진심으로 다른 사람들을 사해 줄 수 있게 되기 때문입니다.

● 다섯 번째 간구인 '우리가 우리에게 빚진 자들을 사해 주는 것과 같이 우리의 빚을 사해 주시고'를 기도할 때 우리는 무엇을 알아야 하나요?

첫째, 우리는 자신의 죄를 용서해 달라고 기도해야 한다는 것을 알아야 합니다.

"너는 말씀을 가지고 여호와께로 돌아와서 아뢰기를 모든 불의를 제거하시고 선한 바를 받으소서 우리가 수송아지를 대신하여 입술의 열매를 주께 드리리이다"(호 14:2)

둘째, 죄의 용서를 비는 기도는 자비하신 하나님에 대한 찬양이라는 것을 알아야 합니다.

"하나님이여 주의 인자를 따라 내게 은혜를 베푸시며 주의 많은 긍휼을 따라 내 죄악을 지워 주소서"(시 51:1)

셋째, 죄의 자백이 없이는 죄를 용서받을 수 없다는 것을 알아야 합니다.

"만일 우리가 우리 죄를 자백하면 그는 미쁘시고 의로우사 우리 죄를 사하시며 우리를 모든 불의에서 깨끗하게 하실 것이요"(요일 1:9)

넷째, 죄의 용서는 오직 예수 그리스도를 통해서만 기대할 수 있다는 것을 알아야 합니다.

"우리는 그리스도 안에서 그의 은혜의 풍성함을 따라 그의 피로 말미암아 속량 곧 죄 사함을 받았느니라"(엡 1:7)

● '우리가 우리의 빚진 자들을 사해 주는 것과 같이'를 기도할 때 우리는 무엇을 알아야 하나요?

첫째, 우리는 다른 사람들을 용서할 수 있어야 한다는 것을 알아야 합니다.

> "누가 누구에게 불만이 있거든 서로 용납하여 피차 용서하되 주께서 너희를 용서하신 것 같이 너희도 그리하고"(골 3:13)

둘째, 하나님만이 우리가 다른 사람을 진정으로 용서할 수 있게 하신다는 것을 알아야 합니다.

> "오직 성령의 열매는 사랑과 희락과 화평과 오래 참음과 자비와 양선과 충성과 온유와 절제니 이같은 것을 금지할 법이 없느니라"(갈 5:22,23)

셋째, 우리가 다른 사람들을 용서할 수 있다는 사실은 우리가 우리 자신을 위해 하나님께 용서를 간구할 수 있는 용기를 준다는 것을 알아야 합니다.

> "우리가 우리에게 죄 지은 모든 사람을 용서하오니 우리 죄도 사하여 주시옵고 우리를 시험에 들게 하지 마시옵소서 하라"(눅 11:4)

넷째, 우리가 다른 사람들을 용서한다면, 하나님께서도 우리를 용서하신다는 것을 알아야 합니다.

> "너희가 사람의 잘못을 용서하면 너희 하늘 아버지께서도 너희 잘못을 용서하시려니와 너희가 사람의 잘못을 용서하지 아니하면 너희 아버지께서도 너희 잘못을 용서하지 아니하시리라"(마 6:14,15)

다섯째, 우리가 다른 사람들을 용서하지 못한다면, 하나님께서도 우리를 용서하지 않으신다는 것을 알아야 합니다.

"너희가 각각 마음으로부터 형제를 용서하지 아니하면 나의 하늘 아버지께서도 너희에게 이와 같이 하시리라"(마 18:35)

◆ 제106문답 ◆

Question: What do we pray for in the sixth petition?

Answer: In the sixth petition, which is, And lead us not into temptation, but deliver us from evil, we pray that God would either keep us from being tempted to sin, or support and deliver us when we are tempted.

문: 여섯 번째 간구에서 우리는 무엇을 위해 기도하나요?

답: 여섯 번째 간구, 즉 '그리고 유혹으로 이끌지 마시고, 악으로부터 건져 주소서'에서 우리는 하나님께서 우리가 죄에 유혹되는 것을 막아 주시거나, 혹은 우리가 유혹에 빠졌을 때 우리를 지원해 주고 건져 주시기를 기도합니다.

● 여섯 번째 간구인 '유혹으로 이끌지 마시고, 악으로부터 건져 주소서'를 기도할 때 우리는 무엇을 알아야 하나요?

첫째, 우리는 스스로의 힘으로는 죄의 유혹을 벗어날 수 없다는 것을 알아야 합니다.

"오직 각 사람이 시험을 받는 것은 자기 욕심에 끌려 미혹됨이니"(약 1:14)

둘째, 오직 하나님만이 죄가 우리를 주장하지 못하게 할 수 있다는 것을 알아야 합니다.

"또 주의 종에게 고의로 죄를 짓지 말게 하사 그 죄가 나를 주장하지 못하게 하소서 그리하면 내가 정직하여 큰 죄과에서 벗어나겠나이다"(시 19:13)

셋째, 예수님께서도 우리가 악에 빠지지 않도록 하나님께 기도하셨다는 것을 알아야 합니다.

"내가 비옵는 것은 그들을 세상에서 데려가시기를 위함이 아니요 다만 악에 빠지지 않게 보전하시기를 위함이니이다"(요 17:15)

넷째, 우리가 시험을 피할 수 있는 길을 내시는 분은 오직 하나님이심을 알아야 합니다.

"사람이 감당할 시험 밖에는 너희가 당한 것이 없나니 오직 하나님은 미쁘사 너희가 감당하지 못할 시험 당함을 허락하지 아니하시고 시험 당할 즈음에 또한 피할 길을 내사 너희로 능히 감당하게 하시느니라"(고전 10:13)

● **우리는 '유혹으로 이끌지 마시고, 악으로부터 건져 주소서'를 통해 무엇을 기도하나요?**

첫째, 우리는 '유혹으로 이끌지 마시고, 악으로부터 건져 주소서'를 통해 하나님께서 우리가 시험에 빠지지 않도록 해 주시기를 기도합니다.

"시험에 들지 않게 깨어 기도하라 마음에는 원이로되 육신이 약하도다 하시고"
(마 26:41)

둘째, 우리는 '유혹으로 이끌지 마시고, 악으로부터 건져 주소서'를 통해 시험에 빠져 있을 때에 하나님께서 시험을 이길 수 있도록 도와주실 것을 기도합니다.

"나의 발걸음을 주의 말씀에 굳게 세우시고 어떤 죄악도 나를 주관하지 못하게 하소서"(시 119:133)

셋째, 우리는 '유혹으로 이끌지 마시고, 악으로부터 건져 주소서'를 통해 하나님께서 시험에서 건져 주실 것을 기도합니다.

"이것이 내게서 떠나가게 하기 위하여 내가 세 번 주께 간구하였더니"(고후 12:8)

◆ 제107문답 ◆

Question: What doth the conclusion of the Lord's Prayer teach us?

Answer: The conclusion of the Lord's Prayer, which is, For thine is the kingdom, and the power, and the glory, forever. Amen, teacheth us to take our encouragement in prayer from God only, and in our prayers to praise him, ascribing kingdom, power, and glory to him; and, in testimony of our desire, and assurance to be heard, we say, Amen.

문: 주기도문의 결어는 우리에게 무엇을 가르치나요?
답: 주기도문의 결어, 즉 '왜냐하면 나라와 권세와 영광이 영구히 당신의 것이기 때문입니다. 아멘'은 우리에게 기도 안에서 오직 하나님으로부터 용기를 얻어서, 나라와 권세와 영광을 그분께 돌리면서 우리의 기도들 안에서 그분을 찬양하도록 가르칩니다. 그리고 들려질 것이라는 우리의 소원과, 그에 따른 확신에 대한 간증으로 우리는 '아멘'이라고 말합니다.

● 주기도문의 결어인 '왜냐하면 나라와 권세와 영광이 영구히 당신의 것이기 때문입니다'는 우리에게 무엇을 가르쳐 주나요?

첫째, '왜냐하면 나라와 권세와 영광이 영구히 당신의 것이기 때문입니다'는 우리가 기도할 때 하나님으로부터 기도할 수 있는 용기를 공급받는다는 것을 가르칩니다.

> "나의 하나님이여 귀를 기울여 들으시며 눈을 떠서 우리의 황폐한 상황과 주의 이름으로 일컫는 성을 보옵소서 우리가 주 앞에 간구하옵는 것은 우리의 공의를 의지하여 하는 것이 아니요 주의 큰 긍휼을 의지하여 함이니이다"(단 9:18)

둘째, '왜냐하면 나라와 권세와 영광이 영구히 당신의 것이기 때문입니다'는 기도는 언제나 감사와 찬양이 병행돼야 함을 가르칩니다.

> "다윗이 온 회중 앞에서 여호와를 송축하여 이르되 우리 조상 이스라엘의 하나님 여호와여 주는 영원부터 영원까지 송축을 받으시옵소서"(대상 29:10)

셋째, '왜냐하면 나라와 권세와 영광이 영구히 당신의 것이기 때문입니다'는 우리가 기도할 때 나라와 세상 모든 만물을 오직 하나님께만 돌려야 할 것을 가르칩니다.

> "여호와여 위대하심과 권능과 영광과 승리와 위엄이 다 주께 속하였사오니 천지에 있는 것이 다 주의 것이로소이다 여호와여 주권도 주께 속하였사오니 주는 높으사 만물의 머리이심이니이다"(대상 29:11)

넷째, '왜냐하면 나라와 권세와 영광이 영구히 당신의 것이기 때문입니다'는 우리가 기도할 때 모든 능력과 영광을 오직 하나님께만 돌려야 할 것을 가르칩니다.

> "여호와여 위대하심과 권능과 영광과 승리와 위엄이 다 주께 속하였사오니 천지에 있는 것이 다 주의 것이로소이다 여호와여 주권도 주께 속하였사오니 주는 높으사 만물의 머리이심이니이다"(대상 29:11)

다섯째, '왜냐하면 나라와 권세와 영광이 영구히 당신의 것이기 때문입니다'는 우리는 기도할 때 하나님께서 들으시기를 열렬히 고대해야 할 것을 가르칩니다.

> "주여 들으소서 주여 용서하소서 주여 귀를 기울이시고 행하소서 지체하지 마옵소서 나의 하나님이여 주 자신을 위하여 하시옵소서 이는 주의 성과 주의 백성이 주의 이름으로 일컫는 바 됨이니이다"(단 9:19)

여섯째, '왜냐하면 나라와 권세와 영광이 영구히 당신의 것이기 때문입니다'는 우리가 기도할 때 하나님께서 우리의 소원과 간구를 들으실 것이라는 희망과 겸허한 확신이 있어야 할 것을 가르칩니다.

"우리가 마음에 뿌림을 받아 악한 양심으로부터 벗어나고 몸은 맑은 물로 씻음을 받았으니 참 마음과 온전한 믿음으로 하나님께 나아가자"(히 10:22)

● '아멘'은 우리에게 무엇을 가르쳐주나요?

첫째, '아멘'은 우리의 기도가 '아멘'으로 끝맺어야 할 것을 가르칩니다.

"여호와 이스라엘의 하나님을 영원부터 영원까지 찬양할지어다 모든 백성들아 아멘 할지어다 할렐루야"(시 106:48)

둘째, '아멘'은 이 말이 오직 하나님의 영을 받은 자들만이 사용할 수 있는 말임을 가르칩니다.

"그러면 어떻게 할까 내가 영으로 기도하고 또 마음으로 기도하며 내가 영으로 찬송하고 또 마음으로 찬송하리라 그렇지 아니하면 네가 영으로 축복할 때에 2) 알지 못하는 처지에 있는 자가 네가 무슨 말을 하는지 알지 못하고 네 감사에 어찌 아멘 하리요"(고전 14:15,16)

셋째, 우리가 우리의 모든 기도를 '아멘'으로 끝맺는 것은, 성경의 말씀이 '아멘'으로 끝맺는 것과 같습니다.

"이것들을 증언하신 이가 이르시되 내가 진실로 속히 오리라 하시거늘 아멘 주 예수여 오시옵소서 주 예수의 은혜가 모든 자들에게 있을지어다 아멘"(계 22:20,21)

미주

1) 정두성, 1647 대교리 1 (서울:SFC, 2023) 18.

2) 정두성, 1647 대교리 1 (서울:SFC, 2023) 35-36.

3) All Scripture(KJV, ESV, NASB, NET, NLT, RSV, NIV)

4) BC 4-7.

5) WCF 1. 2.

6) 정두성, 『1647 대교리 2』 (서울:SFC, 2023) 54-55.

7) [ ] 부분은 웨스트민스터 소교리교육서의 근거 구절로 사용된 KJV에는 있으나, 개역개정에는 없다.

8) 정두성, 『1647 대교리 1』 (서울:SFC, 2023) 93-94.

9) 웨스트민스터 소교리교육서가 증거구절로 사용한 KJV와는 달리 개역개정은 37절이 없습니다. 참고로, ESV, NASB, NET, NLT는 37절이 있지만, RSV와 NIV는 없습니다.

**Catechism for the Contemporary Christians
on the 1647 Shorter Catechism**